Este libro pertenece a

_____

EL CATECISMO MENOR
DE
LUTERO

con explicaciones

EL CATECISMO MENOR
DE
LUTERO

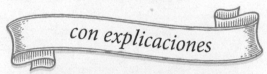

con explicaciones

EDITORIAL CONCORDIA • SAINT LOUIS

CONTENIDO

Una explicación del Catecismo Menor

Abreviaturas

AEs Artículos de Esmalcalda

Apl Apología de la Confesión de Augsburgo

BEC Breve exhortación a la Confesión

CA Confesión de Augsburgo

CMa Catecismo Mayor de Martín Lutero

DS Declaración Sólida de la Fórmula de Concordia

Ep Epítome de la Fórmula de Concordia

FC Fórmula de Concordia

LW Luther's Works, American Edition

Tr Tratado sobre el poder y la supremacía del papa

Ejemplo de citaciones

AEs III I 6 (Artículos de Esmalcalda, Parte III, Artículo I, párrafo 6)

Apl IV 229 (Apología de la CA, Artículo IV, párrafo 229)

BEC 32 (Breve exhortación a la Confesión, párrafo 32)

CA XX 4 (Confesión de Augsburgo, Artículo XX, párrafo 4)

CMa V 32, 37 (Catecismo Mayor, Parte V, párrafos 32 y 37)

FC DS X 24 (Declaración Sólida de la Fórmula de la Concordia, Artículo X, párrafo 24)

FC Ep V 8 (Epítome de la Fórmula de Concordia, Artículo V, párrafo 8)

LW 24:89 (Luter's Works, volumen 24, página 89)

Tr 5 (Tratado, párrafo 5)

EL CATECISMO MENOR
DE
LUTERO

LOS DIEZ MANDAMIENTOS

Cómo el jefe de familia debe enseñarlos en forma muy sencilla a los de su casa

El Primer Mandamiento

No tendrás dioses ajenos delante de mí.

¿Qué significa esto? Más que a todas las cosas debemos temer y amar a Dios y confiar en él.

El Segundo Mandamiento

No tomarás en vano el nombre del Señor tu Dios.

¿Qué significa esto? Debemos temer y amar a Dios de modo que no usemos su nombre para maldecir, jurar, hechizar, mentir o engañar, sino que lo invoquemos en todas las necesidades, lo adoremos, alabemos y le demos gracias.

El Tercer Mandamiento

Te acordarás del día de reposo, y lo santificarás.

¿Qué significa esto? Debemos temer y amar a Dios de modo que no despreciemos la predicación y su palabra, sino que la consideremos santa, la oigamos y aprendamos con gusto.

El Cuarto Mandamiento
Honrarás a tu padre y a tu madre.

¿Qué significa esto? Debemos temer y amar a Dios de modo que no despreciemos ni irritemos a nuestros padres y superiores, sino que los honremos, les sirvamos, obedezcamos, los amemos y tengamos en alta estima.

El Quinto Mandamiento
No matarás.

¿Qué significa esto? Debemos temer y amar a Dios de modo que no hagamos daño o mal material alguno a nuestro prójimo en su cuerpo, sino que le ayudemos y hagamos prosperar en todas las necesidades de su vida.

El Sexto Mandamiento
No cometerás adulterio.

¿Qué significa esto? Debemos temer y amar a Dios de modo que llevemos una vida casta y decente en palabras y obras, y que cada uno ame y honre a su cónyuge.

El Séptimo Mandamiento
No robarás.

¿Qué significa esto? Debemos temer y amar a Dios de modo que no quitemos el dinero o los bienes de nuestro prójimo, ni nos apoderemos de ellos con mercaderías o negocios falsos, sino que le ayudemos a mejorar y conservar sus bienes y medios de vida.

El Octavo Mandamiento
No presentarás falso testimonio contra tu prójimo.

¿Qué significa esto? Debemos temer y amar a Dios de modo que no mintamos contra nuestro prójimo, ni le traicionemos, ni calumniemos, ni le difamemos, sino que le disculpemos, hablemos bien de él e interpretemos todo en el mejor sentido.

El Noveno Mandamiento

No codiciarás la casa de tu prójimo.

¿Qué significa esto? Debemos temer y amar a Dios de modo que no tratemos de obtener con astucia la herencia o la casa de nuestro prójimo ni nos apoderemos de ellas con apariencia de derecho, sino que le ayudemos y cooperemos con él en la conservación de lo que le pertenece.

El Décimo Mandamiento

No codiciarás la mujer de tu prójimo, ni a su siervo ni a su esclava, ni su buey ni su asno, ni nada que le pertenezca a tu prójimo.

¿Qué significa esto? Debemos temer y amar a Dios de modo que no le quitemos al prójimo su mujer, sus criados o sus animales, ni los alejemos, ni hagamos que lo abandonen, sino que los instemos a que permanezcan con él y cumplan con sus obligaciones.

[El texto de los mandamientos es de **Éxodo 20:3, 7, 8, 12–17.**]

La conclusión de los Mandamientos

¿Qué dice Dios de todos estos mandamientos en conjunto?

Dice así: "Yo soy el Señor tu Dios, fuerte y celoso. Yo visito en los hijos la maldad de los padres que me aborrecen, hasta la tercera y cuarta generación, pero trato con misericordia infinita a los que me aman y cumplen mis mandamientos." (Éxodo 20:5–6)

¿Qué significa esto? Dios amenaza castigar a todos los que traspasan estos mandamientos. Por lo tanto, debemos temer su ira y no actuar en contra de dichos mandamientos. En cambio, él promete gracia y todo género de bienes a todos los que los cumplen. Así que debemos amarlo y confiar en él y actuar gustosos conforme a sus mandamientos.

EL CREDO

**Cómo el jefe de familia debe enseñarlo
en forma muy sencilla a los de su casa**

El Primer Artículo
La creación

Creo en Dios Padre todopoderoso, creador del cielo y de la tierra.

¿Qué significa esto? Creo que Dios me ha creado y también a todas las criaturas; que me ha dado cuerpo y alma, ojos, oídos y todos los miembros, la razón y todos los sentidos y aún los sostiene,

y además vestido y calzado, comida y bebida, casa y hogar, esposa e hijos, campos, ganado y todos los bienes; que me provee abundantemente y a diario de todo lo que necesito para sustentar este cuerpo y vida,

me protege contra todo peligro y me guarda y preserva de todo mal;

y todo esto por pura bondad y misericordia paternal y divina, sin que yo en manera alguna lo merezca ni sea digno de ello. Por todo esto debo darle gracias, ensalzarlo, servirle y obedecerle.

Esto es con toda certeza la verdad.

El Segundo Artículo
La redención

Y en Jesucristo, su único Hijo, nuestro Señor; que fue concebido por obra del Espíritu Santo, nació de la virgen María; padeció bajo el poder de Poncio Pilatos, fue crucificado, muerto y sepultado; descendió a los infiernos; al tercer día resucitó de entre los muertos; subió a los cielos y está sentado a la diestra de Dios Padre todopoderoso; y desde allí ha de venir a juzgar a los vivos y a los muertos.

¿Qué significa esto? Creo que Jesucristo, verdadero Dios engendrado del Padre en la eternidad, y también verdadero hombre nacido de la virgen María, es mi Señor,

que me ha redimido a mí, hombre perdido y condenado, y me ha rescatado y conquistado de todos los pecados, de la muerte y del poder del diablo, no con oro o plata, sino con su santa y preciosa sangre y con su inocente pasión y muerte;

y todo esto lo hizo para que yo sea suyo y viva bajo él en su reino, y le sirva en justicia, inocencia y bienaventuranza eternas, así como él resucitó de la muerte y vive y reina eternamente.

Esto es con toda certeza la verdad.

El Tercer Artículo
La santificación

Creo en el Espíritu Santo; la santa iglesia cristiana, la comunión de los santos; el perdón de los pecados; la resurrección de la carne y la vida perdurable. Amén.

¿Qué significa esto? Creo que ni por mi propia razón, ni por mis propias fuerzas soy capaz de creer en Jesucristo, mi Señor, o venir a él; sino que el Espíritu Santo me ha llamado mediante el evangelio, me ha iluminado con sus dones, y me ha santificado y conservado en la verdadera fe,

del mismo modo como él llama, congrega, ilumina y santifica a toda la cristiandad en la tierra, y la conserva unida a Jesucristo en la verdadera y única fe; en esta cristiandad él me perdona todos los pecados a mí y a todos los creyentes, diaria y abundan-temente,

y en el último día me resucitará a mí y a todos los muertos y me dará en Cristo, juntamente con todos los creyentes, la vida eterna.

Esto es con toda certeza la verdad.

EL PADRENUESTRO

**Cómo el jefe de familia debe enseñarlo
en forma muy sencilla a los de su casa**

Padre nuestro que estás en los cielos. Santificado sea tu nombre. Venga a nos tu reino. Hágase tu voluntad, así en la tierra como en el cielo. El pan nuestro de cada día, dánoslo hoy. Y perdónanos nuestras deudas, así como nosotros perdonamos a nuestros deudores. Y no nos dejes caer en la tentación. Mas líbranos del mal. Porque tuyo es el reino y el poder y la gloria por los siglos de los siglos. Amén.

Introducción

Padre nuestro que estás en los cielos.

¿Qué significa esto? Con esto, Dios quiere atraernos para que creamos que él es nuestro verdadero Padre y nosotros sus verdaderos hijos, a fin de que le pidamos con valor y plena confianza, como hijos amados a su amoroso padre.

La Primera Petición
Santificado sea tu nombre.

¿Qué significa esto? El nombre de Dios ya es santo de por sí; pero rogamos con esta petición que sea santificado también entre nosotros.

¿Cómo sucede esto?

Cuando la palabra de Dios es enseñada en toda su pureza, y cuando también vivimos santamente conforme a ella, como hijos de Dios. ¡Ayúdanos a que esto sea así, amado Padre celestial! Pero quien enseña y vive de manera distinta de lo que enseña la palabra de Dios, profana entre nosotros el nombre de Dios. De ello ¡guárdanos, Padre celestial!

La Segunda Petición
Venga a nos tu reino.

¿Qué significa esto? El reino de Dios viene en verdad por sí solo, aún sin nuestra oración. Pero rogamos con esta petición que venga también a nosotros.

¿Cómo sucede esto?

Cuando el Padre celestial nos da su Espíritu Santo, para que, por su gracia, creamos su santa palabra y llevemos una vida de piedad, tanto aquí en el mundo temporal como allá en el otro, eternamente.

La Tercera Petición
Hágase tu voluntad, así en la tierra como en el cielo.

¿Qué significa esto? La buena y misericordiosa voluntad de Dios se hace, en verdad, sin nuestra oración; pero rogamos con esta petición que se haga también entre nosotros.

¿Cómo sucede esto?

Cuando Dios desbarata y estorba todo mal propósito y voluntad que tratan de impedir que santifiquemos el nombre de Dios y de obstaculizar la venida de su reino, tales como la voluntad del diablo, del mundo y de nuestra carne.

Así también se hace la voluntad de Dios, cuando él nos fortalece y nos mantiene firmes en su palabra y en la fe hasta el fin de nuestros días.

Esta es su misericordiosa y buena voluntad.

La Cuarta Petición

El pan nuestro de cada día, dánoslo hoy.

¿Qué significa esto? Dios les da diariamente el pan, también sin nuestra súplica, aún a todos los malos; pero le rogamos con esta petición que él nos haga reconocer esto y así recibamos el pan nuestro de cada día con gratitud.

¿Qué es el pan nuestro de cada día?

El pan nuestro de cada día es todo aquello que se necesita como alimento y para satisfacción de las necesidades de esta vida, como: comida, bebida, vestido, calzado, casa, hogar, tierras, ganado, dinero, bienes; piadoso cónyuge, hijos piadosos, piadosos criados, autoridades piadosas y fieles; buen gobierno, buen tiempo; paz, salud, buen orden, buena reputación, buenos amigos, vecinos fieles, y cosas semejantes a estas.

La Quinta Petición

**Y perdónanos nuestras deudas, así como
nosotros perdonamos a nuestros deudores.**

¿Qué significa esto? Con esta petición rogamos al Padre celestial que no tome en cuenta nuestros pecados, ni por causa de ellos nos niegue lo que pedimos. En efecto, nosotros no somos dignos de recibir nada de lo que imploramos, ni tampoco lo hemos merecido, pero quiera Dios dárnoslo todo por su gracia, pues diariamente pecamos mucho y solo merecemos el castigo. Así, por cierto, también por nuestra parte perdonemos de corazón, y con agrado hagamos bien a los que contra nosotros pecaren.

La Sexta Petición
Y no nos dejes caer en la tentación.

¿Qué significa esto? Dios, en verdad, no tienta a nadie; pero con esta petición le rogamos que nos guarde y preserve, a fin de que el diablo, el mundo, y nuestra carne, no nos engañen ni seduzcan, llevándonos a una fe errónea, a la desesperación, y a otras grandes vergüenzas y vicios. Y aun cuando fuéremos tentados a ello, que al fin logremos vencer y retener la victoria.

La Séptima Petición
Mas líbranos del mal.

¿Qué significa esto? Con esta petición rogamos, como en resumen, que el Padre celestial nos libre de todo lo que pueda perjudicar nuestro cuerpo y nuestra alma, nuestros bienes y honra, y que al fin, cuando llegue nuestra última hora, nos conceda un fin bienaventurado, y, por su gracia, nos lleve de este valle de lágrimas al cielo, para morar con él.

Conclusión
**Porque tuyo es el reino
y el poder y la gloria por los
siglos de los siglos.* Amén.**

¿Qué significa esto? Que debo tener la certeza de que el Padre celestial acepta estas peticiones y las atiende; pues él mismo nos ha ordenado orar así y ha prometido atendernos. Amén, amén, quiere decir: Sí, sí, que así sea.

*Estas palabras no estaban en el Catecismo Menor de Lutero.

EL SACRAMENTO DEL SANTO BAUTISMO

Cómo el jefe de familia debe enseñarlo en forma muy sencilla a los de su casa

Primero

¿Qué es el Bautismo?

El Bautismo no es simple agua solamente, sino que es agua comprendida en el mandato divino y ligada con la palabra de Dios.

¿Qué palabra de Dios es esta?

Es la palabra que nuestro Señor Jesucristo dice en el último capítulo del Evangelio según San Mateo: "Por tanto, vayan y hagan discípulos en todas las naciones, y bautícenlos en el nombre del Padre, y del Hijo, y del Espíritu Santo." (**Mateo 28:19**)

Segundo

¿Qué dones o beneficios confiere el Bautismo?

El Bautismo efectúa perdón de los pecados, redime de la muerte y del diablo, y da la salvación eterna a todos los que lo creen, tal como se expresa en las palabras y promesas de Dios.

¿Qué palabras y promesas de Dios son estas?

Son las que nuestro Señor Jesucristo dice en el último capítulo de Marcos: "El que crea y sea bautizado, será salvo; pero el que no crea, será condenado." **(Marcos 16:16)**

Tercero

¿Cómo puede el agua hacer cosas tan grandes?

El agua en verdad no las hace, sino la palabra de Dios que está con el agua y unida a ella, y la fe que confía en dicha palabra de Dios ligada con el agua, porque, sin la palabra de Dios, el agua es simple agua, y no es Bautismo; pero, con la palabra de Dios, sí es Bautismo, es decir, es un agua de vida, llena de gracia, y un lavamiento de la regeneración en el Espíritu Santo, como San Pablo dice a Tito en el tercer capítulo:

"Nos salvó, y no por obras de justicia que nosotros hubiéramos hecho, sino por su misericordia, por el lavamiento de la regeneración y por la renovación en el Espíritu Santo, el cual derramó en nosotros abundantemente por Jesucristo, nuestro Salvador, para que al ser justificados por su gracia viniéramos a ser herederos conforme a la esperanza de la vida eterna. Estas cosas son buenas y útiles para todos." **(Tito 3:5–8)**

Cuarto

¿Qué significa este bautizar con agua?

Significa que el viejo Adán en nosotros debe ser ahogado por pesar y arrepentimiento diarios, y que debe morir con todos sus pecados y malos deseos; asimismo, también cada día debe surgir y resucitar la nueva persona, que ha de vivir eternamente delante de Dios en justicia y pureza.

¿Dónde está escrito esto?

San Pablo dice en Romanos, capítulo seis: "Porque por el bautismo fuimos sepultados con él en su muerte, para que así como Cristo resucitó de los muertos por la gloria del Padre, así también nosotros vivamos una vida nueva." **(Romanos 6:4)**

LA CONFESIÓN

Manera como se debe enseñar a la gente sencilla a confesarse

¿Qué es la confesión?

La confesión contiene dos partes.

La primera, es la confesión de los pecados, y,

la segunda, el recibir la absolución del confesor como de Dios mismo, no dudando de ella en lo más mínimo, sino creyendo firmemente que por ella los pecados son perdonados ante Dios en el cielo.

¿Qué pecados hay que confesar?

Ante Dios uno debe declararse culpable de todos los pecados, aún de aquellos que ignoramos, tal como lo hacemos en el Padrenuestro. Pero, ante el confesor, debemos confesar solamente los pecados que conocemos y sentimos en nuestro corazón.

¿Cuáles son tales pecados?

Considera tu estado basándote en los Diez Mandamientos, seas padre, madre, hijo o hija, señor o señora o servidor, para saber si has sido desobediente, infiel, perezoso, violento, insolente, reñidor; si hiciste un mal a alguno con palabras u obras; si hurtaste, fuiste negligente o derrochador, o causaste algún otro daño?

Breve forma de confesión

[La intención de Lutero con esta forma fue que sirviera sólo como un ejemplo de confesión privada para los cristianos de su tiempo.]

El penitente dice:

Honorable y estimado señor: le pido que tenga a bien escuchar mi confesión y declarar el perdón de mis pecados por Dios.

Yo, pobre pecador, me confieso ante Dios que soy culpable de todos los pecados; especialmente me confieso ante su presencia que siendo sirviente, sirvienta, etc., sirvo lamentablemente en forma infiel a mi amo, pues aquí y allí no he hecho lo que me ha sido encomendado, habiéndolo movido a encolerizarse o a maldecir; he descuidado algunas cosas y he permitido que ocurran daños. He sido también impúdico en palabras y obras; me he irritado con mis semejantes y he murmurado y maldecido contra mi amo, etc. Todo esto lo lamento y solicito su gracia; quiero corregirme.

Un amo o ama debe decir así:

En especial confieso ante su presencia que no eduqué fielmente para gloria de Dios a mi hijo, sirviente, mujer. He maldecido; he dado malos ejemplos con palabras y obras impúdicas; he hecho mal a mi vecino, hablando mal de él, vendiéndole muy caro, dándole mala mercadería y no toda la cantidad que corresponde.

[En general, deberá confesarse todo lo que uno ha hecho en contra de los Diez Mandamientos, lo que corresponde según su estado, etc.]

Si alguien no se siente cargado de tales o aún mayores pecados, entonces no debe preocuparse o buscar más pecados ni inventarlos, haciendo con ello un martirio de la confesión, sino que debe contar uno o dos, tal como él lo sabe, de esta manera: En especial confieso que he maldecido una vez; del mismo modo, que he sido desconsiderado una vez con palabras, que he descuidado esto, etc. Considera esto como suficiente.

Si no sientes ninguno (lo que no debería ser posible), entonces no debes decir nada en particular, sino recibir el perdón de la confesión general, así como lo haces ante Dios en presencia del confesor.

A ello debe responder el confesor:

Dios sea contigo misericordioso y fortalezca tu fe. Amén.

Dime:

¿Crees tú también que mi perdón sea el perdón de Dios?
Sí, venerable señor.

Entonces dirá:

Así como has creído, de la misma forma acontezca en ti. Y yo, por mandato de nuestro Señor Jesucristo, te perdono tus pecados en el nombre del Padre y del Hijo y del Espíritu Santo. Amén. Ve en paz.

Aquellos que tengan gran carga de conciencia o estén afligidos o atribulados los sabrá consolar e impulsar hacia la fe un confesor con más pasajes bíblicos.

Esta debe ser sólo una manera usual de confesión.

¿Qué es el oficio de las llaves?*

El oficio de las llaves es el poder especial que nuestro Señor Jesucristo ha dado a su iglesia en la tierra de perdonar los pecados a los penitentes, y de no perdonar los pecados a los impenitentes mientras no se arrepientan.

¿Dónde está escrito esto?*

Así escribe el evangelista San Juan en el capítulo veinte: "Y sopló sobre ellos, y les dijo: —Reciban el Espíritu Santo. A quienes ustedes perdonen los pecados, les quedarán perdonados; y a quienes no se los perdonen, les quedarán sin perdonar." **(Juan 20:22–23)**

¿Qué crees según estas palabras?*

Cuando los ministros debidamente llamados de Cristo, por su mandato divino, tratan con nosotros, especialmente cuando excluyen a los pecadores manifiestos e impenitentes de la congregación cristiana, y cuando absuelven a los que se arrepienten de sus pecados y prometen enmendarse, creo que esto es tan válido y cierto, también en el cielo, como si nuestro Señor Jesucristo mismo tratase con nosotros.

*Aunque no es seguro que Lutero lo escribiera, el oficio de las llaves refleja su enseñanza, y fue incluido en El Catecismo Menor cuando él aún estaba vivo.

EL SACRAMENTO DEL ALTAR

**Cómo el jefe de familia debe enseñarlo
en forma muy sencilla a los de su casa**

¿Qué es el Sacramento del Altar?

Es el verdadero cuerpo y la verdadera sangre de nuestro Señor Jesucristo bajo el pan y el vino, instituido por Cristo mismo para que los cristianos lo comamos y bebamos.

¿Dónde está escrito esto?

Así escriben los santos evangelistas Mateo, Marcos y Lucas, y también San Pablo: "Nuestro Señor Jesucristo, la noche en que fue entregado, tomó el pan; y habiendo dado gracias, lo partió y dio a sus discípulos, diciendo: Tomen, coman; esto es mi cuerpo que por ustedes es dado. Hagan esto en memoria de mí.

Asimismo tomó también la copa, después de haber cenado, y habiendo dado gracias, la dio a ellos, diciendo: Tomen, y beban de ella todos; esta copa es el nuevo pacto en mi sangre, que es derramada por ustedes para remisión de los pecados. Hagan esto, todas las veces que beban, en memoria de mí."

¿Qué beneficios confiere el comer y beber así?

Los beneficios los indican estas palabras: "por ustedes dado" y "por ustedes derramada para perdón de los pecados." O sea, por estas palabras se nos da en el sacramento perdón de pecados, vida y salvación; porque donde hay perdón de pecados, hay también vida y salvación.

¿Cómo puede el comer y beber corporal hacer una cosa tan grande?

Ciertamente, el comer y beber no es lo que la hace, sino las palabras que están aquí escritas: "Por ustedes dado" y "por ustedes derramada para perdón de los pecados." Estas palabras son, junto con el comer y beber corporal, lo principal en el sacramento. Y el que cree dichas palabras, tiene lo que ellas dicen y expresan; eso es: "el perdón de los pecados."

¿Quién recibe este sacramento dignamente?

El ayunar y prepararse corporalmente es, por cierto, una buena disciplina externo; pero verdaderamente digno y bien preparado es aquél que tiene fe en las palabras: "por ustedes dado" y "por ustedes derramada para perdón de los pecados."

Mas el que no cree estas palabras, o duda de ellas, no es digno, ni está preparado; porque las palabras "por ustedes" exigen corazones enteramente creyentes.

ORACIONES DIARIAS

Formas de bendición que el jefe de familia debe enseñar a los de su casa para la mañana y la noche

Oración de la mañana

Por la mañana, apenas hayas abandonado el lecho, te harás la señal de la cruz y dirás así:

En el nombre de Dios Padre, ✠ Hijo y Espíritu Santo. Amén.

Entonces, puesto de rodillas o de pie, dirás el Credo y el Padrenuestro. Si quieres, puedes orar brevemente así:

Te doy gracias, Padre celestial, por medio de Jesucristo, tu amado Hijo, porque me has protegido durante esta noche de todo mal y peligro, y te ruego que también durante este día me guardes de pecados y de todo mal, para que te agrade todo mi obrar y vivir. En tus manos encomiendo mi cuerpo, mi alma y todo lo que es mío. Tu santo ángel me acompañe, para que el maligno no tenga ningún poder sobre mí. Amén.

Y luego dirígete con gozo a tu labor entonando quizás un himno, por ejemplo acerca de los Diez Mandamientos, o lo que tu corazón te dicte.

Oración de la noche

Por la noche, cuando te retires a descansar, te harás la señal de la cruz y dirás así:

En el nombre de Dios Padre, ✠ Hijo y Espíritu Santo. Amén.

Entonces, puesto de rodillas o de pie, dirás el Credo y el Padrenuestro. Si quieres, puedes orar brevemente así:

Te doy gracias, Padre celestial, por medio de Jesucristo, tu amado Hijo, porque me has protegido benignamente en este día, y te ruego que me perdones todos los pecados que he cometido, y me guardes benignamente en esta noche. En tus manos encomiendo mi cuerpo, mi alma, y todo lo que es mío. Tu santo ángel me acompañe, para que el maligno no tenga ningún poder sobre mí. Amén.

Luego descansa confiadamente.

Cómo el jefe de familia debe enseñar a los de su casa la bendición y acción de gracias

Para dar una bendición

Tanto los niños como los criados se acercarán a la mesa con las manos juntas y, reverentemente, dirán así:

Todos fijan en ti su mirada y tú les das su comida a su tiempo. Cuando abres tus manos, colmas de bendiciones a todos los seres vivos. **(Salmo 145:15–16)**

Luego recitarán el Padrenuestro y esta oración:

Señor Dios, Padre celestial: Bendícenos y bendice estos tus dones, que de tu gran bondad recibimos. Por Jesucristo, nuestro Señor. Amén.

Acción de gracias

Así también, después de haber comido, dirán igualmente con reverencia y con las manos juntas:

¡Alabemos al Señor, porque él es bueno! ¡Su misericordia permanece para siempre! El Señor alimenta a todos los seres vivos. El Señor no se deleita en los caballos briosos, ni se complace en la agilidad de los jinetes; El Señor se complace en los que le honran, y en los que confían en su misericordia. **(Salmos 136:1, 25; 147:10–11)**

Entonces recitarán el Padrenuestro, añadiendo la siguiente oración:

Te damos gracias, Señor Dios Padre, por Jesucristo, nuestro Señor, por todos tus beneficios: Tú que vives y reinas por todos los siglos. Amén.

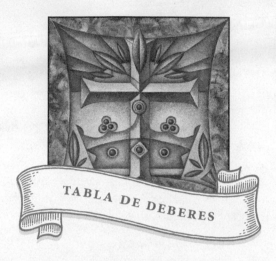

TABLA DE DEBERES

Ciertas porciones de las Sagradas Escrituras, por las cuales el cristiano es amonestado con respecto a su vocación y a sus deberes

A los obispos, a los pastores y a los predicadores

Es necesario que el obispo sea irreprensible y que tenga una sola esposa; que sea sobrio, prudente, decoroso, hospedador, apto para enseñar; no afecto al vino, ni pendenciero, ni codicioso de ganancias deshonestas, sino amable, apacible, no avaro; que gobierne bien su casa, que tenga a sus hijos en sujeción y con toda honestidad. **1 Timoteo 3:2–4**

[El dirigente] no debe ser un neófito, no sea que se envanezca y caiga en la condenación del diablo. **1 Timoteo 3:6**

[Debe ser] apegado a la palabra fiel, tal y como ha sido enseñada, para que también pueda exhortar con sana enseñanza y convencer a los que contradicen. **Tito 1:9**

Deberes de los cristianos para con sus pastores

El Señor ordenó a los que anuncian el evangelio, que vivan del evangelio. **1 Corintios 9:14**

El que recibe enseñanza en la palabra, haga partícipe de toda cosa buena al que lo enseña. No se engañen. Dios no puede ser burlado. **Gálatas 6:6–7**

Los ancianos que gobiernan bien deben considerarse dignos de doble honor, mayormente los que se dedican a predicar y enseñar. Pues la Escritura dice: "No pondrás bozal al buey que trilla", y: "Digno es el obrero de su salario." **1 Timoteo 5:17–18**

Hermanos, les rogamos que sean considerados con los que trabajan entre ustedes, y que los instruyen y dirigen en el Señor. Ténganlos en alta estima y ámenlos por causa de su obra. Y ustedes, vivan en paz. **1 Tesalonicenses 5:12–13**

Obedezcan a sus pastores, y respétenlos. Ellos cuidan de ustedes porque saben que tienen que rendir cuentas a Dios. Así ellos cuidarán de ustedes con alegría, y sin quejarse; de lo contrario, no será provechoso para ustedes. **Hebreos 13:17**

Del gobierno civil

Todos debemos someternos a las autoridades, pues no hay autoridad que no venga de Dios. Las autoridades que hay han sido establecidas por Dios. Por lo tanto, aquel que se opone a la autoridad, en realidad se opone a lo establecido por Dios, y los que se oponen acarrean condenación sobre ellos mismos. Porque los gobernantes no están para infundir temor a los que hacen lo bueno, sino a los que hacen lo malo. ¿Quieres vivir sin miedo a la autoridad? Haz lo bueno, y tendrás su aprobación, pues la autoridad está al servicio de Dios para tu bien. Pero si haces lo malo, entonces sí debes temer, porque no lleva la espada en vano, sino que está al servicio de Dios para darle su merecido al que hace lo malo. **Romanos 13:1–4**

Deberes de los ciudadanos hacia la autoridad

Den al César lo que es del César, y a Dios lo que es de Dios. **Mateo 22:21**

Por lo tanto, es necesario que nos sujetemos a la autoridad, no sólo por causa del castigo, sino también por motivos de conciencia. Por eso mismo ustedes pagan los impuestos, porque los gobernantes están al servicio de Dios y se dedican a gobernar. Paguen a todos lo que deban pagar, ya sea que deban pagar tributo, impuesto, respeto u honra. **Romanos 13:5–7**

Ante todo, exhorto a que se hagan rogativas, oraciones, peticiones y acciones de gracias por todos los hombres; por los reyes y por todos los que ocupan altos puestos, para que vivamos con tranquilidad y reposo, y en toda piedad y honestidad. Porque esto es bueno y agradable delante de Dios nuestro Salvador. **1 Timoteo 2:1-3**

Recuérdales que se sujeten a los gobernantes y a las autoridades; que obedezcan y que estén dispuestos a toda buena obra. **Tito 3:1**

Por causa del Señor, muéstrense respetuosos de toda institución humana, se trate del rey, porque es el que gobierna, o de sus gobernadores, porque el rey los ha enviado para castigar a los malhechores y para elogiar a los que hacen el bien. **1 Pedro 2:13-14**

A los maridos

De la misma manera, ustedes, los esposos, sean comprensivos con ellas en su vida matrimonial. Hónrenlas, pues como mujeres son más delicadas, y además, son coherederas con ustedes del don de la vida. Así las oraciones de ustedes no encontrarán ningún estorbo. **1 Pedro 3:7**

Esposos, amen a sus esposas, y no las traten con dureza. **Colosenses 3:19**

A las esposas

Las casadas, honren a sus propios esposos, como honran al Señor. **Efesios 5:22**

Porque así era la belleza de aquellas santas mujeres que en los tiempos antiguos esperaban en Dios y mostraban respeto por sus esposos. Por ejemplo, Sara obedecía a Abrahán y lo llamaba señor. Y ustedes son sus hijas, si hacen el bien y viven libres de temor. **1 Pedro 3:5-6**

A los padres

Ustedes, los padres, no exasperen a sus hijos, sino edúquenlos en la disciplina y la instrucción del Señor. **Efesios 6:4**

A los hijos

Hijos, obedezcan a sus padres en el nombre del Señor, porque esto es justo. Honra a tu padre y a tu madre, que es el primer mandamiento con promesa; para que te vaya bien, y tengas una larga vida sobre la tierra." **Efesios 6:1–3**

A los trabajadores de toda clase

Ustedes, los siervos, obedezcan a sus amos terrenales con temor y temblor, y con sencillez de corazón, como obedecen a Cristo. No actúen así sólo cuando los estén mirando, como los que quieren agradar a la gente, sino como siervos de Cristo que de corazón hacen la voluntad de Dios. Cuando sirvan, háganlo de buena gana, como quien sirve al Señor y no a los hombres, sabiendo que cada uno de nosotros, sea siervo o libre, recibirá del Señor según lo que haya hecho. **Efesios 6:5–8**

A empleadores y supervisores

Ustedes, los amos, hagan lo mismo con sus siervos. Ya no los amenacen. Como saben, el Señor de ellos y de ustedes está en los cielos, y él no hace acepción de personas. **Efesios 6:9**

A los jóvenes

También ustedes, los jóvenes, muestren respeto ante los ancianos, y todos ustedes, practiquen el mutuo respeto. Revístanse de humildad, porque: "Dios resiste a los soberbios, pero se muestra favorable a los humildes." Por lo tanto, muestren humildad bajo la poderosa mano de Dios, para que él los exalte a su debido tiempo. **1 Pedro 5:5–6**

A las viudas

La viuda que en verdad es viuda, y que se ha quedado sola, espera en Dios y noche y día persevera en súplicas y oraciones; pero la que se entrega a los placeres, está muerta en vida. **1 Timoteo 5:5–6**

A todos los cristianos en general

Los mandamientos... se resumen en esta sentencia: "Amarás a tu prójimo como a ti mismo." **Romanos 13:9**

Exhorto a que se hagan rogativas, oraciones, peticiones y acciones de gracias por todos los hombres. **1 Timoteo 2:1**

Lo suyo aprenda cada cual,
y en casa nada podrá ir mal.

PREGUNTAS CRISTIANAS CON SUS RESPUESTAS

**Formuladas por el Dr. Martín Lutero
para los que intentan comulgar**

Después de la confesión e instrucción en los Diez Mandamientos, el Credo, el Padrenuestro, los sacramentos del Santo Bautismo y la Cena del Señor, el confesor preguntará, o uno a sí mismo:

1. **¿Crees que eres pecador?**
   Sí, lo creo; soy pecador.

2. **¿Cómo lo sabes?**
   Sé que soy pecador por los Diez Mandamientos, los cuales no he guardado.

3. **¿Sientes pesar por tus pecados?**
   Sí, siento mucho haber pecado contra Dios.

4. **¿Qué mereciste de Dios por tus pecados?**
   Merecí la ira y el desagrado de Dios, muerte temporal y eterna condenación. Ver **Romanos 6:21, 23.**

* Estas preguntas cristianas, con sus respuestas, aparecieron por primera vez en una edición de El Catecismo Menor en 1551.

5. **¿Esperas ser salvo?**

Sí, es mi esperanza entrar en la vida eterna.

6. **¿En quién confías para tu salvación?**

Confío en mi amado Señor Jesucristo.

7. **¿Quién es Cristo?**

Cristo es el Hijo de Dios, verdadero Dios y hombre.

8. **¿Cuántos dioses hay?**

Hay un solo Dios; mas hay tres personas: el Padre, el Hijo, y el Espíritu Santo.

9. **¿Qué ha hecho Cristo por ti para que confíes en él?**

Cristo murió por mí, derramando su sangre en la cruz para la remisión de mis pecados.

10. **¿El Padre también murió por ti?**

No; el Padre es Dios solamente, el Espíritu Santo también. Mas el Hijo es verdadero Dios y verdadero hombre: él murió por mí y derramó su sangre por mí.

11. **¿Cómo lo sabes?**

Lo sé por el santo evangelio y por las palabras del sacramento, y por su cuerpo y sangre que se me dan como prenda en la Santa Cena.

12. **¿Cuáles son estas palabras?**

El Señor Jesús, la noche en que fue entregado, tomó pan; y habiendo dado gracias, lo partió y dijo: "Tomen, coman, esto es mi cuerpo que por ustedes es partido. Hagan esto en memoria de mí."

Asimismo tomó también la copa, después de haber cenado, y habiendo dado gracias, les dio, diciendo: "Beban de ella todos, esta copa es el nuevo pacto en mi sangre, que por ustedes es derramada para remisión de los pecados. Hagan esto, todas las veces que beban, en memoria de mí."

13. **¿Crees, pues, que en la Santa Cena está el verdadero cuerpo y sangre de Cristo?**

Sí, lo creo.

14. **¿Qué te hace creerlo?**

Me lo hace creer la palabra de Cristo: Tomen, coman, esto es mi cuerpo; beban de ella todos, esto es mi sangre.

15. **¿Qué debemos hacer cuando comemos su cuerpo y bebemos su sangre, recibiendo así la prenda de la promesa?**

Debemos recordar y anunciar su muerte y el derramamiento de su sangre, así como él nos enseñó: Hagan esto, todas las veces que beban, en memoria de mí.

16. **¿Por qué debemos recordar la muerte de Cristo y anunciarla?**

Debemos aprender a creer que ninguna criatura ha podido expiar nuestros pecados, sino Cristo, verdadero Dios y verdadero hombre; y debemos aprender también a considerar con temor nuestros pecados y conocerlos en verdad como graves, y regocijarnos y consolarnos sólo en él, y por tal fe ser salvos.

17. **¿Qué indujo a Cristo a morir por tus pecados y expiarlos?**

Cristo murió por mí movido por su gran amor para con su Padre, para conmigo y los demás pecadores, como está escrito en **Juan 15:13; Romanos 5:8; Gálatas 2:20** y **Efesios 5:2**.

18. **En fin, ¿por qué deseas comulgar?**

En la Santa Cena quiero aprender a creer que Cristo murió por mis pecados, por el gran amor que tiene para conmigo; y quiero aprender también de él a amar a Dios y a mi prójimo.

19. **¿Qué ha de amonestar y animar al cristiano a que comulgue con frecuencia?**

Respecto a Dios, tanto el mandato como la promesa del Señor Jesucristo deben animar al cristiano a comulgar con frecuencia; y con respecto a sí mismo, la miseria que lo aflige debe impulsarlo, debido a lo cual se dan tal mandato, estímulo y promesa.

20. **Pero, ¿qué debe hacer uno, si no siente esa miseria, ni tampoco esa hambre y sed por la Cena del Señor?**

Al tal no se podrá aconsejar mejor que, en primer lugar, ponga su mano en su pecho y palpe si tiene todavía carne y sangre, y crea lo que las Sagradas Escrituras dicen en **Gálatas 5:19** y **Romanos 7:18.**

En segundo lugar, debe mirar en torno de sí, para ver si está aún en el mundo, y debe pensar que no faltarán pecados y miserias, como dicen las Sagradas Escrituras en **Juan 15:18; 16:20** y **1 Juan 2:15-16; 5:19.**

En tercer lugar, seguramente tendrá también al diablo muy cerca de sí, quien con mentiras y asechanzas de día y noche no lo dejará en paz interior ni exteriormente, como lo describen las Sagradas Escrituras en **Juan 8:44; 1 Pedro 5:8-9; Efesios 6:11-12** y **2 Timoteo 2:26.**

Nota: Estas preguntas y respuestas no son un juego de niños, sino que fueron formuladas con un propósito muy serio por el venerable y piadoso Dr. Martín Lutero para jóvenes y adultos. Que cada uno preste atención y las considere un asunto serio; porque San Pablo escribe a los gálatas en el capítulo seis: "No se engañen. Dios no puede ser burlado."

UNA EXPLICACIÓN
DEL
CATECISMO MENOR

Diseñado para ayudar a los estudiantes a comprender y aplicar el Catecismo Menor de Lutero, la siguiente sección, como las que se encontraron en ediciones anteriores, no fue escrita por el Dr. Lutero. Sin embargo, una sección con explicaciones ha acompañado regularmente las ediciones del Catecismo Menor de Lutero desde los primeros días del luteranismo.

INTRODUCCIÓN

1. ¿Qué es la fe cristiana?

La fe cristiana es la confesión de que Jesucristo es el único Salvador y Redentor del mundo.

1   **Juan 14:6** Jesús le dijo: Yo soy el camino, y la verdad, y la vida; nadie viene al Padre, sino por mí.

2   **Hechos 4:12** En ningún otro hay salvación, porque no se ha dado a la humanidad ningún otro nombre bajo el cielo mediante el cual podamos alcanzar la salvación.

3   **1 Juan 5:11–12** Y éste es el testimonio: que Dios nos ha dado vida eterna, y esta vida está en su Hijo. El que tiene al Hijo, tiene la vida, el que no tiene al Hijo de Dios no tiene la vida.

Nota: Al principio, al cristianismo se le llamó "el Camino" (**Hechos 9:2**; **24:14, 22**). La palabra "*cristiano*" se usó por primera vez en Antioquía (**Hechos 11:26**). Esta pregunta habla del contenido de la fe que confesamos como cristianos. Más adelante describimos la fe por medio de la cual cada cristiano individual confía en Jesús.

2. ¿Quién es Jesucristo?

Jesús es verdadero Dios y verdadero hombre en una sola persona. Es el eterno Hijo del Padre, concebido por el Espíritu Santo y nacido de la virgen María para ser nuestro Salvador y Señor. Ese Dios que se convirtió en carne en la persona del Hijo, Jesucristo, es el único Dios verdadero, la Santísima Trinidad: Padre, Hijo, y Espíritu Santo.

4   **Juan 17:3** Y ésta es la vida eterna: que te conozcan a ti, el único Dios verdadero, y a Jesucristo, a quien has enviado.

5   **Mateo 28:19** Por tanto, vayan y hagan discípulos en todas las naciones, y bautícenlos en el nombre del Padre, y del Hijo, y del Espíritu Santo.

Nota: En **Mateo 3:13–17**, escuchamos la voz del Padre cuando derrama el Espíritu Santo sobre Jesús en su Bautismo.

3. ¿Qué ha hecho este único Dios?

Dios creó todas las cosas y ama a su creación, especialmente a sus criaturas humanas.* A partir de nuestros primeros padres, toda la humanidad se ha rebelado contra él y ha caído en las tinieblas, el pecado, y la muerte. Dios Padre envió a su único Hijo al mundo para que se convirtiera en hombre y redimiera y salvara a la humanidad por medio de su muerte y resurrección. Dios envió su Espíritu para que las personas pudieran ser suyas otra vez mediante la fe en su Hijo, Jesús, quien es la única esperanza, vida y salvación del mundo.

6   **Romanos 6:23** Porque la paga del pecado es muerte, pero la dádiva de Dios es vida eterna en Cristo Jesús, nuestro Señor.

7   **Juan 3:16** Porque de tal manera amó Dios al mundo, que ha dado a su Hijo unigénito, para que todo aquel que en él cree no se pierda, sino que tenga vida eterna.

8   **Gálatas 4:4–5** Pero cuando se cumplió el tiempo señalado, Dios envió a su Hijo, que nació de una mujer y sujeto a la ley, para que redimiera a los que estaban sujetos a la ley, a fin de que recibiéramos la adopción de hijos.

---

* El Catecismo Mayor nos enseña a decir: Soy criatura de Dios (CMa II 13). Martín Lutero usa la palabra *criatura* con frecuencia en sus escritos para enfatizar la relación entre Creador y criatura. *Criatura* expresa el entendimiento cristiano subyacente de que toda la vida existe debido a Dios y bajo Dios, el Creador y Señor de la vida. También nos recuerda que como criaturas le pertenecemos a Dios, quien nos creó y nos ama, y no por nosotros mismos. Dependemos de él y debemos rendirle cuentas. Es decir, en contraste con la perspectiva de que toda la vida es resultado de una serie aleatoria de sucesos y la idea que nosotros definimos nuestra propia existencia. Por esas razones, en esta explicación a veces se usa la locución *criatura humana* como sinónimo de *ser humano* o *persona*.

4. ¿Qué es un cristiano?

Un cristiano es alguien que, por el poder y la obra del Espíritu Santo mediante la palabra de Dios, cree en Jesús como Señor y Salvador, y lo confiesa como tal. Mediante el Bautismo, el cristiano es adoptado en la familia del Padre: la iglesia.

9   **Romanos 8:15** Pues ustedes no han recibido un espíritu que los esclavice nuevamente al miedo, sino que han recibido el espíritu de adopción, por el cual clamamos: ¡Abba, Padre!

10 **Romanos 10:10** Porque con el corazón se cree para alcanzar la justicia, pero con la boca se confiesa para alcanzar la salvación.

11 **1 Corintios 6:11** Y eso eran algunos de ustedes, pero ya han sido lavados, ya han sido santificados, ya han sido justificados en el nombre del Señor Jesús, y por el Espíritu de nuestro Dios.

12 **1 Corintios 12:3** Por tanto, quiero que sepan que nadie que hable por el Espíritu de Dios puede maldecir a Jesús; y que nadie puede llamar "Señor" a Jesús, si no es por el Espíritu Santo.

5. ¿Qué significa confesar a Jesucristo como mi Señor?

Confesar a Jesús como mi Señor significa que confío en que él es mi Salvador y mi Dios en la vida y en la muerte. Por medio de su vida y resurrección todos mis pecados han sido expiados y se me aseguró mi resurrección a la vida eterna. Soy suyo y quiero vivir para él.

13 **Juan 20:28** Entonces Tomás respondió y le dijo: "¡Señor mío, y Dios mío!"

14 **Romanos 6:23** Porque la paga del pecado es muerte, pero la dádiva de Dios es vida eterna en Cristo Jesús, nuestro Señor.

15 **Romanos 10:9, 13** Si confiesas con tu boca que Jesús es el Señor, y crees en tu corazón que Dios lo levantó de los muertos, serás salvo… Porque todo el que invoque el nombre del Señor será salvo.

16   **Lucas 6:46** ¿Por qué me llaman ustedes Señor, Señor, y no hacen lo que les mando hacer?

17   **Colosenses 2:6–7** Por tanto, vivan en el Señor Jesucristo de la manera que lo recibieron: arraigados y sobreedificados en él, confirmados en la fe y rebosantes de acciones de gracias, que es como fueron enseñados.

Nota: En **Romanos 10:13**, Pablo cita **Joel 2:32**, identificando así a Jesús como Señor (nombre personal de Dios en el Antiguo Testamento; Ver Pregunta 42 sobre el nombre de Dios, más adelante).

6. ¿Dónde aprendemos sobre Jesús?

La verdad de Dios sobre Jesucristo se da a conocer en la Biblia y es su mensaje central. A esa verdad la llamamos el evangelio, es decir, la promesa del perdón de los pecados por el amor de Jesús.

18   **Juan 5:39** Y ustedes escudriñan las Escrituras, porque les parece que en ellas tienen la vida eterna; ¡y son ellas las que dan testimonio de mí!

19   **Juan 20:31** Pero éstas se han escrito para que ustedes crean que Jesús es el Cristo, el Hijo de Dios, y para que, al creer, tengan vida en su nombre.

20   **2 Timoteo 3:15** Tú desde la niñez has conocido las Sagradas Escrituras, las cuales te pueden hacer sabio para la salvación por la fe que es en Cristo Jesús.

7. ¿Qué es la Biblia?

La Biblia reúne las escrituras de los profetas y apóstoles escogidos por Dios de un período de más de mil años. Mediante el Espíritu Santo, Dios mismo les dio a esos escritores los pensamientos y las palabras que registraron (inspiración verbal), de tal manera que la Biblia *es* la palabra de Dios. Por esa razón, las Escrituras son infalibles (incapaces de cometer error) e inerrantes (no contienen ningún error). Por lo tanto, la Sagrada Escritura es totalmente confiable y nos da todo lo que necesitamos saber y creer para la fe y la vida cristianas.

21   **Hebreos 1:1–2** Dios, que muchas veces y de distintas maneras habló en otros tiempos a nuestros padres por

medio de los profetas, en estos días finales nos ha hablado por medio del Hijo, a quien constituyó heredero de todo, y mediante el cual hizo el universo.

22 **Efesios 2:19-20** Por lo tanto, ustedes ya no son extranjeros ni advenedizos, sino conciudadanos de los santos y miembros de la familia de Dios, y están edificados sobre el fundamento de los apóstoles y profetas, cuya principal piedra angular es Jesucristo mismo.

23 **2 Timoteo 3:16-17** Toda la Escritura es inspirada por Dios, y útil para enseñar, para redargüir, para corregir, para instruir en justicia, a fin de que el hombre de Dios sea perfecto, enteramente preparado para toda buena obra.

24 **2 Pedro 1:21** Porque la profecía nunca estuvo bajo el control de la voluntad humana, sino que los santos hombres de Dios hablaron bajo el control del Espíritu Santo.

8. ¿Por qué podemos tener confianza en que la Biblia es la palabra de Dios autoritativa e inerrante?

En el Evangelio, el mensaje central de la Biblia, Dios nos promete vida nueva con base en la vida, muerte, y resurrección de Jesús. Solo las promesas de Dios crean fe en Jesucristo. Jesús mismo, en quien confiamos, declara que todas las Escrituras son las palabras de Dios mismo, completamente confiables en todo lo que enseñan y que no tienen error.

A. Jesús utiliza las Escrituras del Antiguo Testamento como palabra de Dios. Continuamente ratifica la Escritura como autoritativa con frases como "Escrito está" y "¿Acaso no han leído"? (**Mateo 4:4, 7, 10; 19:4**). Él nos segura que la Escritura no puede ser quebrantada (**Juan 10:35**).

B. Jesús se adjudica esa misma autoridad, diciendo, por ejemplo: "Pero yo les digo" (**Mateo 5:22, 28, 32**), o "de cierto, de cierto les digo" (**Juan 6:47**; ver también **Juan 5:47**), o manifestando de forma explícita que sus palabras son espíritu y vida (**Juan 6:63**; ver también **Juan 8:31-32**).

C. Así como Dios llamó y autorizó a los profetas en el Antiguo Testamento, puso sus palabras en sus bocas y cumplió sus profecías,

Jesús también llamó y autorizó a sus testigos apostólicos para que hablaran de su Palabra, guiados por su Espíritu (**Lucas 10:16**; **Juan 14:26**; **Hechos 1:8**; **2 Pedro 1:16–21**; **1 Juan 1:1–4**).

Nota: Nosotros creemos que la palabra de Dios tiene poder en sí misma para convencer de su autoridad al lector u oyente. Debido a que es la palabra de Dios, se autentica a sí misma. La palabra de Dios hace lo que dice.

Lee **Isaías 55:10–11**.

9. ¿Utilizamos la razón humana para entender la Biblia?

Sí, pero la razón humana debe usarse dentro de límites apropiados, como sierva del texto. Para entender de forma correcta el significado de la Biblia, es esencial la guía del Espíritu Santo.

A. Debido a que la Escritura está redactada en lenguaje humano, para leer y comprender correctamente lo que dice, debemos usar humildemente nuestra razón humana en asuntos como el contexto, la gramática, y la lógica.

25 **Salmo 119:73** Tú, con tus propias manos me formaste; dame la capacidad de comprender tus mandamientos.

26 **Mateo 22:37** Jesús le respondió: "Amarás al Señor tu Dios con todo tu corazón, y con toda tu alma, y con toda tu mente".

27 **Hechos 17:11** Éstos eran más nobles que los de Tesalónica, pues recibieron la palabra con mucha atención, y todos los días examinaban las Escrituras para ver si era cierto lo que se les anunciaba.

B. Debido a que la Biblia es la palabra de Dios y, a diferencia de todos los otros libros, es inspirada e inerrante, es una equivocación usar la razón humana para cuestionar o negar su veracidad.

28 **Romanos 3:4** ¡De ninguna manera! Dios es siempre veraz aunque todo hombre sea mentiroso. Como está escrito: "Para que seas justificado en tus palabras, y salgas airoso cuando seas juzgado."

29 **2 Corintios 10:5** Y de desbaratar argumentos y toda altivez que se levanta contra el conocimiento de Dios, y de llevar cautivo todo pensamiento a la obediencia a Cristo.

30   **Colosenses 2:8** Cuídense de que nadie los engañe
     mediante filosofías y huecas sutilezas, que siguen tradi-
     ciones humanas y principios de este mundo, pero que no
     van de acuerdo con Cristo.

31   **2 Timoteo 4:3–4** Porque vendrá un tiempo en que no sopor-
     tarán la sana doctrina, sino que aun teniendo comezón de oír se
     amontonarán maestros conforme a sus propios malos deseos, y
     apartarán de la verdad sus oídos y se volverán a las fábulas.

32   **2 Pedro 3:15–16** Tengan en cuenta que la paciencia de nuestro
     Señor es para salvación, tal y como nuestro amado hermano
     Pablo, según la sabiduría que le ha sido dada, les ha escrito en
     casi todas sus cartas, donde habla de estas cosas, aun cuando
     entre ellas hay algunas que son difíciles de entender y que los
     ignorantes e inconstantes tuercen, como hacen también con
     las otras Escrituras, para su propia perdición.

Nota: El hecho de que la Biblia esté escrita en lenguaje humano
no implica falibilidad ni error. Aquí, la encarnación guía nuestro
pensamiento. Jesús fue verdadero hombre, sin pecado, y verdadero Dios. Así también, la Biblia es verdaderamente humana, sin
error y verdaderamente divina: la palabra de Dios en palabras de
los hombres (**Hebreos 4:15** y **2 Pedro 1:20–21**). Por esta razón,
la veracidad de la Biblia no debe ser cuestionada ni negada (como
hace, por ejemplo, la crítica histórica).

10. ¿Cuáles son las dos grandes doctrinas de la Biblia?

Ley y Evangelio son las dos grandes doctrinas de la Biblia.
Debemos distinguir claramente entre la Ley y el Evangelio para
entender correctamente la Biblia.

33   **2 Timoteo 2:15** Procura con diligencia presentarte ante
     Dios aprobado, como obrero que no tiene de qué avergon-
     zarse y que usa bien la palabra de verdad.

11. ¿Cuál es la diferencia entre la Ley y el Evangelio?

La Ley enseña qué debemos hacer y qué no debemos hacer;
el Evangelio enseña lo que Dios ha hecho, y sigue haciendo, en
Jesús, para nuestra salvación.

La Ley nos muestra nuestro pecado y la ira de Dios; el Evangelio nos muestra a nuestro Salvador y trae la gracia y el favor de Dios.

La Ley debe serle proclamada a todas las personas, pero especialmente a los pecadores que se niegan a arrepentirse; el Evangelio debe serle proclamado a los pecadores que están atribulados por sus pecados.

34   **Romanos 3:20** Ya que nadie será justificado delante de Dios por hacer las cosas que la ley exige, pues la ley sirve para reconocer el pecado.

35   **Juan 6:63** El espíritu es el que da vida; la carne para nada aprovecha. Las palabras que yo les he hablado son espíritu y son vida.

36   **Romanos 1:16** No me avergüenzo del evangelio, porque es poder de Dios para la salvación de todo aquel que cree: en primer lugar, para los judíos, y también para los que no lo son.

Nota: Ver la Declaración Sólida de la Fórmula de Concordia, Artículo V, para una explicación más completa de Ley y Evangelio.

12. ¿Qué es el Catecismo Menor?

Por siglos, los cristianos han utilizado tres textos importantes como resumen básico para enseñar la fe y la vida cristianas: los Diez Mandamientos, el Credo y el Padrenuestro. Martín Lutero incluyó útiles pasajes bíblicos sobre el Bautismo, la Confesión, y la Santa Cena. El Catecismo Menor, escrito por Lutero en 1529, incluye esos textos junto con breves explicaciones (ver la primera parte de este libro). Esta sección explicativa ampliada está preparada como herramienta de enseñanza y aprendizaje.

13. ¿Cuáles son las partes centrales, o principales, de la enseñanza y la vida cristianas?

Las siguientes seis partes del catecismo son las enseñanzas centrales, o Seis Partes Principales de la Doctrina Cristiana:

1.   Dios da a conocer su voluntad mediante los **Diez Mandamientos**, que resumen la forma cómo Dios quiere que lo amemos a él y a nuestro prójimo, y

también revelan nuestro pecado y nuestra incapacidad de cumplir la Ley de Dios.

2. El **Credo** resume quién es Dios y lo que ha hecho por el mundo: crear y preservar todas las cosas por amor paternal; redimir al mundo en la vida, muerte, y resurrección de Jesucristo, el Hijo de Dios; y llamar y reunir a los creyentes en la iglesia por el Espíritu Santo.

3. En el **Padrenuestro**, Dios Hijo les enseña a los cristianos cómo orar como Hijos amados de Dios, con la confianza en que nuestra oración le agrada y es para nuestro bien.

4. La Escritura nos enseña que en el **Santo Bautismo** somos limpiados de nuestros pecados y le pertenecemos al único y verdadero Dios, Padre, Hijo y Espíritu, en quien confiamos para vida y salvación.

5. Como hijos creyentes y bautizados de Dios, todavía tenemos dificultades con los pecados de pensamiento, palabra, y obra. Pero Dios, misericordiosamente, le ha dado autoridad especial a su iglesia en la tierra para perdonar los pecados de los penitentes y no perdonar a quienes no se arrepienten (**Oficio de las Llaves y Confesión**).

6. Dios recibe a sus hijos en el **Sacramento del Altar** (Santa Cena), en el que Cristo nos da su cuerpo para que lo comamos y su sangre para que la bebamos con el pan y el vino para el perdón de nuestros pecados y para fortalecer nuestra fe.

14. ¿Qué es la Confirmación?

La Confirmación es un rito público de la iglesia precedido por un período de instrucción, en el cual los cristianos bautizados aprenden sobre la confesión, vida, y misión de la iglesia cristiana.

Nota: Antes de la admisión a la Santa Cena, es necesario ser instruido en la fe cristiana (**1 Corintios 11:28**). El rito de la Confirmación le brinda la oportunidad al cristiano, que confía en la promesa de Dios dada en el Santo Bautismo, de hacer una confesión personal pública de la fe y un compromiso de fidelidad a Cristo de por vida.

LOS DIEZ MANDAMIENTOS

**Dios habló y dijo todas estas palabras:
"Yo soy el Señor tu Dios. Yo te saqué de la tierra de Egipto,
donde vivías como esclavo.**

No tendrás dioses ajenos delante de mí.

No tomarás en vano el nombre del Señor tu Dios, porque yo, el Señor, no consideraré inocente al que tome en vano mi nombre.

Te acordarás del día de reposo, y lo santificarás.

Honrarás a tu padre y a tu madre, para que tu vida se alargue en la tierra que yo, el Señor tu Dios, te doy.

No matarás.

No cometerás adulterio.

No robarás.

No presentarás falso testimonio contra tu prójimo.

No codiciarás la casa de tu prójimo, ni a su mujer, ni a su siervo ni a su esclava, ni su buey ni su asno, ni nada que le pertenezca a tu prójimo."

(Éxodo 20:1–3, 7–8, 12–17)

15. ¿Qué son los Diez Mandamientos?
Los Diez Mandamientos son la Ley de Dios, su voluntad buena y amorosa para la vida y el bienestar de todas las personas.

16. ¿Cuál es la voluntad de Dios para nuestras vidas?

Dios quiere que confiemos en él por encima de cualquier otra cosa, que lo amemos y que amemos a nuestro prójimo.

37   **1 Timoteo 2:4** [Dios] Quiere que todos los hombres sean salvos y lleguen a conocer la verdad.

38   **1 Tesalonicenses 4:3** La voluntad de Dios es que ustedes sean santificados.

39   **Mateo 22:36–40** "Maestro, ¿cuál es el gran mandamiento en la ley?" Jesús le respondió: "Amarás al Señor tu Dios con todo tu corazón, y con toda tu alma, y con toda tu mente. Éste es el primer mandamiento, y el más importante. Y el segundo es semejante al primero: Amarás a tu prójimo como a ti mismo. De estos dos mandamientos dependen toda la ley y los profetas."

Nota: A menudo los cristianos separan los Mandamientos en dos partes —los que se refieren al amor hacia Dios (los tres primeros) y los que se refieren al amor hacia el prójimo (los siete últimos)— y los llaman "las dos tabletas (o tablas) de la Ley", ya que Dios escribió los Mandamientos en dos tabletas de piedra.

17. ¿Cómo nos entregó Dios su Ley?

Primero: Dios escribió esas instrucciones en el corazón de toda criatura humana (todas las personas tienen conciencia: un juicio innato del bien y el mal).

40   **Romanos 2:14–16** Porque cuando los paganos, que no tienen ley, hacen por naturaleza lo que la ley demanda, son ley para sí mismos, aunque no tengan la ley; y de esa manera demuestran que llevan la ley escrita en su corazón, pues su propia conciencia da testimonio, y sus propios razonamientos los acusarán o defenderán en el día en que Dios juzgará por medio de Jesucristo los secretos de los hombres, conforme a mi evangelio.

Segundo: Dios escribió los Diez Mandamientos en tabletas de piedra para el pueblo de Israel.

Lee sobre la entrega de los Diez Mandamientos por parte de Dios a Israel en **Éxodo 20:1–17; Deuteronomio 5:6–21;** y **Éxodo 34:1, 27–28.**

Nota: Hay diferentes maneras de numerar los Diez Mandamientos. La Biblia no nos da números para los mandamientos individuales.

Existen otras leyes en el Antiguo Testamento que regían los asuntos de estado o que se referían a las formas particulares de religión y liturgia dadas específicamente a Israel. A menudo los cristianos han diferenciado tres tipos de ley en el Antiguo Testamento: la ley moral, que les habla a todas las personas de su obligación hacia Dios y hacia los demás; la ley ceremonial que regulaba las prácticas religiosas de Israel; y la ley política, que era la ley estatal de los israelitas. Solo la ley moral estaba y está escrita en el corazón humano y sigue aplicándose a todas las personas. Las personas se confunden con la Biblia, e incluso la emplean mal, cuando no se dan cuenta de que las ceremonias y la ley ceremonial del Antiguo Testamento (que se aplicaban a Israel y pueden ser difíciles de comprender) *no* se aplican a los cristianos, ni a nadie más, desde la muerte y resurrección de Cristo.

Tercero: Dios también dio estas instrucciones de diversas maneras en toda la Biblia (por ejemplo, en **Éxodo 22:21–28; Miqueas 6:8; Mateo 5:21–48; Romanos 12–13; Gálatas 5:16–25**).

18. ¿Cómo usa Dios los Diez Mandamientos en nuestra vida y en la vida de otras personas en este mundo?

Dios usa sus Diez Mandamientos (la Ley) de tres maneras, a las que llamamos "los tres usos de la Ley".

Primero: Por el bien de su creación, Dios usa la Ley para limitar o evitar rudos estallidos de pecado, ayudando así a mantener el orden del mundo (un *freno*).

41   **1 Timoteo 1:9–10** También sabemos que la ley no fue dada para el justo, sino para los transgresores y desobedientes, para los impíos y pecadores, para los irreverentes y profanos, para los parricidas y matricidas, para los homicidas, para los fornicarios, para los sodomitas, para

los secuestradores, para los mentirosos y perjuros, y para todo lo que se oponga a la sana doctrina.

Segundo: Él usa la Ley para revelar y condenar nuestro pecado (un *espejo*).

42 **Romanos 3:20** Ya que nadie será justificado delante de Dios por hacer las cosas que la ley exige, pues la ley sirve para reconocer el pecado.

43 **Romanos 7:7** ¿Concluiremos entonces que la ley es pecado? ¡De ninguna manera! Sin embargo, de no haber sido por la ley, yo no hubiera conocido el pecado; porque si la ley no dijera: "No codiciarás", tampoco yo habría sabido lo que es codiciar.

44 **1 Juan 1:10** Si decimos que no hemos pecado, lo hacemos a él mentiroso, y su palabra no está en nosotros.

Tercero: Él usa la Ley para guiar y dirigir nuestros pensamientos, nuestras palabras y obras como cristianos de forma que le agraden a Dios (una *guía*).

45 **Salmo 119:105** Tu palabra es una lámpara a mis pies; ¡es la luz que ilumina mi camino!

46 **Proverbios 6:23** El mandamiento es lámpara, la enseñanza es luz, y las represiones son el camino de la vida.

19. ¿Por qué es tan importante el segundo uso de la Ley?

Muestra que todos hemos pecado y no podemos cumplir los mandamientos de Dios, y así nos da a conocer nuestra necesidad del Evangelio de Cristo, que es el cumplimiento de la Ley. La Ley siempre acusa.

47 **Romanos 3:21** Pero ahora, aparte de la ley, se ha manifestado la justicia de Dios, y de ello dan testimonio la ley y los profetas.

48 **Romanos 10:4** Porque el cumplimiento de la ley es Cristo, para la justicia de todo aquel que cree.

49 **Gálatas 3:13–14** Cristo nos redimió de la maldición de la ley, y por nosotros se hizo maldición (porque está escrito:

"Maldito todo el que es colgado en un madero"), para que en Cristo Jesús la bendición de Abrahán alcanzara a los no judíos, a fin de que por la fe recibiéramos la promesa del Espíritu.

20. ¿Qué es el pecado?

El pecado es la condición caída de la humanidad. Nos alejamos de Dios y no podemos buscarlo para obtener seguridad, sentido ni justicia. Esa condición pecaminosa interior da como resultado verdaderos pecados de pensamiento, deseo, palabra, y obra que son opuestos a la voluntad de Dios, como está resumida en los Diez Mandamientos.

50   **1 Juan 3:4** Todo aquel que comete pecado, quebranta también la ley, pues el pecado es quebrantamiento de la ley.

Nota: Otros nombres para el pecado como condición o acción son deuda (**Mateo 6:12**), desobediencia (**Romanos 5:19**), maldad (**Salmo 38:18**), quebrantamiento (**1 Juan 3:4**), rebelión (**Deuteronomio 13:5**), rebeldía (**Salmo 32:5**), transgresión (**Romanos 5:17**), incredulidad (**Juan 3:18**), mal (**Génesis 39:9**) y hacer lo malo (**Colosenses 3:25**).

21. ¿Cómo entró el pecado a la creación de Dios?

El diablo trajo el pecado al mundo tentando a Adán y Eva, que se rindieron voluntariamente a la tentación.

Lee **Génesis 3:1–6**, sobre la caída en el pecado de nuestros primeros padres.

51   **1 Juan 3:8** El que practica el pecado es del diablo, porque el diablo peca desde el principio. Para esto se ha manifestado el Hijo de Dios: para deshacer las obras del diablo.

52   **Romanos 5:12** Por tanto, como el pecado entró en el mundo por un solo hombre, y por medio del pecado entró la muerte, así la muerte pasó a todos los hombres, por cuanto todos pecaron.

22. ¿Cómo nos afecta la desobediencia de Adán y Eva?

Con el pecado de Adán y Eva, toda la raza humana también cayó en el pecado. A eso lo llamamos "pecado original o hereditario".

53   **Salmo 51:5** ¡Mírame! ¡Yo fui formado en la maldad! ¡Mi
      madre me concibió en pecado!
      Lee **Juan 3:6** y **Efesios 4:22**.

23. ¿Cómo afecta el pecado original a toda criatura humana?
Significa que toda persona ahora nace:
A. sin la capacidad de temerle a Dios ni amarlo: estamos ciegos
y muertos espiritualmente;

54   **1 Corintios 2:14** Pero el hombre natural no percibe las
      cosas que son del Espíritu de Dios, porque para él son una
      locura; y tampoco las puede entender, porque tienen que
      discernirse espiritualmente.
      Lee **Romanos 8:7** y **Efesios 2:1-3**.

B. con un deseo infinito de pecar: somos enemigos de Dios;

55   **Génesis 8:21** Al percibir el Señor ese grato olor, dijo en
      su corazón: "No volveré a maldecir la tierra por causa
      del hombre, porque desde su juventud las intenciones
      del corazón del hombre son malas. Y tampoco volveré a
      destruir a todo ser vivo, como lo he hecho."
      Lee **Mateo 7:17-20** y **Gálatas 5:19**.

C. mereciendo la sentencia de muerte temporal y eterna de Dios;

56   **Romanos 5:12** Por tanto, como el pecado entró en el
      mundo por un solo hombre, y por medio del pecado
      entró la muerte, así la muerte pasó a todos los hombres,
      por cuanto todos pecaron.

57   **Efesios 2:3** Éramos por naturaleza objetos de ira, como
      los demás.
      Lee **Romanos 5:12-19**.

D. esclavizada en una condición pecaminosa de por vida de la
cual no puede liberarse por sí misma.

58   **Juan 8:34** Jesús les respondió: "De cierto, de cierto les
      digo, que todo aquel que comete pecado, esclavo es del
      pecado."

Nota: Los cristianos son a la vez santos y pecadores que luchan diariamente contra el pecado. Lee **Romanos 7:14–25**, donde Pablo describe la continua lucha contra el pecado.

El Primer Mandamiento

No tendrás dioses ajenos delante de mí.

¿Qué significa esto?

Más que a todas las cosas debemos temer y amar a Dios y confiar en él.

La idea central

Todas las personas, en todas partes, buscan constantemente la felicidad, la identidad, la seguridad y el significado de la vida.

¿Dónde buscan las personas hoy en día para encontrar esas cosas?

Lee **Lucas 12:13–34**. Observa la insensatez del hombre rico y las razones que Jesús expone para poner nuestra confianza en Dios.

✠ *Como cristianos, buscamos al único y verdadero Dios para todo lo que necesitamos. Ese es el Dios que nos creó y nos sostiene, que nos redimió dándose a sí mismo para ser crucificado por nosotros en el Dios-hombre, Jesús, y que nos santifica por el poder de su Espíritu Santo. No hay ningún otro Dios.*

¿De qué maneras me da Dios generosamente todo lo que necesito en mi vida cotidiana y mi salvación eterna?

Una lectura más cercana del Catecismo Menor

24. ¿Qué significa tener un dios?

Significa confiar, de todo corazón, en algo o alguien que nos ayuda en épocas de necesidad y que nos da todas las cosas buenas, y depender de ello.

59   **Isaías 45:20** Ustedes, los sobrevivientes de entre las naciones, vengan; acérquense y reúnanse. No saben nada esos que erigen un ídolo de madera, esos que dirigen sus ruegos a un dios que no salva.

60   **Proverbios 11:28** El que confía en sus riquezas, fracasa.

61   **Mateo 10:37** [Jesús dijo:] El que ama a su padre o a su madre más que a mí, no es digno de mí. El que ama a su hijo o hija más que a mí, no es digno de mí.

25. ¿Por qué Dios no quiere que tengamos ningún otro Dios aparte de él?

Como nuestro creador y único Dios verdadero, Dios nos ama y sabe que solo él puede darnos todo lo que necesitamos para este tiempo y la eternidad.

62   **Isaías 42:8** Yo soy el Señor. Éste es mi nombre, y no daré a otro mi gloria, ni mi alabanza a esculturas.

63   **Mateo 4:10** Entonces Jesús le dijo: "Vete, Satanás, porque escrito está: Al Señor tu Dios adorarás, y a él sólo servirás."

64   **Romanos 1:22–23** Aunque afirmaban que eran sabios, se hicieron necios, y cambiaron la gloria del Dios inmortal por imágenes de hombres mortales, de aves, de cuadrúpedos y de reptiles.

65   **1 Corintios 8:4** En cuanto a los alimentos que se ofrecen a los ídolos, sabemos que un ídolo no tiene valor alguno en este mundo, y que solamente hay un Dios.

26. ¿Qué nos exige Dios en el Primer Mandamiento?

Más que a todas las cosas debemos temer y amar a Dios y confiar en él.

66   **Salmo 111:10** El principio de la sabiduría es el temor al Señor.

67   **Deuteronomio 6:5** Y amarás al Señor tu Dios con todo tu corazón, y con toda tu alma, y con todas tus fuerzas.

68   **Proverbios 3:5** Confía en el Señor de todo corazón, y no te apoyes en tu propia prudencia.

27. ¿Todas las personas deben temerle a Dios, amarlo, y confiar en él?

Sí. Él creó a todas las personas para que vivan bajo su cuidado, confíen en él y dependan de él. Él es el único Dios verdadero, que se revela en Jesucristo, el único Salvador del mundo. No hay ningún otro Dios.

69 **Salmo 22:27** Todos los rincones de la tierra invocarán al Señor, y a él se volverán; ¡ante él se inclinarán todas las naciones!

70 **Hechos 17:28–29** Porque en él vivimos, y nos movemos, y somos. Ya algunos poetas entre ustedes lo han dicho: Porque somos linaje suyo. Puesto que somos linaje de Dios, no podemos pensar que la Divinidad se asemeje al oro o a la plata, o a la piedra o a esculturas artísticas, ni que proceda de la imaginación humana.

71 **1 Corintios 8:5–6** Y aunque haya algunos que se llamen dioses, ya sea en el cielo o en la tierra (así como hay muchos dioses y muchos señores), para nosotros hay un solo Dios, el Padre, de quien proceden todas las cosas, y a quien nosotros pertenecemos; y un solo Señor, Jesucristo, por medio de quien existen todas las cosas, incluso nosotros mismos.

28. ¿Qué significa temerle a Dios más que a todas las cosas?

Significa tomar a Dios en serio como nuestro creador y juez. Él habla en serio cuando amenaza con castigar a quienes desobedezcan.

72 **Proverbios 8:13** El temor del Señor es aborrecer el mal.

73 **Mateo 10:28** No teman a los que matan el cuerpo, pero no pueden matar el alma. Más bien, teman a aquel que puede destruir alma y cuerpo en el infierno.

Lee **Salmo 96:4–13**, que nos dice que le temamos al único Dios verdadero, quien hizo todas las cosas y juzgará al mundo.

29. ¿Qué significa amar a Dios más que a todas las cosas?

Significa que apreciamos y adoramos a Dios más que a cualquier otra cosa y con gusto le dedicamos nuestra vida.

74 **Salmo 73:25–26** ¿A quién tengo en los cielos? ¡Sólo a ti! ¡Sin ti, no quiero nada aquí en la tierra! Aunque mi

cuerpo y mi corazón desfallecen, tú, Dios mío, eres la roca de mi corazón, ¡eres la herencia que para siempre me ha tocado!

75   **Juan 14:15** Si me aman, obedezcan mis mandamientos.

Lee **Marcos 10:17–27**, que advierte sobre las cosas que impiden que sigamos a Dios.

30. ¿Qué significa confiar en Dios más que en todas las cosas?

Significa que confiamos en que Dios nos cuida y cumple todas sus promesas.

76   **Isaías 30:15** Así ha dicho Dios el Señor, el Santo de Israel: "La salvación de ustedes depende de que mantengan la calma. Su fuerza radica en mantener la calma y en confiar en mí."

77   **1 Pedro 5:6–7** Por lo tanto, muestren humildad bajo la poderosa mano de Dios, para que él los exalte a su debido tiempo. Descarguen en él todas sus angustias, porque él tiene cuidado de ustedes.

78   **Filipenses 4:5–6** Que la gentileza de ustedes sea conocida de todos los hombres. El Señor está cerca. No se preocupen por nada. Que sus peticiones sean conocidas delante de Dios en toda oración y ruego, con acción de gracias,

Lee **Proverbios 3:5–10** y **Salmo 115:4**; observa las diversas formas como confiamos o no confiamos en Dios. Nuestro Señor Jesús confió en su Padre, de manera perfecta, en todo (ver **Lucas 23:46**).

31. ¿Qué significa temerle a Dios, amarlo y confiar en él por encima de todo?

Significa que, para obtener bienestar, ante todo buscamos a Dios, y no:

A. los logros humanos como el intelecto, la tecnología o los avances médicos (**Génesis 11:1–9**);

B. la bondad humana o la devoción religiosa (**Lucas 18:9–14**);

C. el dinero y las posesiones (**Lucas 18:18–24**);

D. placeres como la comida, la bebida, el sexo, los deportes o el entretenimiento (**1 Corintios 6:12–20**);

E. la familia o los amigos (**Mateo 10:37–39**).

32. ¿Qué sucede cuando confiamos en esas cosas y no en nuestro Creador?

Confundimos a Dios, el Creador, con su creación y así incumplimos también todos los otros Mandamientos.

79   **Mateo 6:19, 21** "No acumulen ustedes tesoros en la tierra, donde la polilla y el óxido corroen, y donde los ladrones minan y hurtan... pues donde esté tu tesoro, allí estará también tu corazón.

   Lee **Éxodo 32:1–10; Romanos 1:18–25**; y **Efesios 5:5**.

33. ¿Cuál es la relación entre el Primer Mandamiento y los demás?

Más que a todas las cosas debemos temer y amar a Dios y confiar en él y buscar con agrado el cumplimiento de todos sus Mandamientos. Cuando le tememos a otras cosas distintas a Dios, las amamos, y confiamos en ellas, incumplimos también todos los otros Mandamientos.

80   **Mateo 6:33** Por lo tanto, busquen primeramente el reino de Dios y su justicia, y todas estas cosas les serán añadidas.

   Lee **Deuteronomio 30:19–20** y **Proverbios 11:28**.

34. ¿Alguien puede cumplir el Mandamiento de temerle a Dios, amarlo y confiar en él por encima de todo?

No. Solo Jesucristo cumplió perfectamente ese y todos los mandamientos de Dios por nosotros y en nuestro lugar. Pero todo el que tenga fe en él por el poder de su Espíritu se esfuerza voluntariamente para obedecer estos mandamientos.

81   **Eclesiastés 7:20** No hay en la tierra nadie tan justo que siempre haga el bien y nunca peque.

82   **1 Juan 1:8** Si decimos que no tenemos pecado, nos engañamos a nosotros mismos, y la verdad no está en nosotros.

Relaciones y aplicaciones

35. ¿Cómo sabemos que existe un Dios?

Razón, naturaleza, y experiencia dan testimonio de la existencia de Dios.

A. Vivimos en un mundo que no creamos nosotros.

B. Todas las personas confían en algo para organizar su vida y para buscar sentido y propósito.

C. El universo y toda la vida están ordenados y regidos por leyes: las leyes de la naturaleza.

D. La humanidad comparte muchas ideas morales comunes.

E. Los descubrimientos científicos aumentan los misterios más profundos de la vida; no los resuelven.

Esas verdades y observaciones universales se explican mejor cuando aceptamos que Dios existe y que es el Creador de todas las cosas.

Sin embargo, no nos cuentan sobre la naturaleza misericordiosa ni el carácter del Dios verdadero.

36. ¿Quién es el único Dios verdadero?

El Dios verdadero se revela en Jesucristo, crucificado y resucitado de la muerte por nosotros. Jesús nos muestra al Padre. El Padre y el Hijo dan el Espíritu Santo, quien siempre nos señala a Cristo: el único Hijo del Padre. Así, el único Dios verdadero es el Dios Trino: Padre, Hijo y Espíritu Santo, tres personas distintas en un solo ser divino (la Santísima Trinidad).

Lee **Génesis 1:1–3**; **Mateo 3:16–17**; y **Juan 1:1–3**.

Observa cómo las tres personas de la Trinidad están presentes y activas

83 **Mateo 28:19** Por tanto, vayan y hagan discípulos en todas las naciones, y bautícenlos en el nombre del Padre, y del Hijo, y del Espíritu Santo.

84 **2 Corintios 13:14** Que la gracia del Señor Jesucristo, el amor de Dios, y la comunión del Espíritu Santo sean con todos ustedes. Amén.

85 **Números 6:24–26** ¡Que el Señor te bendiga, y te cuide! ¡Que el Señor haga resplandecer su rostro sobre ti, y tenga de ti misericordia! ¡Que el Señor alce su rostro sobre ti, y ponga en ti paz!

37. ¿Cuáles son algunos de los atributos de Dios?

A. Dios es bueno (bondadoso, desea nuestro bienestar).

86   **Salmo 145:9** El Señor es bueno con todos, y se compadece de toda su creación.

B. Dios es clemente (muestra bondad inmerecida) y misericordioso (lleno de compasión).

87   **Salmo 116:5** El Señor es justo y compasivo; nuestro Dios es todo bondad.

C. Dios es fiel (cumple sus promesas).

88   **2 Timoteo 2:13** Si somos infieles, él permanece fiel; él no puede negarse a sí mismo.

D. Dios es espíritu (un ser personal sin cuerpo).

89   **Juan 4:24** Dios es Espíritu; y es necesario que los que lo adoran, lo adoren en espíritu y en verdad.

E. Dios es eterno (sin principio ni fin).

90   **1 Timoteo 1:17** Por tanto, al Rey de los siglos, al inmortal e invisible, al único y sabio Dios, sean el honor y la gloria por los siglos de los siglos. Amén.

F. Dios es inmutable (su naturaleza, su ser y sus promesas no cambian).

91   **Malaquías 3:6** Hijos de Jacob, yo soy el Señor, y no cambio. Por eso ustedes no han sido consumidos.

G. Dios es todopoderoso (omnipotente).

92   **Mateo 19:26** Jesús los miró y les dijo: "Para los hombres, esto es imposible; pero para Dios todo es posible."

H. Dios es omnisciente (todo lo sabe).

93   **Salmo 139:1-4** Señor, tú me has examinado y me conoces; tú sabes cuando me siento o me levanto; ¡desde lejos sabes todo lo que pienso! Me vigilas cuando camino y cuando descanso; ¡estás enterado de todo lo que hago! Todavía no tengo las palabras en la lengua, ¡y tú, Señor, ya sabes lo que estoy por decir!

I. Dios está presente en todas partes (omnipresente).

94 **Jeremías 23:24** ¿Podrá alguien esconderse donde yo no pueda verlo? ¿Acaso no soy yo el Señor, que llena el cielo y la tierra? —Palabra del Señor.

J. Dios es santo (no tiene pecado y lo odia).

95 **Isaías 6:3** ¡Santo, santo, santo, es el Señor de los ejércitos! ¡Toda la tierra está llena de su gloria!

K. Dios es justo (imparcial).

96 **Deuteronomio 32:4** Él es nuestra Roca, y su obra es perfecta; todos sus caminos son de justicia. Es el Dios de la verdad, justo y recto; en él no hay ninguna maldad.

L. Dios es amor.

97 **1 Juan 4:8** El que no ama, no ha conocido a Dios, porque Dios es amor.

38. Lee Éxodo 20:1–3. ¿Por qué los Mandamientos comienzan con las palabras "Yo soy el Señor tu Dios. Yo te saqué de la tierra de Egipto"?

Esas palabras identifican al Dios de Israel. Él los rescató de Egipto. El mismo Redentor que rescató a Israel también nos rescató a nosotros del pecado y la muerte, enviando a su Hijo para que muriera y resucitara por nosotros. Lee **Juan 3:16**.

39. Lee Éxodo 20:4. ¿Qué son imágenes esculpidas (o ídolos)?

Las imágenes esculpidas incluyen obras de arte, esculturas u otras descripciones visuales que son adoradas como dioses o se cree que tienen poder espiritual.

Nota: Como Dios se ha hecho visible en la carne de Jesús, los cristianos pueden utilizar acertadamente descripciones visuales para enseñar las verdades bíblicas.

40. Lee Éxodo 20:5. ¿Por qué hace Dios esas amenazas y promesas?

Dios no tolera a ningún otro dios, porque ningún otro dios puede darnos vida ni sostenerla.

El Catecismo Mayor nos recuerda cómo Dios busca atraernos hacia él: "Yo mismo quiero darte todo lo suficiente que necesites y quiero ayudarte en toda desdicha. Pero no hagas depender tu corazón de nada, ni confíes en nada que no sea yo" (CMa I 4).

41. ¿Todas las religiones adoran al mismo dios?

No. Todas las religiones no adoran al mismo dios.

A. Algunas religiones enseñan que la vida incluye una dimensión espiritual, pero rechazan al Creador y su salvación en Jesús (por ejemplo, el hinduismo, budismo, sintoísmo, y también diversas religiones populares). Lee **Romanos 1:16–25**.

B. Algunas religiones dicen que adoran al Dios de Abrahán e incluso consideran el Antiguo Testamento como escrito sagrado, pero rechazan al Dios trino rechazando su salvación en Jesucristo (por ejemplo, el islamismo y el judaísmo). Lee **Juan 5:19–23, 39–47**.

C. Algunas religiones afirman ser cristianas y consideran sagrada a la Biblia, pero rechazan el testimonio bíblico de que Jesús es el verdadero Hijo de Dios, uno solo con el Padre y, por lo tanto, también niegan la doctrina de la Trinidad (por ejemplo, los mormones y los Testigos de Jehová). Lee **Juan 10:22–30**.

D. Algunas prácticas religiosas buscan ayuda en fuentes sobrenaturales y no en Dios Creador, quien se reveló en Jesucristo (por ejemplo, *wicca* o las artes satánicas como la hechicería, las supersticiones, los espíritus de los muertos, los amuletos, los fenómenos psíquicos, la tabla *ouija*, la astrología). Lee **1 Samuel 28** y observa cómo Saúl le desobedeció a Dios.

E. Algunas "religiones" o filosofías morales combinan elementos de lo anterior, convierten a la humanidad en ídolo o simplemente creen en una deidad genérica (por ejemplo, el deísmo moralista terapéutico, el humanismo, ciertas logias). Estas rechazan la revelación exclusiva de Dios de salvación solo en Cristo. Lee **Salmo 14:1; 53:1**.

F. El único Dios verdadero se revela como Padre, Hijo y Espíritu Santo. Ese único Dios verdadero, en la persona del Hijo, se convirtió en carne en Jesucristo. No hay ningún otro Dios.

Salmo 1

Oración – Señor Dios, autor y fuente de todo lo bueno, danos sabiduría para temerle a tu ira, fortaleza para amarte por encima de todo y fe para confiar solo en tus promesas; que por tu gracia podamos servirte todos los días de nuestra vida y finalmente lleguemos a heredar tu reino celestial. Por Jesucristo, tu Hijo, nuestro Señor, quien vive y reina contigo y con el Espíritu Santo, un solo Dios, ahora y por siempre. Amén.

El Segundo Mandamiento

No tomarás en vano el nombre del Señor tu Dios.

¿Qué significa esto?

Debemos temer y amar a Dios de modo que no usemos su nombre para maldecir, jurar, hechizar, mentir o engañar, sino que lo invoquemos en todas las necesidades, lo adoremos, alabemos y le demos gracias.

La idea central

Cuando confiamos en Dios con el corazón, usamos los labios para invocarlo como nuestro Creador y Redentor.

¿Cómo se usa hoy en día el nombre de Dios? ¿Cómo se refleja eso en la forma como las personas piensan sobre Dios, y cómo las afecta?

Lee **Lucas 1:39–56**. ¿Qué inspiró a María para que alabara el nombre de Dios?

✠ *Como cristianos, atesoramos y honramos el nombre de Dios con nuestras oraciones, nuestra alabanza y nuestro testimonio.*

¿Cómo puedo mostrar que Dios es mi Creador y Redentor mediante la forma como hablo y en mis conversaciones diarias con los demás?

Una lectura más cercana del Catecismo Menor

42. ¿Cuál es el nombre de Dios?

Dios mismo nos revela su nombre en la Escritura.

A. En el Antiguo Testamento, Dios revela su nombre personal: Yahvé ("Yo soy").

98 **Éxodo 3:13–15** Moisés le dijo a Dios: "Pero resulta que, si yo voy y les digo a los hijos de Israel: El Dios de sus padres me ha enviado a ustedes, qué voy a responderles si me preguntan: ¿Y cuál es su nombre?" Dios le respondió a Moisés: "YO SOY EL QUE SOY." Y añadió: "A los hijos de Israel tú les dirás: YO SOY me ha enviado a ustedes."

También le dijo Dios a Moisés: "A los hijos de Israel les dirás: "El Señor me ha enviado a ustedes. Él es el Dios de sus padres, el Dios de Abrahán, el Dios de Isaac y el Dios de Jacob. Éste es mi nombre eterno. Con este nombre se me recordará por todos los siglos."

B. En la encarnación, Dios revela la plenitud de su gracia con un nuevo nombre personal: Jesús, que significa "Yahvé salva". Los cristianos también confiesan que Jesús es el Señor, refiriéndose a que Jesús es Yahvé en carne humana.

99   **Mateo 1:21** María tendrá un hijo, a quien pondrás por nombre JESÚS, porque él salvará a su pueblo de sus pecados.

100   **1 Corintios 12:3** Nadie puede llamar "Señor" a Jesús, si no es por el Espíritu Santo.

101   **Filipenses 2:10–11** Para que en el nombre de Jesús se doble toda rodilla de los que están en los cielos, y en la tierra, y debajo de la tierra; y toda lengua confiese que Jesucristo es el Señor, para gloria de Dios el Padre.

Nota: Al confesar a Jesucristo como Señor, confesamos que Jesús es Yahvé, es decir, que el único Dios verdadero, el Dios del Antiguo y el Nuevo Testamentos, vino en nuestra carne humana. Ver también **Romanos 10:13**, cuando cita **Joel 2:32**.

43. ¿Con qué propósito nos reveló Dios su nombre?
Dios nos dio su nombre para que pudiéramos:
A. saber quién nos creó y nos redimió;

102   **Salmo 9:16** El Señor se ha revelado al hacer justicia; los malvados se enredan con sus propios hechos.

103   **Isaías 44:24** Así dice el Señor, tu Redentor, el que te formó desde el vientre: "Yo soy el Señor, el que todo lo hace; el que extiende los cielos sin ayuda; el que extiende la tierra por sí mismo."

104   **Éxodo 20:2** Yo soy el Señor tu Dios. Yo te saqué de la tierra de Egipto, donde vivías como esclavo.

B. llamarlo personalmente como hacen los hijos con su padre;

105 **Génesis 4:26** También a Set le nació un hijo, al que puso por nombre Enós. Desde entonces comenzó a invocarse el nombre del Señor.

106 **Lucas 11:2** Jesús les dijo: "Cuando ustedes oren, digan: Padre, santificado sea tu nombre. Venga tu reino."

C. proclamar su nombre entre todos los pueblos.

107 **Isaías 12:4** Cuando llegue ese día, dirán ustedes: "¡Alaben al Señor! ¡Aclamen su nombre! ¡Alaben sus acciones entre los pueblos! ¡Recuerden que su nombre es incomparable!"

108 **Mateo 28:19–20** Por tanto, vayan y hagan discípulos en todas las naciones, y bautícenlos en el nombre del Padre, y del Hijo, y del Espíritu Santo. Enséñenles a cumplir todas las cosas que les he mandado. Y yo estaré con ustedes todos los días, hasta el fin del mundo. Amén.

44. ¿Cómo le tememos a Dios y lo amamos al cumplir el Segundo Mandamiento?

Primero: Le tememos a Dios y lo amamos cuando *no usamos* su nombre para:

A. jurar de manera irreflexiva o sin sentido (en vano) o como palabrota;

109 **Éxodo 20:7** No tomarás en vano el nombre del Señor tu Dios, porque yo, el Señor, no consideraré inocente al que tome en vano mi nombre.

B. tratar de manipular a Dios para nuestros propósitos en hechicería, como la magia, o para maldecir a otros;

110 **Santiago 3:8–10** Pero nadie puede domesticar a la lengua. Ésta es un mal indómito, que rebosa de veneno mortal. Con la lengua bendecimos al Dios y Padre, y con ella maldecimos a los seres humanos, que han sido creados a imagen de Dios. De la misma boca salen bendiciones y maldiciones. Hermanos míos, ¡esto no puede seguir así!

Lee **Hechos 19:11–20**: Los hijos de Esceva usaban el nombre de Jesús de forma supersticiosa como fórmula mágica. En **Lucas 9:51–55**, Jesús reprendió a los discípulos por su deseo de maldecir a una aldea para que Dios la castigara; y en **Hechos 23:12–15**, los principales sacerdotes hicieron el juramento de matar al apóstol Pablo. Lee **Deuteronomio 18:10–12**: El pueblo de Dios no practica la hechicería, ni invoca espíritus, ni adivina el futuro, ni consulta a los muertos, ni practica el ocultismo.

C. mentirles a otros o engañarlos hablando con falsedad sobre Dios o divulgando falsas enseñanzas sobre él.

111   **Mateo 7:21** No todo el que me dice: Señor, Señor, entrará en el reino de los cielos, sino el que hace la voluntad de mi Padre que está en los cielos.

112   **Jeremías 23:31-32** Yo estoy en contra de los profetas que hablan con dulzura, y luego afirman que yo he hablado. —Palabra del Señor. Yo estoy en contra de los que profetizan sueños mentirosos, pues con sus profecías mentirosas y lisonjeras hacen que mi pueblo pierda el camino. Yo no los envié a profetizar. ¡Ningún bien le hacen a mi pueblo! —Palabra del Señor.

Lee **Mateo 26:69–74**: Pedro juró que no conocía a Jesús (también **Levítico 19:12**; **Mateo 5:33–37**).

Segundo: Le tememos a Dios y lo amamos cuando *usamos* su nombre para:

A. buscar en él todas las cosas buenas para nosotros mismos y los demás;

113   **Juan 16:23** En aquel día ya no me preguntarán nada. De cierto, de cierto les digo, que todo lo que pidan al Padre, en mi nombre, él se lo concederá.

114   **1 Timoteo 2:1** Ante todo, exhorto a que se hagan rogativas, oraciones, peticiones y acciones de gracias por todos los hombres.

Lucas 11:1–4 nos cuenta cómo nuestro Señor invocaba periódicamente a su Padre en oración y les enseñó a sus discípulos a hacer lo mismo.

B. invocarlo en épocas de dificultades;

115   **Salmo 50:15** Invócame en el día de la angustia; yo te libraré, y tú me honrarás.

Lee **Isaías 36–37**, donde el rey Ezequías le pide a Dios cuando los abrumadores ejércitos asirios rodean Jerusalén. Ver también **Mateo 27:38–49**, donde Jesús invoca a Dios en sus horas más oscuras.

C. reconocer con acción de gracias y alabanza que todas las cosas buenas vienen solo de Dios;

116   **Salmo 150:2** ¡Alabado sea por sus proezas! ¡Alabado sea por su imponente grandeza!

117   **Salmo 118:1** ¡Alabemos al Señor, porque él es bueno; porque su misericordia permanece para siempre!

Lee **Salmo 136; 138**; el *Magnificat* de María en **Lucas 1:46–55**, y la profecía de Zacarías en **Lucas 1:58–79**.

D. hablar y enseñar con verdad sobre Dios de acuerdo con su Palabra.

118   **Jeremías 23:28** Si algún profeta tiene un sueño, que cuente su sueño. Pero si yo envío mi palabra a alguno de ellos, tiene que anunciar mi palabra verdadera.

Lee **Juan 17:11–19**; observa la relación entre el nombre de Dios y la enseñanza veraz de su Palabra.

Relaciones y aplicaciones

45. ¿Qué "nombres" tiene Dios en la Biblia?

La Biblia se refiere a Dios con varios títulos (Dios, el Todopoderoso, el Señor, Padre, Emanuel, el Altísimo, Hijo de Dios, Jesucristo y Espíritu Santo). El Nuevo Testamento también revela que es correcto llamar a Dios "el Padre, el Hijo y el Espíritu Santo" (ver **Mateo 28:19**, donde *nombre* es singular). Cuando oramos en el nombre de Jesús, invocamos al Dios que hizo todas las cosas (lee **Juan 14:13–14**). Este mandamiento se aplica a la forma como usamos todos estos términos.

Nota: En el Antiguo Testamento, Dios usa principalmente su nombre personal: Yahvé ("Jehová" es una tergiversación de "Yahvé").

En la época del Nuevo Testamento, el nombre "Yahvé" ya no se decía en voz alta. Cuando se leía la Biblia, la palabra *"Adonai"* (Señor) sustituía a *"Yahvé"*. Esa tradición continúa en algunas biblias castellanas que sustituyen "Yahvé" ("Jehová") por "Señor".

46. ¿Qué dice Dios sobre el lenguaje vulgar o soez?

Dios llama a su pueblo a hablar de forma íntegra (ver también el sexto y octavo mandamientos).

119 **Efesios 5:4** Tampoco digan obscenidades, ni tonterías ni palabras groseras. Eso no es conveniente. En vez de eso, den gracias a Dios.

120 **Mateo 15:11** Lo que contamina al hombre no es lo que entra por su boca. Por el contrario, lo que contamina al hombre es lo que sale de su boca.

47. ¿Nos prohíbe Dios hacer juramentos en su nombre?

Debemos decir la verdad siempre en nuestra vida y nuestro discurso diario (**Efesios 4:25**), sin tener que jurar por el nombre de Dios (ni por nada más). Jesús dice: Cuando ustedes digan algo, que sea "sí, sí", o "no, no"; porque lo que es más de esto, proviene del mal (**Mateo 5:37**).

A. Jurar por el nombre de Dios está mal cuando se hace de manera falsa, irreflexiva, para presumir, o en cualquier otro asunto pecaminoso, incierto o trivial.

B. A veces, un juramento honra y glorifica a Dios o sirve a nuestro prójimo. Los ejemplos incluyen el juramento de decir la verdad en la corte o los votos matrimoniales, en los cuales le aseguramos a nuestro prójimo que somos responsables ante Dios de decir la verdad y cumplir nuestras promesas.

121   **Levítico 19:12** No juren falsamente en mi nombre, ni profanen así mi nombre. Yo soy el Señor, su Dios.

122   **Números 30:2** Cuando alguien haga un voto al Señor, o haga un juramento que lo comprometa, no deberá faltar a su palabra, sino que hará todo lo que se haya comprometido a hacer.

123   **Romanos 13:1** Todos debemos someternos a las autoridades, pues no hay autoridad que no venga de Dios. Las autoridades que hay han sido establecidas por Dios.

Nota: Jefté hizo un juramento irreflexivo y pecaminoso (**Jueces 11:30-40**). Jesús testificó bajo juramento que era el Mesías (**Marcos 14:60-62**). Pablo invocó a Dios para que fuera testigo de la veracidad de su testimonio (**Romanos 1:9**; **2 Corintios 1:23**; y **Gálatas 1:20**).

Salmo 135

Oración – Santo Padre, purifica nuestros labios de cualquier uso incorrecto de tu nombre —maldiciendo, jurando, usándolo con superstición, mintiendo o engañando—. Abre nuestra boca para que reverencie tu santo nombre, lo invoque en toda época de dificultad, pida lo que prometiste darnos, te alabe por tu gloria y te dé gracias como dador de toda dádiva buena y perfecta. Esto lo pedimos en el nombre que nos da acceso a ti: el nombre de Jesucristo, nuestro Señor. Amén.

El Tercer Mandamiento

Te acordarás del día de reposo, y lo santificarás.

¿Qué significa esto?

Debemos temer y amar a Dios de modo que no despreciemos la predicación y su palabra, sino que la consideremos santa, la oigamos y aprendamos con gusto.

La idea central

Dios nos invita a descansar y reflexionar en su Palabra, y a recibir su perdón, para fortalecer nuestra fe en él.

Hoy en día, cuando las personas reservan tiempo para descansar, ¿a qué lo dedican?

Lee **Lucas 10:38–42**. ¿Por qué Jesús elogió a María y no a la diligente Marta?

✠ *Como cristianos, la palabra de Dios nos lleva a deleitarnos en sus maravillosas obras de creación y redención.*

¿Cómo nos abre los ojos la palabra de Dios, para que veamos todas sus obras buenas?

Una lectura más cercana del Catecismo Menor

48. ¿Qué es el sábado?

En el Antiguo Testamento, Dios separó el séptimo día (sábado) como día de descanso para que su pueblo lo adorara y reflexionara en:

A. el poder y la bondad de Dios en su obra creadora;

124 **Éxodo 20:8–11** Te acordarás del día de reposo, y lo santificarás. Durante seis días trabajarás y harás toda tu obra, pero el día séptimo es de reposo en honor del Señor tu Dios. No harás en él ningún trabajo. Ni tú, ni tu hijo, ni tu hija, ni tu siervo, ni tu criada, ni tu bestia, ni el extranjero que viva dentro de tus ciudades. Porque yo, el Señor, hice en seis días los cielos, la tierra, el mar y todo lo que hay en

ellos, pero reposé en el día séptimo. Por eso yo, el Señor, bendije el día de reposo y lo santifiqué.

Lee **Mateo 6:24–34** y el comentario de Jesús sobre las flores y las aves.

B. la gracia de la obra redentora de Dios.

125   **Deuteronomio 5:12, 15** Observarás el día de reposo y lo santificarás, como yo, el Señor tu Dios, te lo he ordenado... Acuérdate que fuiste siervo en tierra de Egipto, y que yo, el Señor tu Dios, te saqué de allá con mano fuerte y brazo extendido. Por eso yo, el Señor tu Dios, te ordeno que observes el día de reposo.

49. ¿Qué características tenía el sábado en el Antiguo Testamento?
A. El sábado era el tiempo para el descanso físico.

126   **Éxodo 23:12** Trabajarás seis días, pero el séptimo día reposarás, para que descansen tu buey y tu asno, y recobren sus fuerzas tus esclavos y los extranjeros.

B. El sábado era el tiempo para el descanso espiritual mediante la adoración, el compañerismo, y la devoción a la palabra de Dios y sus promesas.

Lee **Levítico 23** y **Deuteronomio 6**, donde Dios le da a Israel días y estaciones para que recuerde sus obras salvíficas y la bondad con que lo cuida.

Nota: El descanso formaba parte del ritmo que Dios estableció para su iglesia del Antiguo Testamento. Cada séptimo día (sábado), las personas y los animales descansaban de su trabajo. Cada séptimo año, la tierra debía descansar del cultivo y la cosecha. Cada quincuagésimo año (el año posterior a siete veces siete años), se cancelaban todas las deudas (**Génesis 2:3**; **Levítico 25**; e **Isaías 61**).

50. ¿Cómo le tememos a Dios y lo amamos al cumplir el Tercer Mandamiento?

Le tememos a Dios y lo amamos cuando *no despreciamos ni descuidamos* su Palabra. Despreciamos y descuidamos la palabra de Dios cuando:

A. no nos congregamos en el servicio divino para recibir la palabra de Dios ni sus sacramentos;

127 **Hebreos 10:25** No dejemos de congregarnos, como es la costumbre de algunos, sino animémonos unos a otros; y con más razón ahora que vemos que aquel día se acerca.

B. rechazamos o ignoramos la palabra de Dios.

128 **Lucas 10:16** El que los escucha a ustedes, me escucha a mí. El que los rechaza a ustedes, me rechaza a mí; y el que me rechaza a mí, rechaza al que me envió.

Lee **1 Samuel 15:10-23**, observando que Saúl rechazó la palabra de Dios. En **Juan 8:42-47**, ciertos judíos rechazaron la palabra de Dios. En **1 Timoteo 4:11-16**, Pablo le dice a Timoteo que se ocupe de las enseñanzas de la Escritura.

Le tememos a Dios y lo amamos cuando *dedicamos tiempo a reflexionar* en su Palabra. Lo hacemos cuando:

A. atesoramos la palabra de Dios y la consideramos sagrada;

129 **Salmo 119:105** Tu palabra es una lámpara a mis pies; ¡es la luz que ilumina mi camino!

130 **Colosenses 3:16** La palabra de Cristo habite ricamente en ustedes. Instrúyanse y exhórtense unos a otros con toda sabiduría; canten al Señor salmos, himnos y cánticos espirituales, con gratitud de corazón.

Lee **Salmo 1** y **Lucas 2:8-20**.

B. nos dedicamos a su Palabra (en devocionales privados y la adoración pública).

131 **Hechos 2:42** Se mantenían fieles a las enseñanzas de los apóstoles y en el mutuo compañerismo, en el partimiento del pan y en las oraciones.

132 **Hechos 17:10-11** Esa misma noche, los hermanos enviaron a Pablo y Silas hasta Berea. Y cuando éstos llegaron allá, entraron en la sinagoga de los judíos. Éstos eran más nobles que los de Tesalónica, pues recibieron

la palabra con mucha atención, y todos los días examinaban las Escrituras para ver si era cierto lo que se les anunciaba.

Lee **Salmo 26:8; Lucas 10:38–42; 11:28.**

Relaciones y aplicaciones

51. ¿Cuál es el significado del sábado para la iglesia hoy en día?

Aunque Dios ya no nos exige que guardemos el sábado ni otras festividades específicas del Antiguo Testamento, este mandamiento sigue aplicándose a nuestra vida cristiana y la adoración.

133 **Colosenses 2:16–17** No permitan, pues, que nadie los juzgue por lo que comen o beben, o en relación con los días de fiesta, la luna nueva o los días de reposo. Todo esto no es más que una sombra de lo que está por venir; pero lo real y verdadero es Cristo.

A. Seguimos necesitando no solo descanso físico, sino lo más importante: descanso de la tarea imposible de encontrar seguridad, justicia y salvación mediante nuestros propios esfuerzos, nuestras obras y nuestros logros.

134 **Marcos 6:30–31** Los apóstoles se reunieron con Jesús y le contaron todo lo que habían hecho y enseñado. Jesús les dijo: "Vengan conmigo ustedes solos, a un lugar apartado, y descansen un poco." Y es que tanta gente iba y venía, que ellos no tenían tiempo ni para comer.

135 **Hebreos 4:1** Por eso, temamos a Dios mientras tengamos todavía la promesa de entrar en su reposo, no sea que alguno de ustedes parezca haberse quedado atrás.

136 **Hebreos 4:10** Porque el que entra en su reposo, reposa también de sus obras, como Dios reposó de las suyas.

Lee **Salmo 127:2; Marcos 4:35–41 y Hebreos 4:1–13.**

B. El sábado era una señal que apuntaba a Jesús, quien nos da descanso espiritual de la carga de nuestros pecados.

137 **Mateo 11:28** Vengan a mí todos ustedes, los agotados de tanto trabajar, que yo los haré descansar.

138 **Apocalipsis 14:13** Entonces oí una voz que venía del cielo, la cual me decía: "Escribe: De aquí en adelante, bienaventurados sean los que mueren en el Señor." Y el Espíritu dice: "Sí, porque así descansarán de sus trabajos, pues sus obras los acompañan."

Lee **Salmo 23** y **Juan 5:1–17; 7:14–24.**

C. Dios quiere que nos ocupemos de su Palabra con regularidad y que la llevemos en el corazón y los labios (**Salmo 119:11–13**). La palabra de Dios es el tesoro que todo lo santifica.

139 **Colosenses 3:16** La palabra de Cristo habite ricamente en ustedes.

140 **1 Timoteo 4:4–5** Porque todo lo que Dios creó es bueno, y nada es desechable, si se toma con acción de gracias, pues por la palabra de Dios y por la oración es santificado.

D. Por lo tanto, los cristianos escuchan la palabra de Dios con agrado y separan tiempo para la adoración del domingo, el día que Jesús resucitó de la muerte (**Hechos 20:7; Juan 20:19–31**). También recordamos las maravillas de nuestro Dios trino observando las estaciones y fiestas especiales (días santos) del Calendario Cristiano (ver Fiestas y Festividades en el Apéndice). En efecto, los cristianos se ocupan de la palabra de Dios a diario (ver **Colosenses 3:15–17**) en sus devocionales y oraciones. La palabra de Dios cumple lo que promete.

141 **Romanos 14:5–6** Algunos creen que ciertos días son más importantes que otros. Otros consideran que todos los días son iguales. Cada uno está plenamente convencido de su propio pensamiento. El que da importancia a ciertos días, lo hace para el Señor.

Lee **Mateo 12:1–8**. Lo importante de un día de adoración es que nos enfocamos en lo que Dios ha hecho por nosotros, especialmente en su Hijo, quien es el Señor del sábado y establece la nueva creación de Dios.

52. ¿Por qué es vital que nos congreguemos con nuestros hermanos cristianos en la adoración pública?

La palabra de Dios reúne a todos los que creen en Jesucristo en la santa iglesia cristiana, y también llama a los creyentes a reunirse en congregaciones para el servicio divino por varias razones.

A. Dios está presente cuando se proclama su Palabra y se administran sus sacramentos (**Mateo 28:18–20; Juan 10:16; 1 Corintios 10:16; 2 Tesalonicenses 2:14**). Mediante esos medios de gracia, él nos da sus dones y bendiciones de forma gratuita, principalmente el perdón de los pecados (**Hechos 10:43; 1 Juan 2:2**). En el culto, nuestro Pastor, Jesús, habla a través de la boca del pastor a quien ha llamado para que cuide nuestras almas (**Hechos 20:28**). La palabra de Dios no es simple información: la Palabra realmente cumple lo que dice (**Isaías 55:10–11**).

B. Escuchamos la palabra de Dios en un lugar y tiempo establecidos (**Isaías 66:23; Lucas 4:16**). Aunque nos es transmitida por hombres falibles y medios simples, la Palabra que se lee, se predica, y se dice sobre el agua, el pan y el vino no debe ser desdeñada (**Jeremías 6:10; Juan 8:47; Lucas 10:16**). La adoración dominical es un testimonio público de nuestra fe en Cristo y su resurrección de la muerte el primer día de la semana (**Lucas 24:1; Hechos 20:7; 1 Corintios 16:1–2**).

C. Los creyentes seguimos siendo pecadores que nos necesitamos mutuamente, al igual que el ánimo que recibimos unos de otros, y con más razón ahora que vemos que aquel día se acerca (**Hebreos 10:25**). Compartimos con los presentes nuestras bendiciones, nuestras cargas y nuestros gozos en peticiones e himnos de alabanza (**Colosenses 3:16**), recordando a la iglesia en todo el mundo y a los santos y a los ángeles del cielo (**Hebreos 12:22–24**).

El Catecismo Mayor enseña: "Ahora bien: Las horas dedicadas a la palabra de Dios, ora predicándola ora escuchándola, ora leyéndola, ora meditándola, son una ocupación que santifica a la persona, el día y la obra; mas no por la mera obra exterior, sino por la palabra de Dios que nos hace santos a todos... Ten en cuenta, pues, que la fuerza y el poder de este mandamiento no consiste en la celebración, sino en la santificación del día festivo de manera que este día tenga una santa actividad especial... aquí se debe realizar una tal obra mediante la cual el hombre mismo se santifique, lo cual, como ya se dijo, sucede solamente en virtud de la palabra de Dios" (CMa I 92, 94).

53. ¿Qué es lo valioso del servicio divino litúrgico?

El servicio divino litúrgico tiene el siguiente patrón: Cristo dice su Palabra y da su Santa Cena; la iglesia recibe lo anterior y responde confesando, dando gracias, y pidiendo. De esa manera, la liturgia nos mantiene enfocados en Cristo (ver también Servicio divino en el Apéndice).

Nota: Los elementos básicos del servicio divino incluyen:

a. **Confesión y absolución** (**Juan 20:19–23; 1 Juan 1:8–9**)

Invocación (**Mateo 28:19**)

Confesión y absolución

b. **Servicio de la Palabra**

Introito, Salmo, o himno de entrada

Kyrie (**Marcos 10:47**)

Himno de alabanza (**Lucas 2:14; Juan 1:29; Apocalipsis 5:12–13; 19:5–9**)

Saludo y colecta del día (**2 Timoteo 4:22**)

Lectura del Antiguo Testamento o Primera Lectura

Salmo o Gradual

Epístola o Segunda Lectura

Aleluya y Versículo (**Juan 6:68; Joel 2:13**)

Santo Evangelio

Himno del día

Sermón

Credo

Oración de la iglesia (**1 Timoteo 2:1–4**)

Ofrenda

Ofertorio (**Salmo 116:12–13, 17–19**)

c. **Servicio del Sacramento**

Prefacio (**2 Timoteo 4:22; Colosenses 3:1; Salmo 136**)

Sanctus (**Isaías 6:3; Mateo 21:9**)

Oración de acción de gracias

Padrenuestro (**Mateo 6:9–13**)

Las Palabras de nuestro Señor

(**Mateo 26:26–28; Marcos 14:22–24; Lucas 22:19–20; 1 Corintios 11:23–26**)

Pax Domini (**Juan 20:19**)

Agnus Dei (**Juan 1:29**)

Distribución (**Marcos 14:23**)

Cántico para después de la Comunión (**Lucas 2:29–32**)

Colecta para después de la Comunión

Bendición (**Números 6:24–26**)

Salmo 119:89–96

Oración – Te agradecemos, bondadoso Padre, porque nos das tiempo para escuchar tu santa Palabra. Concédenos que, al temerte y amarte, podamos hacer a un lado nuestro trabajo para recibir las palabras de tu Hijo, que son espíritu y vida, y así, reafirmados y renovados por la predicación de tu Evangelio, vivamos en la paz y el sosiego que vienen solo mediante la fe. Lo pedimos por el amor de Jesucristo, nuestro Señor. Amén.

El Cuarto Mandamiento

Honrarás a tu padre y a tu madre.

¿Qué significa esto?

Debemos temer y amar a Dios de modo que no despreciemos ni irritemos a nuestros padres y superiores, sino que los honremos, les sirvamos, obedezcamos, los amemos y tengamos en alta estima.

La idea central

Dios les da a los padres una tarea única que sirve para el bienestar de toda la sociedad.

¿Qué hace únicos a los padres entre todas las otras personas que están en nuestra vida?

Lee **Juan 19:25–27**. Observa la forma cómo Jesús honró a su madre cuando él estaba muriendo.

✠ *Como cristianos, les damos a los padres especial honor como representantes de Dios en la tierra: dones de Dios mediante quienes nos dio el don de la vida.*

¿Cómo puedo mostrar que honro y valoro a mis padres como dones de Dios y como sus representantes en la tierra?

Una lectura más cercana del Catecismo Menor

54. ¿Por qué este mandamiento se centra en los padres y en las demás autoridades?

A. La madre y el padre sirven de manera única como representantes de Dios, mediante quienes él otorga la vida humana y la crianza en la tierra.

B. Las demás autoridades (tutores legales, pastores, profesores, empleadores, funcionarios del gobierno) también sirven como representantes de Dios para el apoyo y la protección de nuestra vida en la tierra.

55. ¿Cómo le tememos a Dios y lo amamos al cumplir el Cuarto Mandamiento?

Le tememos a Dios y lo amamos cuando *no despreciamos* a nuestros padres, tutores ni otras autoridades. *Despreciar* significa:

A. menospreciarlos o burlarnos de ellos;

142   **Proverbios 23:22** Escucha al padre que te dio la vida, y no menosprecies a tu anciana madre.

B. desobedecerles o rebelarnos contra su autoridad dada por Dios.

143   **Proverbios 15:20** El hijo sabio hace feliz a su padre; el hijo necio hace infeliz a su madre.

Lee **Deuteronomio 21:18–21; 1 Samuel 2:12–25;** y **2 Samuel 15:10–11.**

Le tememos a Dios y lo amamos cuando *recibimos y reconocemos* a nuestros padres, y a las autoridades, como sus representantes. Lo hacemos cuando:

A. los honramos;

Lee **Marcos 7:10–12**, donde Jesús condena a quienes usan tradiciones religiosas hechas por los hombres como excusa para no honrar a su padre y a su madre.

B. servimos y ayudamos a nuestros padres;

144   **Juan 19:25–27** Junto a la cruz de Jesús estaban su madre, y la hermana de su madre, María mujer de Cleofas, y María Magdalena. Cuando Jesús vio a su madre, y vio también presente al discípulo a quien él amaba, le dijo a su madre: "Mujer, ahí tienes a tu hijo." Y al discípulo le dijo: "Ahí tienes a tu madre." Y a partir de ese momento el discípulo la recibió en su casa.

Lee **Génesis 47:11–12**, sobre la forma cómo José cuidaba a su padre y sus hermanos.

C. obedecemos a nuestros padres, pastores, profesores, empleadores y a las autoridades gubernamentales;

145   **Efesios 6:1–3** Hijos, obedezcan a sus padres en el nombre del Señor, porque esto es justo. Honra a tu padre y a tu madre, que es el primer mandamiento con promesa; para que te vaya bien, y tengas una larga vida sobre la tierra.

146   **Hebreos 13:17** Obedezcan a sus pastores, y respétenlos. Ellos cuidan de ustedes porque saben que tienen que rendir cuentas a Dios. Así ellos cuidarán de ustedes con alegría, y sin quejarse; de lo contrario, no será provechoso para ustedes.

147   **Romanos 13:1** Todos debemos someternos a las autoridades, pues no hay autoridad que no venga de Dios. Las autoridades que hay han sido establecidas por Dios.

D. amamos y valoramos a nuestros padres y a otras autoridades debido a las vocaciones que Dios les dio.

148   **Lucas 2:51** [Jesús] Se fue con ellos a Nazaret y vivió sujeto a ellos. Por su parte, su madre guardaba todo esto en su corazón.

Lee **Levítico 19:32**; **Proverbios 23:22–24**; **1 Timoteo 2:1–4**; y **Tito 3:1**.

Relaciones y aplicaciones

56. ¿Qué pasa si mis padres u otras autoridades desempeñan mal la vocación que Dios les dio?

Con fe y obediencia a la palabra de Dios, aun así, los respetamos porque se les ha dado el privilegio de representar a Dios ante nosotros.

(Ver la Tabla de deberes para las obligaciones de los padres y otras autoridades).

57. ¿Debo obedecer siempre a mis padres y otras autoridades sin dudar?

No. Debemos desobedecerles si nos exigen que desobedezcamos la palabra de Dios.

149   **Hechos 5:29** Es necesario obedecer a Dios antes que a los hombres.

150 **Efesios 6:1** Hijos, obedezcan a sus padres en el nombre del Señor, porque esto es justo.

151 **Mateo 22:21** Le respondieron: "Del César." Y él les dijo: "Pues bien, den al César lo que es del César, y a Dios lo que es de Dios."

Lee **1 Pedro 2:18–19** y **1 Samuel 20:30–34**.

Nota: Debemos distinguir entre lo que el gobierno les permite hacer a las personas y lo que las obliga a hacer. Cuando nos obliga a actuar contra la palabra de Dios, debemos desobedecer y vivir como Dios quiere. Cuando el gobierno permite actividades contrarias a la palabra de Dios (por ejemplo, el aborto, divorcio sin culpa y matrimonio del mismo sexo), damos testimonio viviendo como Dios quiere.

58. ¿Qué promesa nos hace Dios con este mandamiento y por qué la hace?

Dios les promete a quienes cumplan el Cuarto Mandamiento que les puede ir bien y que pueden vivir largo tiempo en la tierra (**Efesios 6:3**; compara con **Éxodo 20:12**). Esas promesas resaltan la importancia vital de los padres en la crianza de los hijos para que crezcan y se conviertan en miembros responsables de la sociedad, guardianes sabios de la creación y testigos fieles del Evangelio.

Salmo 127

Oración – Padre celestial, que otorgas toda paternidad en la tierra: Haz que agradezcamos el haber recibido los dones que representan los padres, y las demás autoridades, y danos la humildad para servirles, obedecerles, amarlos y valorarlos cuando cumplen los deberes y las responsabilidades que les has asignado en esta vida. Por tu Hijo, Jesucristo, nuestro Señor. Amén.

El Quinto Mandamiento

No matarás.

¿Qué significa esto?

Debemos temer y amar a Dios de modo que no hagamos daño o mal material alguno a nuestro prójimo en su cuerpo, sino que le ayudemos y hagamos prosperar en todas las necesidades de su vida.

La idea central

Dios nos creó para que cuidemos a los demás y los ayudemos en épocas de necesidad.

¿Cuáles son las necesidades de las personas de mi comunidad más próxima y la sociedad?

Lee **Lucas 10:25–37**. ¿Cuál es la diferencia entre la forma como el samaritano veía su relación con el hombre atacado y la forma en que se relacionó el levita con el mismo hombre?

✠ *Como cristianos, cuidamos de nuestro prójimo para que pueda disfrutar de la vida que Dios le dio.*

¿Qué oportunidades me da Dios para ayudar a mi prójimo?

Una lectura más cercana del Catecismo Menor

59. ¿Quién es nuestro prójimo?

Desde el momento de la concepción, toda persona a quien Dios ha creado es nuestro prójimo y, especialmente, cualquiera que necesite nuestra ayuda y asistencia.

60. ¿Cómo le tememos a Dios y lo amamos al cumplir el Quinto Mandamiento?

Primero: Le tememos a Dios y lo amamos cuando *no le hacemos daño* a nuestro prójimo.

Hacerle daño a nuestro prójimo incluye:

A. el homicidio (quitarle la vida a otra persona sin causa justa);

152 **Salmo 10:8** [El malvado] Se acerca a las aldeas, y las acecha; tiende emboscadas para matar al inocente; pone los ojos en el desvalido.

Lee sobre Caín y Abel en **Génesis 4:8** y sobre David y Urías en **2 Samuel 11:15**.

B. hacer o decir cualquier cosa que hiera a una persona o ponga en peligro su vida;

153 **Proverbios 24:1–2** No sientas envidia por los malvados ni busques estar en su compañía, porque en su corazón sólo piensan en robar y sus labios sólo hablan de cosas perversas.

154 **Efesios 4:31–32** Desechen todo lo que sea amargura, enojo, ira, gritería, calumnias, y todo tipo de maldad. En vez de eso, sean bondadosos y misericordiosos, y perdónense unos a otros, así como también Dios los perdonó a ustedes en Cristo.

Lee sobre los hermanos de José en **Génesis 37:33–35** y la opresión física de los israelitas por parte de los egipcios en **Éxodo 1 y 5**.

Nota: La Biblia no prohíbe la defensa propia ni la defensa de nuestro prójimo cuando se enfrentan circunstancias de daño físico o muerte física.

C. negarnos a ayudar a las personas que tienen necesidades corporales;

155 **Deuteronomio 15:11** En tu tierra nunca faltarán menesterosos; por eso yo te ordeno que abras tu mano y ayudes en tu tierra a tus compatriotas, y a los pobres y necesitados.

156 **Mateo 25:42–43** Porque tuve hambre, y no me dieron de comer; tuve sed, y no me dieron de beber; fui forastero, y no me recibieron; estuve desnudo, y no me cubrieron; estuve enfermo, y en la cárcel, y no me visitaron.

D. albergar odio o ira contra nuestro prójimo en el corazón.

157 **Mateo 5:22** Pero yo les digo que cualquiera que se enoje contra su hermano, será culpable de juicio, y cualquiera

que a su hermano le diga necio, será culpable ante el concilio, y cualquiera que le diga fatuo, quedará expuesto al infierno de fuego.

158   **Romanos 12:19** No busquemos vengarnos, amados míos. Mejor dejemos que actúe la ira de Dios, porque está escrito: "Mía es la venganza, yo pagaré, dice el Señor."

159   **1 Juan 4:19-21** Nosotros lo amamos a él, porque él nos amó primero. Si alguno dice: "Yo amo a Dios", pero odia a su hermano, es un mentiroso. Pues el que no ama a su hermano a quien ha visto, ¿cómo puede amar a Dios, a quien no ha visto? Nosotros recibimos de él este mandamiento: El que ama a Dios, ame también a su hermano.

Segundo: Le tememos a Dios y lo amamos cuando *cuidamos* del bienestar físico de nuestro prójimo. Lo hacemos cuando:

A. ayudamos a nuestro prójimo;

160   **Romanos 12:20** Por lo tanto, si nuestro enemigo tiene hambre, démosle de comer; si tiene sed, démosle de beber.

Lee sobre cómo Abrahán rescata a Lot en **Génesis 14:12-16**; cómo David protege a Saúl en **1 Samuel 26:1-12**, y la historia del buen samaritano en **Lucas 10:33-35**.

B. hablamos de manera que ayudemos y defendamos a nuestro prójimo;

161   **Proverbios 31:8-9** Habla en lugar de los que no pueden hablar; ¡defiende a todos los desvalidos! Habla en su lugar, y hazles justicia; ¡defiende a los pobres y menesterosos!

Lee sobre cuando José perdonó a sus hermanos en **Génesis 45:1-16**.

C. tratamos a nuestro prójimo con bondad y compasión.

162   **Efesios 4:32** En vez de eso, sean bondadosos y misericordiosos, y perdónense unos a otros, así como también Dios los perdonó a ustedes en Cristo.

163   **Colosenses 3:12-14** Por lo tanto, como escogidos de Dios, santos y amados, revístanse de entrañable misericordia,

de benignidad, de humildad, de mansedumbre y de paciencia. Sean mutuamente tolerantes. Si alguno tiene una queja contra otro, perdónense de la misma manera que Cristo los perdonó. Y, sobre todo, revístanse de amor, que es el vínculo perfecto.

Lee sobre la obediencia de Jesús a este mandamiento cuando muestra compasión por los hambrientos (**Mateo 15:32**) y su misericordia hacia los diez leprosos (**Lucas 17:11–19**). **Colosenses 3:12–14** nos muestra cómo el amor es el vínculo de la armonía.

Relaciones y aplicaciones

61. ¿Qué debemos recordar sobre nuestro prójimo cuando lidiamos con los problemas de la sociedad?

Debemos recordar lo siguiente:

A. Dios crea, preserva, y protege toda la vida. Él es solidario y compasivo hacia todo lo que ha creado y nos llama a que nosotros también seamos así.

B. Dios le da especial dignidad (o valor) y protección a toda vida humana, desde la concepción (es decir, desde la fecundación) en adelante. Dios creó a la humanidad a su imagen. El Hijo de Dios se convirtió en hombre y compartió nuestra naturaleza humana. Dios ha redimido a toda vida humana con la santa y preciosa sangre de Cristo. Por lo tanto, toda vida humana es preciosa para Dios y para los cristianos.

164 **Génesis 9:5–6** Porque ciertamente yo demandaré de la vida de ustedes esa sangre; la demandaré de las manos de todo animal, y de las manos del hombre; demandaré la vida del hombre de manos del hombre, su hermano. La sangre del que derrame sangre humana será derramada por otro hombre, porque el hombre ha sido hecho a imagen de Dios.

165 **Mateo 22:39** Amarás a tu prójimo como a ti mismo.

166 **Marcos 10:45** Porque ni siquiera el Hijo del Hombre vino para ser servido, sino para servir y para dar su vida en rescate por muchos.

167 **1 Pedro 1:18–19** Ustedes saben que fueron rescatados de una vida sin sentido, la cual heredaron de sus padres; y que ese rescate no se pagó con cosas corruptibles, como el oro y la plata, sino con la sangre preciosa de Cristo, sin mancha y sin contaminación, como la de un cordero,

Lee **Éxodo 22:26–27** y **Mateo 5:42–45** para encontrar ejemplos del cuidado y compromiso de Dios con el bienestar de nuestro prójimo.

62. ¿Cómo se aplica este mandamiento a algunos temas específicos hoy en día?

A. Prohíbe abortar la vida de un niño que no ha nacido (también se llama aborto electivo).

168 **Jeremías 1:5** Antes de que yo te formara en el vientre, te conocí. Antes de que nacieras, te santifiqué y te presenté ante las naciones como mi profeta.

169 **Salmo 139:16** Con tus propios ojos viste mi embrión; todos los días de mi vida ya estaban en tu libro; antes de que me formaras, los anotaste, y no faltó uno solo de ellos.

Lee **Lucas 1:41–44**, donde el bebé Juan, que no había nacido, saltó de alegría al reconocer al niño Jesús, que no había nacido, como el Señor.

Nota: La vida humana es un regalo de Dios. Los que están vivos pero no han nacido son personas ante los ojos de Dios, desde el momento de la fecundación (concepción). Por lo tanto, toda vida humana es preciosa para él y también debe ser preciosa para nosotros. La destrucción del embrión mediante el uso de drogas abortivas o en relación con procedimientos como la FIV (fertilización in vitro) también es, por consiguiente, contraria a la voluntad de Dios. En algunos casos excepcionales, un procedimiento médico que realmente es necesario para salvar la vida de la madre puede resultar, de manera trágica y sin intención, en la muerte de su hijo que todavía no ha nacido.

B. Prohíbe quitarse la vida (suicidio), buscando ayuda al matarse, ayudar a una persona que pide morir o cuya vida se considera una carga (eutanasia).

170   **Salmo 31:14–15** Señor, yo confío en ti, y declaro que tú eres mi Dios. Mi vida está en tus manos.

Nota: Cuando alguien está cerca de la muerte, ciertos tratamientos pueden solo prolongar el sufrimiento y no permitir su recuperación ni bienestar físico. En esos casos, es importante observar que *permitir que ocurra la muerte* cuando alguien está muriendo de manera irreversible es diferente a *causar la muerte* (lo cual Dios prohíbe).

C. Prohíbe actuar de forma violenta o abusiva hacia un hijo o el cónyuge (maltrato infantil o doméstico).

171   **Colosenses 3:19** Ustedes, los esposos, amen a sus esposas, y no las traten con dureza.

172   **Colosenses 3:21** Ustedes, los padres, no exasperen a sus hijos, para que no se desalienten.

D. Prohíbe comportarse de manera irresponsable y autodestructiva (por ejemplo, el consumo de drogas).

173   **1 Corintios 6:19–20** ¿Acaso ignoran que el cuerpo de ustedes es templo del Espíritu Santo, que está en ustedes, y que recibieron de parte de Dios, y que ustedes no son dueños de sí mismos? Porque ustedes han sido comprados; el precio de ustedes ya ha sido pagado. Por lo tanto, den gloria a Dios en su cuerpo.

E. Prohíbe odiar, despreciar y calumniar a otros grupos de personas (prejuicios, racismo y así sucesivamente).

174   **Hechos 17:26** [Dios] De un solo hombre hizo a todo el género humano, para que habiten sobre la faz de la tierra, y les ha prefijado sus tiempos precisos y sus límites para vivir.

175   **Santiago 2:1** Hermanos míos, ustedes que tienen fe en nuestro glorioso Señor Jesucristo, no deben hacer diferencias entre las personas.

176   **1 Juan 3:15** Todo aquel que odia a su hermano es homicida, y ustedes saben que ningún homicida tiene vida eterna permanente en él.

177 **Apocalipsis 5:9** Y entonaban un cántico nuevo, que decía: "Digno eres de tomar el libro y de abrir sus sellos, porque fuiste inmolado. Con tu sangre redimiste para Dios gente de toda raza, lengua, pueblo y nación."

63. Si alguien está pensando en hacerse un aborto, ¿qué debo hacer? ¿Qué pasa si alguien ya se hizo un aborto?

Hacerle frente a un embarazo no planeado es muy difícil. Muchas veces a la madre se le presiona o se le recomienda abortar a su hijo por diversas razones, pero ninguna de esas razones puede cambiar el valor de la vida del hijo que ya tiene en su vientre.

A. Si tú (o alguien que conozcas) estás embarazada y estás considerando un aborto, pídele a Dios que te ayude a pensarlo a la luz de su Palabra y a reflexionar sobre el don de la vida que le ha otorgado en este niño que no ha nacido. Pídele sabiduría y fortaleza para hacer su voluntad. Quitarle la vida al niño no solo está mal sino que también agregará una carga aún más grande de culpa y aflicción.

178 **Salmo 139:13–14** ¡Tú, Señor, diste forma a mis entrañas; tú me formaste en el vientre de mi madre! Te alabo porque tus obras son formidables.

179 **1 Corintios 6:19–20** ¿Acaso ignoran que el cuerpo de ustedes es templo del Espíritu Santo, que está en ustedes, y que recibieron de parte de Dios, y que ustedes no son dueños de sí mismos? Porque ustedes han sido comprados.

B. No enfrentes esto sola, sino busca a cristianos compasivos. Ora pidiendo valor para hablar con tus padres y pídeles su apoyo y asistencia durante el embarazo y en el parto. Habla con tu pastor, quien te escuchará en completa confidencialidad y te dirá las palabras de perdón de Cristo. También puede darte recursos adicionales, como centros de ayuda para el embarazo donde se brindan servicios médicos y de consejería.

180 **1 Corintios 10:13** A ustedes no les ha sobrevenido ninguna tentación que no sea humana; pero Dios es fiel

y no permitirá que ustedes sean sometidos a una prueba
más allá de lo que puedan resistir, sino que junto con la
prueba les dará la salida, para que puedan sobrellevarla.

C. Si tú (o alguien que conozcas) ya te has hecho un aborto, no
permitas que las ideas del mundo minimicen el pecado ni permitas que la culpa lo haga parecer imperdonable. El aborto, como
todo pecado, debe ser confesado a Dios, para que escuchemos
sobre su perdón por amor de Cristo, y confiemos en él. Los pastores te ayudarán escuchando compasivamente cuando confesamos
este pecado, o cualquier otro, y nos absolverán, reiterándonos
que Cristo murió por nosotros y resucitó para perdonarnos todos
nuestros pecados. La consejería cristiana está disponible para lidiar con las continuas cargas de dolor, pérdida y culpa.

181   **Salmo 103:10–12** [Dios] No nos ha tratado como merece
nuestra maldad, ni nos ha castigado como merecen nuestros pecados. Tan alta como los cielos sobre la tierra, es
su misericordia con los que le honran. Tan lejos como
está el oriente del occidente, alejó de nosotros nuestras
rebeliones.

182   **Salmo 130:3–4** Señor, si te fijaras en nuestros pecados,
¿quién podría sostenerse en tu presencia? Pero en ti
hallamos perdón, para que seas reverenciado.

183   **1 Juan 1:7–2:2**   Pero si vivimos en la luz, así como él
está en la luz, tenemos comunión unos con otros, y la
sangre de Jesús, su Hijo, nos limpia de todo pecado.   S i
decimos que no tenemos pecado, nos engañamos a nosotros mismos, y la verdad no está en nosotros. Si confesamos nuestros pecados, él es fiel y justo para perdonar
nuestros pecados y limpiarnos de toda maldad. Si decimos
que no hemos pecado, lo hacemos a él mentiroso, y su
palabra no está en nosotros. Hijitos míos, les escribo estas
cosas para que no pequen. Si alguno ha pecado, tenemos
un abogado ante el Padre, a Jesucristo el justo. Y él es la
propiciación por nuestros pecados; y no solamente por
los nuestros, sino también por los de todo el mundo.

Ver "Breve forma de confesión" al final de la sección sobre la Confesión.

64. ¿Alguien tiene la autoridad de quitarle la vida a una persona?

El gobierno, actuando de manera justa como siervo de Dios, en ocasiones puede requerir quitar la vida para proteger la vida de los demás (por ejemplo, guerras justas o pena de muerte).

184 **Romanos 13:4** Pues la autoridad está al servicio de Dios para tu bien. Pero si haces lo malo, entonces sí debes temer, porque no lleva la espada en vano, sino que está al servicio de Dios para darle su merecido al que hace lo malo.

Nota: Los cristianos pueden estar en desacuerdo por objeción de conciencia con la justicia de una guerra específica. También pueden estar en desacuerdo, por objeción de conciencia, con la pena de muerte en términos de si es justificada o si se administra de forma justa.

Salmo 10

Oración – Señor Dios, con tu ley cuidas y defiendes todas las vidas humanas de la violencia y la destrucción. Danos sabiduría para que nunca le hagamos daño a nuestro prójimo, ni lo lastimemos corporalmente, y danos corazones misericordiosos para ayudarle y apoyarlo en toda necesidad física; por Jesucristo, nuestro Señor. Amén.

El Sexto Mandamiento

No cometerás adulterio.

¿Qué significa esto?

Debemos temer y amar a Dios de modo que llevemos una vida casta y decente en palabras y obras, y que cada uno ame y honre a su cónyuge.

La idea central

Dios nos creó para vivir fielmente como hombre y mujer respetando su propósito de que la actividad sexual se realice dentro del contexto del matrimonio.

¿El matrimonio entre hombre y mujer se tiene en alta estima hoy en día? ¿Por qué sí o por qué no?

Lee **Génesis 2:15–24**. ¿Con qué propósito(s) Dios nos creó hombre y mujer?

✠ *Como cristianos, valoramos el matrimonio como la unión de nuestras naturalezas masculina y femenina diferentes, y complementarias.*

¿Cómo puedo hablar sobre el matrimonio y el sexo de forma que reflejen los propósitos que Dios tiene para ellos?

Una lectura más cercana del Catecismo Menor

65. ¿Qué es el matrimonio?

Dios creó el matrimonio como la unión de por vida de un hombre y una mujer para ayudarse mutuamente, y para la procreación y crianza de los hijos. Un hombre y una mujer se casan con la promesa pública de vivir juntos fielmente hasta la muerte.

185 **Marcos 10:6–9** Pero, al principio de la creación, Dios los hizo hombre y mujer. Por esto el hombre dejará a su padre y a su madre, y se unirá a su mujer, y los dos serán un solo ser, así que ya no son dos, sino uno solo. Por tanto, lo que Dios ha unido, que no lo separe nadie.

66. ¿Qué es el adulterio?

El adulterio es la infidelidad de uno de los cónyuges que se involucra en una relación sexual con alguien con quien no está casado, o desea tenerla.

Lee **Mateo 19:4–6** para ver que Dios quiere que el matrimonio sea permanente y que los cónyuges sean fieles.

67. ¿Este Mandamiento se aplica solo a los esposos y las esposas?

No. El principio de pureza sexual de este mandamiento se aplica a todos los seres humanos, casados o solteros, y a todo tipo de deseo o actividad sexual.

186   **Mateo 5:27–28** Ustedes han oído que fue dicho: No cometerás adulterio. Pero yo les digo que cualquiera que mira con deseos a una mujer, ya adulteró con ella en su corazón.

68. ¿Cómo le tememos a Dios y lo amamos al cumplir el Sexto Mandamiento?

Le tememos a Dios y lo amamos cuando, como hombres y mujeres, respetamos el propósito de Dios para el matrimonio. Lo hacemos cuando:

A. tratamos nuestros cuerpos como santos —dedicados a los propósitos para los cuales Dios nos creó como hombres y mujeres— y no como objetos que sirven a nuestros deseos egoístas;

187   **1 Tesalonicenses 4:3–5** La voluntad de Dios es que ustedes sean santificados, que se aparten de toda inmoralidad sexual, que cada uno de ustedes sepa tener su propio cuerpo en santidad y honor, y no en pasiones desordenadas, como la gente que no conoce a Dios.

188   **1 Corintios 6:9–11** ¿Acaso no saben que los injustos no heredarán el reino de Dios? No se equivoquen: ni los fornicarios, ni los idólatras, ni los adúlteros, ni los afeminados, ni los que se acuestan con hombres, ni los ladrones, ni los avaros, ni los borrachos, ni los malhablados, ni los estafadores, heredarán el reino de Dios. Y

eso eran algunos de ustedes, pero ya han sido lavados, ya han sido santificados, ya han sido justificados en el nombre del Señor Jesús, y por el Espíritu de nuestro Dios. Lee **Génesis 1:26–28; Mateo 5:27–28; y 1 Corintios 6:13–18**.

Nota: Los seres humanos violan a menudo los propósitos de Dios para ellos como hombres y mujeres cometiendo pecados sexuales. Eso incluye pecados consentidos como la fornicación, la pornografía y el comportamiento homosexual. También incluye pecados sexuales coercitivos, como violación, incesto, abuso sexual infantil y otros acosos sexuales (que también violan el Quinto Mandamiento).

B. hablamos y actuamos mutuamente como hombres y mujeres de maneras que edifican y no que destruyen (como charlas groseras, comentarios despectivos sobre la apariencia, o vestuario inmodesto);

189   **Efesios 5:4** Tampoco digan obscenidades, ni tonterías ni palabras groseras. Eso no es conveniente. En vez de eso, den gracias a Dios.

Lee también **Filipenses 4:8** y **1 Timoteo 2:9**.

C. reservamos la relación sexual para el matrimonio y no para antes del matrimonio, o fuera de él;

190   **Hebreos 13:4** Todos ustedes deben honrar su matrimonio, y ser fieles a sus cónyuges; pero a los libertinos y a los adúlteros los juzgará Dios.

Lee la narración de José en **Génesis 39:6–10**. Ver también **1 Corintios 6:9, 18–20**.

D. nos abstenemos del deseo lujurioso y cualquier actividad de cualquier tipo, bien sea heterosexual, homosexual, bisexual o de otro tipo;

191   **Proverbios 11:6** La justicia de los rectos los pone a salvo, pero a los pecadores los atrapa su pecado.

192   **Mateo 5:28** Pero yo les digo que cualquiera que mira con deseos a una mujer, ya adulteró con ella en su corazón.

193 **Colosenses 3:5** Por lo tanto, hagan morir en ustedes todo lo que sea terrenal: inmoralidad sexual, impureza, pasiones desordenadas, malos deseos y avaricia. Eso es idolatría.

E. atesoramos a nuestro esposo o nuestra esposa, los consideramos un regalo de Dios y los amamos de forma sacrificial.

194 **Efesios 5:33** Por lo demás, cada uno de ustedes ame también a su esposa como a sí mismo; y ustedes, las esposas, honren a sus esposos.

Nota: En los votos matrimoniales, esposo y esposa prometen amarse en las buenas y en las *malas*, en la riqueza y en la *pobreza*, en la salud y en la *enfermedad* hasta que la muerte los separe.

Lee **Génesis 2:23**; **1 Corintios 7:1–11**; **Efesios 5:21–33**; y **Tito 2:11–14**.

69. ¿Por qué debemos (solteros y casados) respetar el hecho de que Dios estableció el matrimonio y nos creó hombres y mujeres?

Todos debemos respetar el matrimonio para que:

A. las personas puedan desarrollarse, con modestia y autocontrol;

195 **Proverbios 25:28** Ciudad en ruinas, sin muralla protectora: ¡eso es el hombre que no frena sus impulsos!

196 **Gálatas 5:22–23** Pero el fruto del Espíritu es amor, gozo, paz, paciencia, benignidad, bondad, fe, mansedumbre, templanza. Contra tales cosas no hay ley.

197 **2 Pedro 1:5–6** Por eso, ustedes deben esforzarse por añadir virtud a su fe, conocimiento a su virtud, dominio propio al conocimiento; paciencia al dominio propio, piedad a la paciencia.

Lee **1 Timoteo 2:8–10**, donde la Palabra describe nuestra nueva vida, haciendo énfasis en la oración con modestia, autocontrol y otras buenas obras.

B. los esposos y las esposas puedan prosperar;

198   **Génesis 2:21–24** Entonces Dios el Señor hizo que Adán
       cayera en un sueño profundo y, mientras éste dormía,
       le sacó una de sus costillas, y luego cerró esa parte de
       su cuerpo. Con la costilla que sacó del hombre, Dios el
       Señor hizo una mujer, y se la llevó al hombre. Entonces
       Adán dijo: "Ésta es ahora carne de mi carne y hueso de
       mis huesos; será llamada mujer, porque fue sacada del
       hombre." Por eso el hombre dejará a su padre y a su
       madre, y se unirá a su mujer, y serán un solo ser.

Nota: Desde la caída, el matrimonio también asume un propósito sanador para que hombres y mujeres se ayuden mutuamente
a no caer en el pecado sexual (Ver **1 Corintios 7:2–5**). Ya que el
matrimonio es el don de Dios que nos permite disfrutar del sexo
dentro de un contexto que le agrada a Dios y es el medio que Dios
usa para criar hijos piadosos, si una persona es mayor de edad
y le parece difícil evitar la actividad sexual, debe casarse con un
cónyuge cristiano, confiando en que Dios le dará lo que necesita
(Ver **Filipenses 4:19**).

C. las familias, las sociedades, y la creación como un todo puedan prosperar mediante la procreación y la crianza de los hijos.

199   **Génesis 1:28** Los bendijo Dios con estas palabras: "¡Repro-
       dúzcanse, multiplíquense, y llenen la tierra! ¡Domínenla!
       ¡Sean los señores de los peces del mar, de las aves de los
       cielos, y de todos los seres que reptan sobre la tierra!"

200   **Génesis 9:7** ¡Reprodúzcanse, multiplíquense, y llenen la
       tierra!

201   **Génesis 2:15, 18** Dios el Señor tomó al hombre y lo puso
       en el huerto de Edén, para que lo cultivara y lo cuidara…
       Después Dios el Señor dijo: "No está bien que el hombre
       esté solo; le haré una ayuda a su medida."

Lee las narraciones sobre la creación del hombre y la mujer en
Génesis 1:26–31 y **2:15–25**. Céntrate en **Génesis 1:28**: Los bendijo Dios con estas palabras: "¡Reprodúzcanse, multiplíquense, y
llenen la tierra! ¡Domínenla!" Muchos jóvenes desean más hijos

de los que acaban teniendo. Aunque los cristianos tienen gran libertad, y aquí no pretendemos cargar las conciencias, es cierto que aplazar el matrimonio y acumular deudas son dos factores significativos que muchas vecen reducen el número de hijos que puede tener una pareja.

Relaciones y aplicaciones

70. ¿Qué nos enseña nuestra naturaleza creada (ley natural) sobre el matrimonio?

Los seres humanos son hombres o mujeres por naturaleza. De acuerdo con el patrón de la misma naturaleza, no se puede concebir una nueva vida sin un hombre y una mujer. El escenario más natural para el cuidado del bebé que nace es que sea cuidado por su madre y su padre, quienes se han comprometido el uno con el otro y con su hijo. Ese patrón natural ha sido el cimiento para los matrimonios y las familias durante toda la historia de la humanidad en todas las culturas humanas.

202   **Génesis 5:1–2** Éste es el libro de los descendientes de Adán. El día en que Dios creó al hombre, lo hizo a su semejanza. Los creó hombre y mujer, y los bendijo. El día en que fueron creados les puso por nombre Adán.

71. ¿Qué afirma la Biblia sobre las personas que no son casadas?

Nuestra identidad, nuestro valor o nuestra plenitud como seres humanos no los determina nuestro estado civil, sino nuestro Creador y Redentor.

A. Dios nos hizo mayordomos de su creación, bien seamos solteros o casados.

203   **Génesis 1:27–28** Dios creó al hombre a su imagen. Lo creó a imagen de Dios. Hombre y mujer los creó. Y los bendijo Dios con estas palabras: "¡Reprodúzcanse, multiplíquense, y llenen la tierra! ¡Domínenla! ¡Sean los señores de los peces del mar, de las aves de los cielos, y de todos los seres que reptan sobre la tierra!"

B. Dios les ha dado todas las cosas buenas a todos los cristianos, bien sean solteros o casados.

204   **Romanos 8:32** El que no escatimó ni a su propio Hijo, sino que lo entregó por todos nosotros, ¿cómo no nos dará también con él todas las cosas?

C. Dios llama a las personas solteras a que vivan satisfechas mientras confían en él y sirven a su prójimo.

205   **1 Corintios 7:8** A los solteros y a las viudas les digo que sería bueno que se quedaran como yo.

206   **1 Corintios 7:32–34** Yo quisiera verlos libres de preocupaciones. El soltero se preocupa de servir al Señor, y de cómo agradarlo. Pero el casado se preocupa de las cosas del mundo, y de cómo agradar a su esposa. También hay diferencia entre la mujer casada y la joven soltera. La joven soltera se preocupa de servir al Señor y de ser santa, tanto en cuerpo como en espíritu. Pero la mujer casada se preocupa de las cosas del mundo, y de cómo agradar a su esposo.

D. Las personas no se casarán en la época que vendrá después del regreso de Jesús.

207   **Mateo 22:30** Porque en la resurrección, ni se casarán ni se darán en casamiento, sino que serán como los ángeles de Dios en el cielo.

72. ¿Cuál es la visión cristiana de las parejas que viven juntas sin casarse (cohabitación)?

La voluntad de Dios para nuestra vida se contraviene de diversas maneras cuando un hombre y una mujer viven juntos teniendo relaciones sexuales sin casarse. La cohabitación no honra el don de Dios del matrimonio porque:

A. no se realiza el vínculo del matrimonio como tal;

B. separa la actividad sexual de la unión matrimonial, en la cual un hombre y una mujer han hecho una promesa reconocida de fidelidad mutua de por vida;

C. confunde o engaña a los demás (incluyendo a los niños muchas veces) sobre la naturaleza de la relación de pareja, sugiriendo un compromiso de matrimonio que no existe, o asumiendo que la cohabitación es una prueba válida del futuro éxito matrimonial.

208   **Génesis 2:24** Por eso el hombre dejará a su padre y a su madre, y se unirá a su mujer, y serán un solo ser.

209   **1 Corintios 7:8–9** A los solteros y a las viudas les digo que sería bueno que se quedaran como yo; pero si no pueden dominarse, que se casen; pues es mejor casarse que arder de pasión.

210   **1 Corintios 13:6** [El amor] No se alegra de la injusticia, sino que se une a la alegría de la verdad.

211   **Hebreos 13:4** Todos ustedes deben honrar su matrimonio, y ser fieles a sus cónyuges; pero a los libertinos y a los adúlteros los juzgará Dios.

73. ¿Qué deben hacer los esposos y las esposas cuando tienen dificultades en el matrimonio?

Debido a que vivimos en un mundo pecaminoso y caído, hay dificultades en el matrimonio, incluso para los cristianos. La idea es que esposos y esposas:

A. recuerden sus votos matrimoniales y que Dios se unió a ellos en el matrimonio y promete estar con ellos;

B. confiesen que ambos son pecadores que necesitan perdón, confianza en el perdón de Dios y perdonarse mutuamente;

C. vayan a la iglesia juntos, lean juntos la palabra de Dios y oren juntos (eso es esencial para todos los matrimonios);

D. visiten al pastor para la confesión y la absolución y, si es necesario, le pidan ayuda para encontrar un consejero cristiano.

Lee **Efesios 5:21–33**, que considera la naturaleza del amor sacrificial en el matrimonio.

74. ¿Qué dice la Biblia sobre el divorcio y las segundas nupcias?

Dios prohíbe el divorcio, excepto en el caso de infidelidad conyugal (adulterio y abandono malintencionado). Trágicamente, el adulterio y el abandono malintencionado pueden destruir la unión en una sola carne de por vida que Dios ha dado. La Biblia permite la posibilidad del divorcio y las segundas nupcias en esas circunstancias. Debido a que el divorcio siempre involucra el pecado, requiere arrepentimiento y perdón. Cuando el esposo y la esposa tienen conflictos y pecados que pueden amenazar su matrimonio, el objetivo final siempre es la reconciliación y el perdón.

212   **Mateo 19:7–9** Le preguntaron: "Entonces, ¿por qué Moisés mandó darle a la esposa un certificado de divorcio y despedirla"? Él les respondió: "Moisés les permitió hacerlo porque ustedes tienen muy duro el corazón, pero al principio no fue así. Y yo les digo que, salvo por causa de fornicación, cualquiera que se divorcia de su mujer y se casa con otra, comete adulterio. Y el que se casa con la divorciada, también comete adulterio."

Lee **Marcos 10:6–12** y **1 Corintios 7:10–11, 15**. Ver también la historia de David y la esposa de Urías en **2 Samuel 11** y la de Herodes cuando toma a la esposa de su hermano en **Marcos 6:18**.

Nota: Tristemente, el divorcio no se puede evitar en muchas circunstancias de abuso doméstico, lo cual constituye una forma de abandono malintencionado.

75. ¿Cuáles son algunos de los peligros o las tentaciones que plantea la pornografía hoy en día?

La pornografía es pecado. Nos aleja de Dios y de los demás. Debido a que Internet ha hecho que la pornografía esté disponible ampliamente, se ha convertido en una adicción que atrapa a muchas personas. Es peligrosa porque:

A. nos aparta del amor a Dios y a nuestro prójimo y nos lleva a deseos pecaminosos contrarios a su voluntad, estimulando fantasías sobre la infidelidad sexual o el adulterio;

213   **Salmo 27:4, 8** Le he pedido al Señor, y sólo esto busco: habitar en su casa todos los días de mi vida, para contemplar su hermosura y solazarme en su templo... A mi

corazón le pides buscar tu rostro, y yo, Señor, tu rostro busco.

214 **1 Juan 2:16** Porque todo lo que hay en el mundo, es decir, los deseos de la carne, los deseos de los ojos, y la vanagloria de la vida, no proviene del Padre, sino del mundo.

B. trata a otros (generalmente mujeres) como objetos físicos para el placer egoísta y no como personas a quienes Dios ha creado para que sean suyas y estén dotadas con dignidad y propósito;

215 **Mateo 5:28** Pero yo les digo que cualquiera que mira con deseos a una mujer, ya adulteró con ella en su corazón.

216 **1 Corintios 6:19–20** ¿Acaso ignoran que el cuerpo de ustedes es templo del Espíritu Santo, que está en ustedes, y que recibieron de parte de Dios, y que ustedes no son dueños de sí mismos? Porque ustedes han sido comprados; el precio de ustedes ya ha sido pagado. Por lo tanto, den gloria a Dios en su cuerpo.

C. disminuye el deseo de una expresión sexual saludable y amorosa entre esposo y esposa en el matrimonio y lleva a opiniones no realistas y expectativas pecaminosas sobre la sexualidad.

217 **1 Corintios 6:13** Y el cuerpo no es para la inmoralidad sexual, sino para el Señor, y el Señor es para el cuerpo.

218 **Efesios 5:33** Por lo demás, cada uno de ustedes ame también a su esposa como a sí mismo; y ustedes, las esposas, honren a sus esposos.

76. ¿Qué dice la Biblia sobre el matrimonio entre personas del mismo sexo?

Dios nos creó hombre y mujer y estableció el matrimonio como la unión de por vida entre un hombre y una mujer. Debido a sus diferencias, el hombre y la mujer se complementan mutuamente y pueden tener hijos y criarlos, si es la voluntad de Dios. El matrimonio entre personas del mismo sexo rechaza el objetivo de Dios y no es un matrimonio verdadero.

219   **Romanos 1:24, 26–27** Por eso Dios los entregó a los malos deseos de su corazón y a la impureza, de modo que degradaron entre sí sus propios cuerpos... Por esto Dios los entregó a pasiones vergonzosas. Hasta sus mujeres cambiaron las relaciones naturales por las que van en contra de la naturaleza. De la misma manera, los hombres dejaron las relaciones naturales con las mujeres y se encendieron en su lascivia unos con otros. Cometieron hechos vergonzosos hombres con hombres, y recibieron en sí mismos la retribución que merecía su perversión.
Lee **Levítico 18:22** y **1 Timoteo 1:8–11**.

77. ¿Cuál es la perspectiva cristiana sobre las personas que están confundidas sobre su identidad sexual?

Durante la adolescencia, la mayor parte de la gente se da cuenta de un interés y una atracción crecientes hacia el sexo opuesto: un deseo y una atracción que Dios pretendía cuando nos creó hombres y mujeres y estableció el matrimonio entre hombre y mujer. Los cristianos se dan cuenta de que el deseo y la atracción por el sexo opuesto son la base que Dios nos dio para el matrimonio, para la concepción y nacimiento de los hijos, y para el futuro de la vida terrenal humana.

Sin embargo, quizás algunas personas descubren que les atraen personas del mismo sexo. Otros pueden sentirse incómodos con el sexo con el que nacieron y desean ser, o creen que son, del sexo opuesto y que nacieron con el cuerpo equivocado. Dichos deseos son el resultado de nuestra naturaleza caída y son contrarios a la voluntad de Dios. Por lo tanto, debemos:

A. recordar que nuestra identidad principal nos es dada en el Bautismo: que somos hijos de Dios y herederos del cielo;

B. respetar nuestra identidad como hombres o mujeres según lo indicado por el cuerpo que Dios nos dio;

C. respetar los objetivos de Dios para nosotros como hombres y mujeres;

D. recordar la orden de Dios de que todos los deseos de actividad sexual deben frenarse y disciplinarse hasta que estemos casados y ser obedientes a este mandato;

E. recordar que, aunque la mayoría de las personas se casan, la palabra de Dios también elogia y bendice a quienes le sirven viviendo castamente sin casarse;

F. buscar la asistencia de los padres y también pastores, consejeros u otros profesionales cristianos cuando se necesite o sea beneficioso;

G. confiar en que la gracia de Dios es suficiente para nosotros y mirar a Cristo para buscar perdón, fortaleza, y satisfacción a diario.

220 **Génesis 1:27** Y Dios creó al hombre a su imagen. Lo creó a imagen de Dios. Hombre y mujer los creó.

221 **Isaías 29:16** La perversidad de ustedes será reputada como el barro del alfarero. ¿Acaso la obra dirá que quien la hizo realmente no la hizo? ¿Acaso la vasija dirá que quien la modeló no sabía lo que estaba haciendo?

222 **Romanos 13:14** Más bien, revistámonos del Señor Jesucristo, y no busquemos satisfacer los deseos de la carne.

223 **Romanos 1:26–27** Por esto Dios los entregó a pasiones vergonzosas. Hasta sus mujeres cambiaron las relaciones naturales por las que van en contra de la naturaleza. De la misma manera, los hombres dejaron las relaciones naturales con las mujeres y se encendieron en su lascivia unos con otros. Cometieron hechos vergonzosos hombres con hombres, y recibieron en sí mismos la retribución que merecía su perversión.

224 **1 Corintios 7:17** De todas maneras, cada uno debe comportarse de acuerdo a la condición que el Señor le asignó y a la cual lo llamó.

Nota: En poquísimos casos, las personas nacen con ambigüedad sexual, por ejemplo, con anormalidades cromosómicas o con cuerpos que no son claramente masculinos o femeninos.

Sus familias deben confiar en la mejor asesoría médica disponible, para buscar el tratamiento de la condición de forma responsable en términos médicos y morales.

Salmo 119:9–16

Oración – Santo Señor, tú instituiste el matrimonio en el Edén y por tu Palabra defendiste y protegiste esa bendita unión del hombre y la mujer en una sola carne. Haz que honremos el matrimonio y apartemos de nosotros todos los pensamientos, las palabras y las obras pecaminosas que te deshonran y distorsionan el don del matrimonio. Bendice a todas las parejas casadas con fidelidad. Escucha las oraciones de todos los que buscan un cónyuge piadoso y danos a todos pureza y decencia en todas las cosas. Por Jesucristo, nuestro Señor. Amén.

El Séptimo Mandamiento

No robarás.

¿Qué significa esto?

Debemos temer y amar a Dios de modo que no quitemos el dinero o los bienes de nuestro prójimo, ni nos apoderemos de ellos con mercaderías o negocios falsos, sino que le ayudemos a mejorar y conservar sus bienes y medios de vida.

La idea central

Dios nos creó para que cuidemos los dones terrenales que le ha dado a nuestro prójimo para su vida y bienestar.

¿Qué tipo de cosas son necesarias para el bienestar de todas las personas sobre la tierra?

Lee **Lucas 19:1–10**. ¿Qué cambio logró Jesús en Zaqueo?

✠ *Como cristianos, nos regocijamos en los bienes terrenales que Dios nos ha dado y le ha dado a nuestro prójimo para el sustento de la vida diaria, y los cuidamos.*

¿De qué manera puedo ayudar a proteger y cuidar los bienes terrenales de mi prójimo?

Una lectura más cercana del Catecismo Menor

78. ¿Por qué son importantes los bienes terrenales como el dinero y las posesiones?

Son los dones por medio de los cuales Dios satisface nuestras necesidades, y las de nuestro prójimo, y para que disfrutemos de la vida (ver el Primer Artículo del Credo).

225 **Salmo 104:14–15** Haces crecer la hierba para los ganados, y las plantas que el hombre cultiva para sacar de la tierra el pan que come y el vino que le alegra el corazón, el aceite que da brillo a su rostro, y el pan que sustenta su vida.

226 **Proverbios 14:21** El que humilla a su prójimo comete un pecado; ¡feliz de aquél que se compadece de los pobres!

Lee **2 Corintios 8:1-7**, sobre la recaudación de dinero para los cristianos pobres de Jerusalén.

79. ¿Cómo le tememos a Dios y lo amamos al cumplir el Séptimo Mandamiento?

Le tememos a Dios y lo amamos cuando *no le quitamos* los dones terrenales que Dios le da a nuestro prójimo en formas como:

A. robar las posesiones y el dinero de nuestro prójimo;

227   **Juan 12:6** [Judas] Pero no dijo esto porque se preocupara por los pobres, sino porque era un ladrón y, como tenía la bolsa, sustraía de lo que se echaba en ella.

B. ser perezosos o descuidados cuando trabajamos como empleados;

228   **Efesios 4:28** El que antes robaba, que no vuelva a robar; al contrario, que trabaje y use sus manos para el bien, a fin de que pueda compartir algo con quien tenga alguna necesidad. Lee **2 Tesalonicenses 3:6-8**.

C. adquirir bienes con deshonestidad, fraude o aprovechándonos de los demás.

229   **Salmo 37:21** El malvado pide prestado y no paga; el justo es bondadoso y comparte lo que tiene.

Lee sobre las medidas falsas en **Levítico 19:36** y sobre el engaño en **2 Reyes 5:19-25**.

Le tememos a Dios y lo amamos cuando *cuidamos* del bienestar de nuestro prójimo ayudándole a que proteja y mejore sus:

A. posesiones terrenales;

230   **Éxodo 22:14** Si alguien pide a un amigo que le preste una bestia, y ésta es lastimada, o muere, deberá pagar por ella, si su amigo estaba ausente.

B. ingresos y sus medios de subsistencia.

231   **Filipenses 2:4** No busque cada uno su propio interés, sino cada cual también el de los demás.

232   **Éxodo 23:4-5** Si encuentras el buey o el asno extraviado de tu enemigo, llévaselo. Si ves que el asno del que te

aborrece ha caído por el peso de su carga, no dejes de ayudarlo. Al contrario, ayúdalo a levantarse.
Lee **Génesis 13:8–12; 14:12–16;** y **Deuteronomio 22:1, 4.**

Relaciones y aplicaciones

80. ¿Qué más se considera posesión o propiedad de nuestro prójimo hoy en día?

La propiedad de nuestro prójimo puede incluir la propiedad intelectual como las ideas y los escritos (que pueden ser robados mediante la violación de los derechos de autor o las patentes o el plagio) y también la música, el software, las películas y la información personal (que se pueden robar por piratería informática o robo de identidad).

81. ¿Cómo nos da Dios los bienes terrenales a nosotros y a los demás?

Nos los da mediante:

A. la abundancia de la tierra (aire, agua, tierra, comida, minerales, etc.);

233   **Salmo 65:9** Tú, con la lluvia, cuidas de la tierra, y en gran manera la fecundas y enriqueces. Llenas de agua tus corrientes caudalosas y preparas el grano, cuando así lo dispones.

Lee **Deuteronomio 8:7–10** y **Salmo 65.**

B. la vocación de los padres, la familia y los vecinos;

234   **Hebreos 11:20** Por la fe, Isaac bendijo a Jacob y a Esaú acerca de las cosas venideras.

235   **Proverbios 1:8** Atiende, hijo mío, las correcciones de tu padre, y no menosprecies las enseñanzas de tu madre.

C. nuestros empleos y nuestras carreras.

236   **2 Tesalonicenses 3:10–12** Cuando estábamos con ustedes, también les ordenamos esto: "Si alguno no quiere trabajar, que tampoco coma." Y es que nos hemos enterado de que algunos de ustedes viven desordenadamente,

y no trabajan en nada, y se entrometen en lo ajeno. A tales personas les ordenamos y exhortamos, por nuestro Señor Jesucristo, que simplemente se pongan a trabajar y se ganen su propio pan.

237   **Efesios 4:28** El que antes robaba, que no vuelva a robar; al contrario, que trabaje y use sus manos para el bien, a fin de que pueda compartir algo con quien tenga alguna necesidad.

82. ¿Cómo debemos usar nuestros propios bienes terrenales?

Debemos ser buenos mayordomos de los dones que Dios creó de tal manera que:

A. nuestra familia tenga techo, comida, educación, servicio de salud y similares;

238   **1 Timoteo 5:8** Porque si alguno no provee para los suyos, y especialmente para los de su casa, niega la fe y es peor que un incrédulo.

B. beneficiemos a los demás (especialmente a los pobres) con el uso caritativo de lo que Dios nos ha dado en el hogar, la iglesia, como vecinos, y como ciudadanos;

239   **Mateo 5:42** Al que te pida, dale, y al que quiera tomar de ti prestado, no se lo rehúses.

240   **1 Juan 3:17** Pero ¿cómo puede habitar el amor de Dios en aquel que tiene bienes de este mundo y ve a su hermano pasar necesidad, y le cierra su corazón?

241   **Hebreos 13:16** No se olviden de hacer bien ni de la ayuda mutua, porque éstos son los sacrificios que agradan a Dios.

Lee **Proverbios 17:5** y **Levítico 19:9–10**.

C. la iglesia tenga los recursos que necesita para la proclamación del Evangelio;

242   **1 Corintios 9:14** Así también el Señor ordenó a los que anuncian el evangelio, que vivan del evangelio.

243   **Gálatas 6:6** El que recibe enseñanza en la palabra, haga partícipe de toda cosa buena al que lo enseña.

D. toda la creación prospere bajo nuestro cuidado de la tierra, el agua, y el aire.

244   **Génesis 2:15** Dios el Señor tomó al hombre y lo puso en el huerto de Edén, para que lo cultivara y lo cuidara.

245   **Deuteronomio 22:6** Cuando en el camino encuentres en algún árbol, o sobre el suelo, un nido de pájaros con pollos o huevos, y con la madre echada sobre ellos, no te lleves a la madre con los hijos;

Lee **Levítico 25:3–5**.

Nota: En libertad cristiana, una vez una persona sabia determinó desde joven vivir con el 80 por ciento de sus ingresos, mientras ahorraba el 10 por ciento y le daba el 10 por ciento a la iglesia y a obras de beneficencia. Al final de su vida, esa persona terminó siendo tan rica como generosa.

Salmo 112

Oración – Señor Dios, dador de todo don bueno y perfecto, enséñanos a alegrarnos en la abundancia de los dones que le das a nuestro prójimo y frena nuestro apetito de reclamar para nosotros, por medio del robo o la deshonestidad, el dinero o las posesiones que tú les has otorgado. Más bien, danos corazones alegres y manos dispuestas a ayudar a nuestro prójimo para que mejore y proteja sus medios de subsistencia. Por Jesucristo, nuestro Señor. Amén.

———— El Octavo Mandamiento ————

No presentarás falso testimonio contra tu prójimo.

¿Qué significa esto?

Debemos temer y amar a Dios de modo que no mintamos contra nuestro prójimo, ni le traicionemos, ni calumniemos, ni le difamemos, sino que le disculpemos, hablemos bien de él e interpretemos todo en el mejor sentido.

La idea central

Dios nos manda que hablemos de forma veraz y generosa de nuestro prójimo para que otros tengan la mejor imagen posible de él.

¿De qué maneras se daña la reputación de una persona en nuestra sociedad?

Lee **Marcos 14:3–9** para ver la forma cómo Jesús defiende y elogia a la mujer que lo ungió.

✠ *Como cristianos, buscamos mejorar y proteger la reputación de los demás para que otras personas tengan buena opinión de ellos.*

En mi vida o comunidad, ¿quiénes necesitan que yo hable bien de ellos?

Una lectura más cercana del Catecismo Menor

83. ¿Por qué es importante la buena reputación?

El buen nombre o la buena reputación son importantes para que cada uno de nosotros pueda disfrutar de la confianza y el respeto de los demás.

246   **Proverbios 22:1** Mejor tener buena fama que mucha riqueza; la buena fama es mejor que la plata y el oro.

247   **Eclesiastés 7:1** Es mejor gozar de buena fama que gozar de un buen perfume.

84. ¿Cómo le tememos a Dios y lo amamos al cumplir el Octavo Mandamiento?

Le tememos a Dios y lo amamos cuando *no hablamos* de los demás de forma que les perjudique. El habla perjudicial incluye:

A. decir mentiras sobre nuestro prójimo en la vida diaria o en un tribunal;

248 **Mateo 26:59–61** Los principales sacerdotes, y los ancianos y todo el concilio, buscaban algún falso testimonio contra Jesús, para condenarlo a muerte; pero no lo hallaron, aunque se presentaron muchos testigos falsos. Finalmente, llegaron dos testigos falsos y dijeron: "Éste dijo: Puedo derribar el templo de Dios, y reedificarlo en tres días."

249 **Colosenses 3:9** No se mientan los unos a los otros, pues ya ustedes se han despojado de la vieja naturaleza y de sus hechos.

Lee **1 Reyes 21:13**, sobre el falso testimonio en contra de Nabot; en **2 Reyes 5:19–27**, Guejazí trató de lucrar de una mentira.

B. traicionar a nuestro prójimo haciendo públicas sus faltas privadas o contando sus secretos;

250 **Proverbios 11:13** Quien es chismoso da a conocer el secreto; quien es ecuánime es también reservado.

Lee **1 Samuel 22:6–19**, sobre cómo Ajimélec fue traicionado, y sobre cómo Judas traicionó a Jesús en **Mateo 26:14–16**.

C. calumniar a nuestro prójimo juzgándolo, quejándonos de él o difundiendo rumores.

251 **Santiago 4:11** Hermanos, no hablen mal los unos de los otros.

252 **Zacarías 8:17** Nadie debe pensar en hacerle daño a su prójimo, ni deleitarse en hacer juramentos falsos, porque nada de esto lo soporto.

Lee **2 Samuel 15:1–6**. ¿Cómo calumnió Absalón a su padre?

Le tememos a Dios y lo amamos cuando *hablamos constructivamente* de los demás. Eso incluye:

A. defender a nuestro prójimo cuando los demás hablan mal de él;

253 **Proverbios 31:8–9** Habla en lugar de los que no pueden hablar; ¡defiende a todos los desvalidos! Habla en su lugar, y hazles justicia; ¡defiende a los pobres y menesterosos!

Lee **Lucas 7:36–50**, donde Jesús defiende a la mujer que le
ungió los pies.

B. atraer la atención hacia las cualidades y buenas acciones de
nuestro prójimo;

254   **Lucas 7:4–5** [La gente de Capernaún habló bien del centurión.] Este hombre merece que le concedas lo que pide, pues
ama a nuestra nación y nos ha construido una sinagoga.

Lee **1 Samuel 19:1–7** y observa la manera como Jonatán
habló por David. En **Marcos 12:41–44**, Jesús elogió el sacrificio
de la viuda.

C. tratar de entender las acciones de nuestro prójimo de la manera más positiva y explicarlas de la forma más amable posible.

255   **1 Pedro 4:8** Por sobre todas las cosas, ámense intensamente los unos a los otros, porque el amor cubre infinidad de pecados.

256   **Efesios 4:15** Sino para que profesemos la verdad en amor
y crezcamos en todo en Cristo, que es la cabeza.

257   **1 Corintios 13:7** [El amor] Todo lo sufre, todo lo cree,
todo lo espera, todo lo soporta.

Lee **Hechos 5:33–39**, sobre cuando Gamaliel defiende a los
apóstoles y desanima la persecución.

Relaciones y aplicaciones

*85. ¿De qué manera se daña o destruye la reputación de la
gente en nuestra sociedad?*
Podemos dañar o destruir la reputación de las personas cuando
las ridiculizamos, decimos chismes sobre ellas, las etiquetamos y las
degradamos debido a una falta o característica particular, o las inti-
midamos de forma personal o en las redes sociales o nos burlamos de
ellas, aislándolas o incitando a otros en contra de ellas.

*86. La Biblia nos dice que profesemos la verdad en amor
(Efesios 4:15). ¿Qué significa esto?*
Significa hablar con la verdad a los demás para su bienestar,
para edificarlos hacia la madurez de la plenitud de la vida que

tenemos en Cristo. Eso incluye exhortar o animar bondadosa-
mente a las personas a que se arrepientan de sus pecados y se-
ñalar los peligros de las falsas enseñanzas y los falsos maestros.

258   **1 Tesalonicenses 5:14** También les rogamos, hermanos,
que les llamen la atención a los ociosos, que animen a
los de poco ánimo, que apoyen a los débiles, y que sean
pacientes con todos.

Lee **2 Samuel 12:1–14**, donde Natán confronta a David con
su pecado. Lee **Efesios 4:11–16**, donde Pablo dice cómo el profesar la verdad en amor evita que las personas sean engañadas
con falsas enseñanzas y otros peligros.

*87. ¿Existen ocasiones en las que no profesar la verdad puede
ser necesario?*

Sí; ocultar la verdad puede ser necesario cuando decir la verdad puede dar como resultado la injusticia o causar perjuicios.

259   **Éxodo 1:15–20** Además, el rey de Egipto habló con Sifra
y Fúa, que eran las parteras de las hebreas, y les dijo:
"Cuando ustedes ayuden a las hebreas en sus partos,
fíjense en el sexo. Si es niño, mátenlo; si es niña, déjenla
vivir." Pero las parteras temieron a Dios, y no hicieron
lo que el rey de Egipto les mandó, sino que les salvaron
la vida a los niños. Entonces el rey de Egipto mandó a
llamar a las parteras, y les dijo: "¿Por qué han hecho esto
de salvarles la vida a los niños?" Y las parteras le respondieron: "Es que las hebreas no son como las egipcias.
Son mujeres robustas, y dan a luz antes de que la partera
llegue a ayudarlas." Y Dios trató bien a las parteras, y el
pueblo llegó a ser cada vez más numeroso y más fuerte.

Salmo 35

Oración – Guarda nuestros labios, oh Señor, y dirige nuestra lengua rebelde para que nuestras palabras sobre nuestro prójimo no estén manchadas de falsedad, traición ni calumnia, lo cual dañaría su reputación. Más bien, danos la sabiduría para hablar bien de nuestro prójimo, defenderlo y explicar sus circunstancias y acciones de la forma más amable posible. Por Jesucristo, nuestro Señor. Amén.

El Noveno Mandamiento

No codiciarás la casa de tu prójimo.

¿Qué significa esto?

Debemos temer y amar a Dios de modo que no tratemos de obtener con astucia la herencia o la casa de nuestro prójimo ni nos apoderemos de ellas con apariencia de derecho, sino que le ayudemos y cooperemos con él en la conservación de lo que le pertenece.

El Décimo Mandamiento

No codiciarás la mujer de tu prójimo, ni a su siervo ni a su esclava, ni su buey ni su asno, ni nada que le pertenezca a tu prójimo.

¿Qué significa esto?

Debemos temer y amar a Dios de modo que no le quitemos al prójimo su mujer, sus criados o sus animales, ni los alejemos, ni hagamos que lo abandonen, sino que los instemos a que permanezcan con él y cumplan con sus obligaciones.

La idea central

Dios nos creó para que estemos satisfechos con los dones con los que sustenta nuestra vida.

¿Cuáles son algunas de las razones por las que las personas no están satisfechas con lo que Dios les ha dado?

Lee **1 Reyes 21:1–16**. ¿Cómo adquirió Ajab la viña de Nabot?

✠ *Como cristianos, buscamos llevar una vida de satisfacción dando gracias por las bendiciones que Dios nos da a nosotros y le da a nuestro prójimo.*

Enumera diez cosas por las que estés agradecido. Luego ofrece una oración de agradecimiento a Dios.

Una lectura más cercana del Catecismo Menor

88. ¿Qué es codiciar?

La codicia es el deseo pecaminoso del corazón de adquirir para nosotros mismos cualquier cosa que le pertenece a nuestro prójimo. También es el deseo de alejar de nuestro prójimo, para nuestro propio beneficio, a cualquiera que sea importante para él (el cónyuge, los amigos, etc.).

260   **Romanos 7:8** Pero el pecado se aprovechó del mandamiento y despertó en mí toda clase de codicia, porque sin la ley el pecado está muerto.

261   **Santiago 4:1–2** ¿De dónde vienen las guerras y las peleas entre ustedes? ¿Acaso no vienen de sus pasiones, las cuales luchan dentro de ustedes mismos? Si ustedes desean algo, y no lo obtienen, entonces matan. Si arden de envidia y no consiguen lo que desean, entonces discuten y luchan. Pero no obtienen lo que desean, porque no piden;

89. ¿Cómo tememos y amamos a Dios al cumplir el Noveno y el Décimo Mandamiento?

Primero: Le tememos a Dios y lo amamos cuando *no codiciamos* los dones que le ha dado a nuestro prójimo. Eso incluye:

A. no conspirar para adquirir las posesiones de nuestro prójimo de forma aparentemente correcta o legal (ver también el Séptimo Mandamiento);

262   **Isaías 5:8** ¡Ay de los que anexan una casa a otra casa, un terreno a otro terreno, hasta poseer todo lugar!

263   **Miqueas 2:1–2** ¡Ay de los que aun acostados hacen planes inicuos y maquinan el mal, y en cuanto amanece los ejecutan, porque tienen el poder en la mano! Codician las propiedades de otros, y se las quitan; codician casas, y las toman; oprimen al hombre y a su familia, al hombre y a su heredad.

B. no conspirar para tentar a los amigos, el cónyuge ni los empleados de nuestro prójimo a que se alejen (ni ponerlos en contra de él).

264   **Efesios 5:3** Entre ustedes ni siquiera deben hablar de inmoralidad sexual, ni de avaricia, ni de ninguna otra clase de depravación, pues ustedes son santos.

Lee sobre cómo David codició a Betsabé, la esposa de Urías en **2 Samuel 11:2-4** y sobre cómo Absalón se robó el corazón del pueblo de David en **2 Samuel 15:1-6**.

Segundo: Le tememos a Dios y lo amamos cuando *estamos satisfechos* con lo que Dios nos ha dado a nosotros y les ha dado a los demás. Eso incluye:

A. agradecer todo lo que Dios nos ha dado;

265   **Hebreos 13:5-6** Vivan sin ambicionar el dinero. Más bien, confórmense con lo que ahora tienen, porque Dios ha dicho: "No te desampararé, ni te abandonaré". Así que podemos decir con toda confianza: "El Señor es quien me ayuda; no temeré lo que pueda hacerme el hombre".
Lee **Proverbios 30:8-9**; **1 Timoteo 6:8-10**; y **Filipenses 4:11-13**.

B. ayudar a los demás para que conserven lo que Dios les ha dado y animar a su cónyuge y sus trabajadores para que sean fieles y leales.

266   **Filipenses 2:4** No busque cada uno su propio interés, sino cada cual también el de los demás.

Relaciones y aplicaciones

90. ¿Cómo somos tentados a no estar satisfechos con lo que tenemos?
La presión de grupo, e incluso la publicidad, muchas veces nos anima a no estar satisfechos con lo que tenemos. Anhelamos otras cosas para mantener las apariencias o para buscar felicidad y satisfacción en algo nuevo.

267   **Proverbios 10:3** El Señor no deja que el justo pase hambre, pero rechaza la iniquidad de los impíos.

91. ¿Son pecaminosos todos los deseos y las ambiciones?

No. Dios nos anima a buscar sus bendiciones de alimento, techo, buen trabajo, salud, éxito, etc. para nosotros mismos y nuestra familia.

268   **Salmo 107:6–9** En su angustia, clamaron al Señor, y él los libró de sus aflicciones, los guio por un buen camino, hasta encontrar una ciudad habitable. ¡Alabemos la misericordia del Señor y sus grandes hechos en favor de los mortales! El Señor sacia la sed del sediento, y colma con buena comida al hambriento.

92. ¿Qué es especialmente importante de estos dos últimos Mandamientos?

A. Nos recuerdan que la codicia o el deseo perverso son una forma de idolatría. La ingratitud y la insatisfacción nos tientan a incumplir los otros Mandamientos (por ejemplo, el Sexto y el Séptimo Mandamiento).

269   **Santiago 1:13–15** Cuando alguien sea tentado, no diga que ha sido tentado por Dios, porque Dios no tienta a nadie, ni tampoco el mal puede tentar a Dios. Al contrario, cada uno es tentado cuando se deja llevar y seducir por sus propios malos deseos. El fruto de estos malos deseos, una vez concebidos, es el pecado; y el fruto del pecado, una vez cometido, es la muerte.

270   **Colosenses 3:5** Por lo tanto, hagan morir en ustedes todo lo que sea terrenal: inmoralidad sexual, impureza, pasiones desordenadas, malos deseos y avaricia. Eso es idolatría.

B. Nos recuerdan que Dios quiere que lo amemos por encima de todo y que tengamos deseos santos.

271   **Salmo 37:4** Disfruta de la presencia del Señor, y él te dará lo que de corazón le pidas.

272   **Salmo 119:35–36** Encamíname hacia tus mandamientos, porque en ellos me deleito. Inclina mi corazón hacia tus testimonios, y no hacia la avaricia.

273 **Filipenses 4:8** Por lo demás, hermanos, piensen en todo lo que es verdadero, en todo lo honesto, en todo lo justo, en todo lo puro, en todo lo amable, en todo lo que es digno de alabanza; si hay en ello alguna virtud, si hay algo que admirar, piensen en ello.

Salmo 37

Oración – Padre celestial, tú abres tu mano y satisfaces los deseos de toda criatura viviente. Haz que te temamos y te amemos más que a todas las cosas, para que nuestros corazones no codicien lo que le has dado a nuestro prójimo. Más bien, llévanos a que confiemos en tu provisión de pan diario, estemos satisfechos con lo que tú nos das y rechacemos cualquier plan malvado o seducción que asegure para nosotros lo que tú les has dado a otros. Capacítanos para servir a nuestro prójimo ayudándolo a conservar y proteger todo lo que tú le has dado. Por Jesucristo, nuestro Señor. Amén.

La conclusión de los Mandamientos

¿Qué dice Dios sobre todos estos Mandamientos?

Él dice: "Yo soy el Señor tu Dios, fuerte y celoso. Yo visito en los hijos la maldad de los padres que me aborrecen, hasta la tercera y cuarta generación, pero trato con misericordia infinita a los que me aman y cumplen mis mandamientos" (**Éxodo 20:5-6**).

¿Qué significa esto?

Dios amenaza con castigar a todo el que incumpla estos Mandamientos. Por lo tanto, debemos temer su ira y no hacer nada contra ellos. Pero él promete gracia y bendición para todos los que cumplan con estos Mandamientos. Por lo tanto, también debemos amarlo y temerle y hacer con agrado todo lo que él nos manda.

La idea central

Dios aquí muestra cuán intensamente quiere que nos aferremos solo a él.

¿La gente cree que Dios se preocupa por la forma como vive? ¿Por qué sí o por qué no?

Lee **Deuteronomio 30:1-10**. ¿Por qué Dios hace esas amenazas y promesas?

✠ *Como cristianos, confesamos que Dios guarda celosamente sus Mandamientos para que todo lo que está en su creación prospere.*

¿Cómo las amenazas y promesas de Dios le dan forma a mi concepción de él y sus acciones?

Una lectura más cercana del Catecismo Menor

93. ¿Por qué Dios se describe como un "Dios celoso"?
Dios se niega a compartirnos con otros dioses.

274   **Isaías 42:8** Yo soy el Señor. Éste es mi nombre, y no daré a otro mi gloria, ni mi alabanza a esculturas.

275 **Éxodo 19:5–6** Si ahora ustedes prestan oído a mi voz, y cumplen mi pacto, serán mi tesoro especial por encima de todos los pueblos, porque toda la tierra me pertenece. Ustedes serán para mí un reino de sacerdotes y un pueblo santo. Estas mismas palabras les dirás a los hijos de Israel.
Lee **Ezequiel 6:9**; **18:20–21**.

94. ¿Qué motiva a Dios para castigar o bendecir?
A. La desobediencia produce la ira justa de Dios y lo motiva a castigar el pecado (esa es la obra extraña de Dios).

276 **Jueces 2:11–12** Los israelitas hicieron lo malo a los ojos del Señor, y adoraron a los baales. Abandonaron al Señor, el Dios que sacó a sus antepasados de la tierra de Egipto, y empezaron a adorar a los dioses de los pueblos que vivían a su alrededor, con lo que provocaron el enojo del Señor.
Lee **2 Crónicas 36:17–21** y **Jeremías 11:17**.

B. La inmerecida bondad amorosa (gracia) de Dios lo motiva a perdonarnos y bendecirnos por amor de Cristo (esa es la obra propia de Dios).

277 **Deuteronomio 7:7–8** El Señor los quiere, y los ha escogido, no porque ustedes sean más numerosos que todos los pueblos, pues ustedes eran el pueblo más insignificante de todos, sino porque el Señor los ama y porque quiso cumplir el juramento que les hizo a sus padres.

278 **Isaías 54:7–8** Es verdad: te abandoné por un poco de tiempo, pero volveré a recogerte con grandes misericordias. Estaba yo un poco enojado cuando por algún tiempo no quise ni verte; pero volveré a tenerte compasión y misericordia eterna. Lo digo yo, que soy tu Señor y Redentor.
Lee **Éxodo 34:6–7**; **Salmo 30:5**; **Lamentaciones 3:22–23, 31–33**; y **1 Juan 4:8–10**.

95. ¿Cuál es nuestra respuesta adecuada a las advertencias y promesas de Dios?
A. Debemos rechazar a todos los otros dioses.

279   **1 Samuel 7:3** Entonces Samuel habló con todos los israelitas y les dijo: "Si de todo corazón se han arrepentido
delante del Señor, quiten a Astarot y a todos los dioses
ajenos que todavía adoran; entréguense de corazón al
Señor, y sírvanle sólo a él."

B. Debemos dirigirnos a Dios con arrepentimiento, confiando
en su misericordia por amor de Jesucristo, nuestro Señor.

280   **Isaías 55:6–7** Busquen al Señor mientras pueda ser
hallado; llámenlo mientras se encuentre cerca. ¡Que
dejen los impíos su camino, y los malvados sus malos
pensamientos! ¡Que se vuelvan al Señor, nuestro Dios, y
él tendrá misericordia de ellos, pues él sabe perdonar con
generosidad!

C. Debemos buscar con entusiasmo conocer la voluntad de
Dios y hacer lo que él manda con agrado.

281   **Salmo 119:2** Dichosos los que cumplen sus testimonios,
y lo buscan de todo corazón.

282   **Romanos 7:22** Porque, según el hombre interior, me
deleito en la ley de Dios.

Lee **Salmo 119:9; 40:8; Romanos 12:1; Eclesiastés 12:13–
14;** y **1 Juan 4:9**.

Relaciones y aplicaciones

96. ¿Cómo ejecuta Dios sus castigos y bendiciones en esta vida?

Dios castiga:

A. sometiéndonos a las dificultades de la vida terrenal en un
mundo caído;

283   **Génesis 3:17–19** Al hombre le dijo: "Puesto que acce-
diste a lo que te dijo tu mujer, y comiste del árbol de que
te ordené que no comieras, maldita será la tierra por tu
causa; con dolor comerás de ella todos los días de tu vida.
Te producirá espinos y cardos, y comerás hierbas del
campo. Comerás el pan con el sudor de tu frente, hasta

que vuelvas a la tierra, pues de ella fuiste tomado; porque polvo eres, y al polvo volverás."

Lee **Levítico 26:18–20; Jeremías 12:4;** y **Romanos 8:18–23.**

B. autorizando a los padres y otras autoridades para que nos disciplinen cuando hemos hecho mal;

284 **Romanos 13:1–2** Todos debemos someternos a las autoridades, pues no hay autoridad que no venga de Dios. Las autoridades que hay han sido establecidas por Dios. Por lo tanto, aquel que se opone a la autoridad, en realidad se opone a lo establecido por Dios, y los que se oponen acarrean condenación sobre ellos mismos.

Lee **Proverbios 13:24** y **2 Crónicas 36:17–21.**

Nota: En el Antiguo Testamento, muchas veces Dios usó poderes extranjeros para castigar a Israel (Ver **2 Reyes 25:1**).

C. entregándonos a nuestros hábitos autodestructivos y sus consecuencias.

285 **Romanos 1:24–25, 28** Por eso Dios los entregó a los malos deseos de su corazón y a la impureza, de modo que degradaron entre sí sus propios cuerpos. Cambiaron la verdad de Dios por la mentira, y honraron y dieron culto a las criaturas antes que al Creador, el cual es bendito por los siglos. Amén... Y como ellos no quisieron tener en cuenta a Dios, Dios los entregó a una mente depravada, para hacer cosas que no convienen.

Dios cumple sus promesas:

A. bendiciendo la tierra (buen clima, cosechas abundantes);

286 **Salmo 85:12** Además, el Señor nos dará buenas cosas, y nuestra tierra producirá buenos frutos.

Lee **Génesis 1:11–12, 19–30; Salmo 65; 67:6.**

B. dándonos padres y otras autoridades para el sustento de la vida;

287 **2 Corintios 12:14** No son los hijos los que deben juntar tesoros para los padres; son los padres los que deben juntar tesoros para los hijos.

Lee **Génesis 48:15; Salmo 78:4–7; 103:13–19;** y **1 Timoteo 5:8.**

C. bendiciéndonos con salud, talentos, trabajo, familia y posesiones.

288   **Daniel 1:17** Dios les dio a estos cuatro jóvenes cono-
cimientos e inteligencia en todas las letras y ciencias.
Además, Daniel era muy entendido en cuestiones de
visiones y sueños.

289   **1 Pedro 4:10** Ponga cada uno al servicio de los demás el
don que haya recibido, y sea un buen administrador de la
gracia de Dios en sus diferentes manifestaciones.

Cada bendición de Dios fluye del hecho de que nos ha enviado
a un Salvador del pecado; en él se cumplen todas las promesas
de Dios.

290   **Lucas 24:44** Luego les dijo: "Lo que ha pasado conmigo
es lo mismo que les anuncié cuando aún estaba con
ustedes: que era necesario que se cumpliera todo lo
que está escrito acerca de mí en la ley de Moisés, en los
profetas y en los salmos."

291   **Romanos 4:13** Porque la promesa dada a Abrahán y a su
descendencia en cuanto a que recibiría el mundo como
herencia, no le fue dada por la ley sino por la justicia que
se basa en la fe.

292   **Gálatas 3:22** Pero la Escritura lo encerró todo bajo
pecado, para que la promesa que es por la fe en Jesucristo
fuera dada a los creyentes.

*97. ¿Eso significa que cuando vivimos de cierta manera, las
cosas siempre funcionan como queremos?*

No. Incluso Jesús, quien llevó una vida perfecta, sufrió horriblemente. Por lo tanto, nos aferramos a las promesas de Dios y
seguimos buscando vivir en obediencia, incluso cuando enfren-
tamos problemas y dificultades, en lugar de buscar la seguridad
del amor de Dios en signos y manifestaciones visibles externas.
Los creyentes también atraviesan por problemas, y pueden sufrir
debido a su obediencia.

293 **Habacuc 3:17–18** Aunque todavía no florece la higuera, ni hay uvas en los viñedos, ni hay tampoco aceitunas en los olivos, ni los campos han rendido sus cosechas; aunque no hay ovejas en los rediles ni vacas en los corrales, yo me alegro por ti, Señor; ¡me regocijo en ti, Dios de mi salvación!

294 **Juan 16:33** [Jesús dijo:] Estas cosas les he hablado para que en mí tengan paz. En el mundo tendrán aflicción; pero confíen, yo he vencido al mundo.

295 **1 Corintios 10:13** A ustedes no les ha sobrevenido ninguna tentación que no sea humana; pero Dios es fiel y no permitirá que ustedes sean sometidos a una prueba más allá de lo que puedan resistir, sino que junto con la prueba les dará la salida, para que puedan sobrellevarla.

Lee en **Juan 21:18–24** sobre la necesidad de sufrir por el Evangelio y en **Romanos 5:1–5** sobre cuando Dios usa el sufrimiento para sus buenos propósitos.

98. En última instancia, ¿Dios amenaza a quienes lo odian e incumplen sus Mandamientos?

En última instancia, Dios amenaza a quienes incumplen sus Mandamientos no solo con castigos terrenales, sino también con la muerte física y la condena eterna en el infierno.

296 **Romanos 6:23** Porque la paga del pecado es muerte.

297 **Mateo 25:41–43** [El Rey] Entonces dirá también a los de la izquierda: ¡Apártense de mí, malditos! ¡Vayan al fuego eterno, preparado para el diablo y sus ángeles! Porque tuve hambre, y no me dieron de comer; tuve sed, y no me dieron de beber; fui forastero, y no me recibieron; estuve desnudo, y no me cubrieron; estuve enfermo, y en la cárcel, y no me visitaron.

99. ¿Por qué Dios advierte a los hijos cuyos padres lo odian y pecan contra él?

Dios les advierte a los hijos de esos padres rebeldes que no imiten a sus padres en el odio y la desobediencia a Dios, sino que, más bien, amen a Dios y cumplan sus Mandamientos.

298 **Salmo 106:6** Somos tan pecadores como nuestros padres. Hemos hecho lo malo, hemos cometido maldad.

299 **Ezequiel 18:20** Sólo el que peque merece la muerte. Ningún hijo pagará por el pecado de su padre, ni tampoco ningún padre pagará por el pecado de su hijo. El hombre justo será juzgado por su justicia, y el malvado será juzgado por su maldad.

100. ¿Qué tan cuidadosamente quiere Dios que cumplamos sus Mandamientos?

Dios quiere que cumplamos sus Mandamientos perfectamente, en pensamiento, palabra, y obra.

300 **Mateo 5:48** Por lo tanto, sean ustedes perfectos, como su Padre que está en los cielos es perfecto.

301 **Santiago 2:10** Porque cualquiera que cumpla toda la ley, pero que falle en un solo mandato, ya es culpable de haber fallado en todos.

101. Entonces, ¿alguien se puede salvar al cumplir los Mandamientos de Dios?

No. La Ley santa de Dios condena a todo el mundo, porque todos somos desobedientes.

302 **Salmo 14:3** Pero todos se han desviado; todos a una se han corrompido. No hay nadie que haga el bien; ¡ni siquiera hay uno solo!

303 **Eclesiastés 7:20** No hay en la tierra nadie tan justo que siempre haga el bien y nunca peque.

304 **Romanos 3:23** Por cuanto todos pecaron y están destituidos de la gloria de Dios.

305 **1 Juan 1:8** Si decimos que no tenemos pecado, nos engañamos a nosotros mismos, y la verdad no está en nosotros.

Lee también **Isaías 64:6** y **Gálatas 3:10–11**.

102. ¿Cuál es el único lugar donde los pecadores podemos encontrar rescate de la condena de Dios?

Debido a la misericordiosa bondad de Dios, él envió a su Hijo unigénito, Jesús, a rescatarnos del pecado y de la condena que merecemos. Como nuestro sustituto, Jesús cumplió perfectamente la Ley santa de Dios, sufrió, murió, y resucitó por nosotros. Por lo tanto, en nuestro crucificado y resucitado Señor Jesús, somos liberados de la culpa, el castigo y el poder del pecado, y tenemos salvación eterna.

306   **Juan 3:16** Porque de tal manera amó Dios al mundo, que ha dado a su Hijo unigénito, para que todo aquel que en él cree no se pierda, sino que tenga vida eterna.

307   **Romanos 5:19** Porque así como por la desobediencia de un solo hombre muchos fueron constituidos pecadores, así también por la obediencia de uno [Jesús] solo muchos serán constituidos justos.

308   **Gálatas 3:13** Cristo nos redimió de la maldición de la ley, y por nosotros se hizo maldición (porque está escrito: "Maldito todo el que es colgado en un madero").

Lee también **Romanos 8:1–2** y **Colosenses 1:13–14**. Ver también FC DS V I.

Salmo 14

Oración – Santo y misericordioso Dios, tú nos han enseñado lo que quieres que hagamos y lo que no. Derrama sobre nosotros tu Espíritu Santo para que dé fruto en nuestra vida y que, recordando tus misericordias y tus leyes, crezcamos en obediencia a tu voluntad y en amor por ti y por nuestro prójimo. Ayúdanos a seguir el ejemplo de tu amado Hijo, Jesucristo, nuestro Señor, en cuyo nombre oramos. Amén.

EL CREDO APOSTÓLICO

Creo en Dios Padre todopoderoso, creador del cielo y de la tierra.

Y en Jesucristo, su único Hijo, nuestro Señor; que fue concebido por obra del Espíritu Santo, nació de la virgen María; padeció bajo el poder de Poncio Pilatos, fue crucificado, muerto y sepultado; descendió a los infiernos; al tercer día resucitó de entre los muertos; subió a los cielos y está sentado a la diestra de Dios Padre todopoderoso; y desde allí ha de venir a juzgar a los vivos y a los muertos. Creo en el Espíritu Santo; la santa iglesia cristiana, la comunión de los santos; el perdón de los pecados; la resurrección de la carne y la vida perdurable. Amén.

103. ¿Por qué el Credo sigue después de los Diez Mandamientos?
Por todo esto ves ahora que el Credo es una doctrina completamente distinta de los Diez Mandamientos. Estos nos enseñan lo que nosotros debemos hacer, pero el Credo nos indica aquello que Dios hace con nosotros y lo que nos da. Por otro lado, los Diez Mandamientos han sido ya escritos en todo corazón humano, mientras que el Credo no puede ser comprendido por ninguna sabiduría humana y ha de ser enseñado únicamente por el Espíritu Santo (CMa II 67).

309   **Romanos 2:15** Y de esa manera demuestran que llevan
       la ley escrita en su corazón, pues su propia conciencia da
       testimonio, y sus propios razonamientos los acusarán o
       defenderán.

310   **Romanos 3:19, 21–22** Pero sabemos que todo lo que dice
       la ley, se lo dice a los que están bajo la ley, para que todos
       callen y caigan bajo el juicio de Dios... Pero ahora, aparte
       de la ley, se ha manifestado la justicia de Dios, y de ello
       dan testimonio la ley y los profetas. La justicia de Dios,
       por medio de la fe en Jesucristo, es para todos los que
       creen en él.

104. ¿Qué es el Credo?

El Credo resume toda la obra de Dios en la creación y la historia humana, como se enseña en la Biblia.

105. ¿Podemos aprender sobre Dios fuera de la Biblia?

Hasta cierto punto podemos aprender sobre Dios como nuestro Creador. La creación da testimonio de Dios, su bondad y su poder. La conciencia humana también da testimonio de Dios y su justicia.

311   **Salmo 19:1** Los cielos proclaman la gloria de Dios; el
       firmamento revela la obra de sus manos.

312   **Hechos 14:17** Aunque no dejó de manifestar su poder al
       enviarnos toda clase de bienes, pues del cielo nos viene la
       lluvia, que hace fructificar la tierra para nuestro sustento
       y alegría.

313   **Romanos 1:20** Porque lo invisible de Dios, es decir, su
       eterno poder y su naturaleza divina, se hacen claramente
       visibles desde la creación del mundo, y pueden comprenderse por medio de las cosas hechas, de modo que no
       tienen excusa.

314   **Romanos 2:15** De esa manera demuestran que llevan la
       ley escrita en su corazón, pues su propia conciencia da
       testimonio, y sus propios razonamientos los acusarán o
       defenderán.

Nota: El testimonio de la creación y la conciencia puede ser llamado "revelación natural" y se distingue de la "revelación especial" de Dios en la Escritura.

106. Entonces, ¿por qué necesitamos la Biblia o un resumen de la Biblia, como el Credo?

Hemos oído hasta ahora sólo la primera parte de la doctrina cristiana y ya vimos todo lo que Dios quiere que hagamos y dejemos [de hacer]. Sigue ahora como debe ser, el Credo, que nos presenta todo lo que debemos esperar y recibir de Dios y, para decirlo brevemente, para que aprendamos a conocerlo enteramente (ver CMa II 1).

107. ¿Por qué el Credo comienza con la palabra "creo"?

La palabra "credo" viene de la palabra latina *credo*, que significa "yo creo". Un credo es una declaración de fe, una declaración de lo que yo creo. Decir "yo creo" es decir lo que Dios ha hecho *por mí*. Estoy convencido de que Dios *me* ha creado, *me* ha redimido y *me* ha santificado.

108. ¿Cuántos credos existen?

La iglesia cristiana ha usado tres credos por mucho tiempo: el Credo Apostólico, el Credo Niceno y el Credo Atanasiano. Nosotros usamos el Credo Apostólico en el catecismo. Cada credo aclara áreas específicas de controversia y confusión doctrinal.

109. ¿Por qué usamos el Credo Apostólico en el catecismo?

Es el credo que generalmente se usa en el Bautismo. Nos habla de las verdades más importantes sobre Dios: quién es y qué ha hecho. Dios es el Padre, el Hijo, y el Espíritu Santo: la Santísima Trinidad. Las tres partes del Credo (Artículos) resumen la obra divina asociada con cada persona: el Padre (la creación), el Hijo (la redención), y el Espíritu Santo (la santificación).

110. ¿Qué significa la palabra "Trinidad"?

Significa tres en uno. La iglesia ha usado la palabra "Trinidad" para sustentar el testimonio bíblico de que el Padre, el Hijo, y el Espíritu son tres personas distintas y aun así son un solo Dios. Ese es el misterio más grande de la fe cristiana.

315   **Mateo 28:19** Por tanto, vayan y hagan discípulos en todas las naciones, y bautícenlos en el nombre del Padre, y del Hijo, y del Espíritu Santo.

316   **2 Corintios 13:14** Que la gracia del Señor Jesucristo, el amor de Dios, y la comunión del Espíritu Santo sean con todos ustedes. Amén.

111. ¿Qué distingue al Padre, el Hijo y el Espíritu uno de otro?

A. En su relación de uno con otro, se distinguen por sus interacciones mutuas. El Padre *engendra* al Hijo desde la eternidad; el Hijo es *engendrado* del Padre desde la eternidad; el Espíritu Santo *procede* del Padre y el Hijo desde la eternidad.

317   **Juan 3:16** Porque de tal manera amó Dios al mundo, que ha dado a su Hijo unigénito, para que todo aquel que en él cree no se pierda, sino que tenga vida eterna.

318   **Juan 15:26** Pero cuando venga el Consolador, el Espíritu de verdad, el cual procede del Padre y a quien yo les enviaré de parte del Padre, él dará testimonio acerca de mí.

319   **Romanos 8:9** Pero ustedes no viven según las intenciones de la carne, sino según el Espíritu, si es que el Espíritu de Dios habita en ustedes. Y si alguno no tiene el Espíritu de Cristo, no es de él.

B. En su relación con nosotros, se distinguen por su obra por nosotros. Las Escrituras generalmente hablan de que el Padre nos *creó*, el Hijo nos *redimió* y el Espíritu Santo nos *santificó*.

320   **Deuteronomio 32:6** ¡Él es tu padre! ¡Es tu Creador! ¡Él te hizo y te afirmó!

321   **1 Juan 1:7** Pero si vivimos en la luz, así como él está en la luz, tenemos comunión unos con otros, y la sangre de Jesús, su Hijo, nos limpia de todo pecado.

322   **Gálatas 3:5** Aquel que les suministra el Espíritu y hace maravillas entre ustedes, ¿lo hace por las obras de la ley, o por el oír con fe?

112. ¿Qué une al Padre, el Hijo, y el Espíritu Santo como un solo Dios?

A. En su relación mutua, las tres personas encuentran su unidad como un ser divino llamado Dios. El Padre, el Hijo, y el Espíritu son igualmente todopoderosos, igualmente creadores e igualmente redentores.

323   **1 Corintios 12:4–6** Ahora bien, hay diversidad de dones, pero el Espíritu es el mismo. Hay diversidad de ministerios, pero el Señor es el mismo. Hay diversidad de actividades, pero Dios, que hace todo en todos, es el mismo.

Nota: Por esa razón, Podemos orarle a cualquiera de las tres personas de la Trinidad.

B. En su relación con nosotros, las tres personas encuentran su unidad en el Padre como la fuente y el objetivo de su obra. Por amor, el Padre envía al Hijo, y juntos envían al Espíritu Santo. El Espíritu Santo nos lleva a Cristo quien, a su vez, nos muestra el amor del Padre.

324   **Gálatas 4:4–6** Pero cuando se cumplió el tiempo señalado, Dios envió a su Hijo, que nació de una mujer y sujeto a la ley, para que redimiera a los que estaban sujetos a la ley, a fin de que recibiéramos la adopción de hijos. Y por cuanto ustedes son hijos, Dios envió a sus corazones el Espíritu de su Hijo, el cual clama: "¡Abba, Padre!"

Lee **Efesios 1:1–13**, observando el sujeto de todos los verbos.

Nota: La enseñanza trinitaria muchas veces se refleja en las oraciones cristianas *al* Padre, *en* el nombre de Jesús y *por* el poder del Espíritu Santo.

El Primer Artículo (Parte 1)

Creo en Dios Padre todopoderoso, creador del cielo y de la tierra.

¿Qué significa esto?

Creo que Dios me ha creado y también a todas las criaturas; que me ha dado cuerpo y alma, ojos, oídos y todos los miembros, la razón y todos los sentidos y aún los sostiene, y además vestido y calzado, comida y bebida, casa y hogar, esposa e hijos, campos, ganado y todos los bienes; que me provee abundantemente y a diario de todo lo que necesito para sustentar este cuerpo y vida,

me protege contra todo peligro y me guarda y preserva de todo mal;

y todo esto por pura bondad y misericordia paternal y divina, sin que yo en manera alguna lo merezca ni sea digno de ello. Por todo esto debo darle gracias, ensalzarlo, servirle y obedecerle.

Esto es con toda certeza la verdad.

La idea central

Nadie más que él [Dios] podría crear los cielos y la tierra (CMa II 11). Esa verdad determina cómo me entiendo a mí mismo y cómo me relaciono con Dios y su mundo.

¿Cómo pueden responder las personas a la siguiente pregunta?: ¿Qué es un ser humano?

Lee **Génesis 2:7–25**. ¿Cómo fuimos creados en relación con Dios y el resto del mundo?

✠ *Como cristianos, confesamos: Digo y creo que soy criatura de Dios (CMa II 13).*

¿Cómo el verme como criatura de Dios le da forma a mi relación con él y con su mundo?

Una lectura más cercana del Catecismo Menor

113. ¿Por qué la Primera Persona de la Trinidad es llamada Dios "el Padre"?

A. Él es el Padre eterno del Hijo de Dios: Cristo, nuestro Salvador.

325   **Juan 3:16** Porque de tal manera amó Dios al mundo, que ha dado a su Hijo unigénito, para que todo aquel que en él cree no se pierda, sino que tenga vida eterna.

B. Él es el Padre misericordioso de todos los cristianos, pues nos adoptó en Jesucristo.

326   **Gálatas 4:4–6** Pero cuando se cumplió el tiempo señalado, Dios envió a su Hijo, que nació de una mujer y sujeto a la ley, para que redimiera a los que estaban sujetos a la ley, a fin de que recibiéramos la adopción de hijos. Y por cuanto ustedes son hijos, Dios envió a sus corazones el Espíritu de su Hijo, el cual clama: "¡Abba, Padre!"

C. Nos ha concedido el Dios Padre todo lo que poseemos y tenemos ante la vista (CMa II 17).

327   **Hechos 17:28–29** Porque en él vivimos, y nos movemos, y somos. Ya algunos poetas entre ustedes lo han dicho: Porque somos linaje suyo. Puesto que somos linaje de Dios, no podemos pensar que la divinidad se asemeje al oro o a la plata, o a la piedra o a esculturas artísticas, ni que proceda de la imaginación humana.

114. ¿Por qué el Credo confiesa a Dios como el Creador del cielo y la tierra?

A. Solo a quien creó el cielo y la tierra se le puede llamar Dios con certeza.

328   **Génesis 1:1** Dios, en el principio, creó los cielos y la tierra.

329   **2 Reyes 19:15** Oró en su presencia. Dijo: "Señor y Dios de Israel, que habitas entre los querubines, sólo tú eres el

Dios de todos los reinos de la tierra. ¡Tú hiciste el cielo y la tierra!"

Lee **Salmo 115:15–16; Job 38–41; e Isaías 36–37.**

B. Solo quien hizo el cielo y la tierra puede hacer nueva su creación otra vez.

330   **2 Pedro 3:13** Pero, según sus promesas, nosotros esperamos un cielo nuevo y una tierra nueva, donde reinará la justicia.

331   **Apocalipsis 21:5** El que estaba sentado en el trono dijo: "Mira, yo hago nuevas todas las cosas." Y me dijo: "Escribe, porque estas palabras son fieles y verdaderas."

Lee **Juan 1:1–3** y **Romanos 8:18–23.**

115. ¿Qué está incluido en la expresión "el cielo y la tierra"?

Dios creó —de la nada— todo lo que existe, es decir, todas las cosas visibles e invisibles (Credo Niceno).

332   **Colosenses 1:16** En él fue creado todo lo que hay en los cielos y en la tierra, todo lo visible y lo invisible; tronos, poderes, principados, o autoridades, todo fue creado por medio de él y para él.

116. ¿Por qué el catecismo dice que Dios me creó "a mí y a todas las criaturas"?

Es otra forma de decir que Dios creó el universo y todo lo que contiene. No existe nada fuera de la creación de Dios.

333   **Nehemías 9:6** Tú, Señor, eres el único Señor. Tú hiciste los cielos, y los cielos de los cielos, con todas sus huestes; tú creaste la tierra y el mar, y todo lo que hay en ellos; tú diste vida a todo cuanto existe; por eso las huestes celestiales te adoran.

117. ¿Qué significa confesar que Dios me creó?

Soy una criatura de Dios. Mi vida es un don de él. Debo rendirle cuentas a él.

334   **Salmo 139:13–14** ¡Tú, Señor, diste forma a mis entrañas; tú me formaste en el vientre de mi madre! Te alabo porque

tus obras son formidables, porque todo lo que haces es maravilloso. ¡De esto estoy plenamente convencido!

335   **Santiago 1:17–18** Toda buena dádiva y todo don perfecto descienden de lo alto... Él, por su propia voluntad, nos hizo nacer por medio de la palabra de verdad, para que seamos los primeros frutos de su creación.

Lee también **Salmo 100** y **Job 10:8–11**.

118. ¿Qué significa confesar que Dios me creó a mí "y a todas las criaturas"?

A. Toda persona (sin importar su edad, sexo, raza, y origen étnico) recibe la vida de Dios, al igual que yo.

336   **Hechos 17:26–27** De un solo hombre hizo a todo el género humano, para que habiten sobre la faz de la tierra, y les ha prefijado sus tiempos precisos y sus límites para vivir, a fin de que busquen a Dios, y puedan encontrarlo, aunque sea a tientas.

B. Todas las otras criaturas vivas reciben la vida de Dios y dependen de su cuidado, al igual que yo.

337   **Génesis 1:30** "Para toda bestia de la tierra, y para todas las aves de los cielos, y para todo lo que repta sobre la tierra y que tiene vida, toda planta verde les servirá de alimento." Y así fue.

338   **Génesis 2:19** Y así, Dios el Señor formó de la tierra todos los animales del campo, y todas las aves de los cielos, y se los llevó a Adán para ver qué nombre les pondría; y el nombre que Adán les puso a los animales con vida es el nombre que se les quedó.

339   **Mateo 6:26** Miren las aves del cielo, que no siembran, ni cosechan, ni recogen en graneros, y el Padre celestial las alimenta. ¿Acaso no valen ustedes mucho más que ellas?

C. Todo el resto de la creación —el universo, este planeta, la tierra, el mar, y todo el mundo material— depende de Dios para su continua existencia, al igual que nosotros.

340   **Salmo 65:5–7** Tú, Dios de nuestra salvación, nos responde con grandes actos de justicia. En ti esperan los confines de la tierra y los mares más remotos, Tú te revistes de valor y con tu poder afirmas los montes. Tú sosiegas el estruendo de los mares, acallas el estrépito de sus olas, y silencias el alboroto de los pueblos.

341   **Salmo 95:4–5** En su mano están las profundidades de la tierra, y las alturas de los montes son suyas. Suyo es también el mar, pues él lo hizo, y sus manos formaron la tierra seca.

119. ¿Qué significa que Dios me ha dado tanto cuerpo como alma?

No soy solo cuerpo. No soy solo alma. Soy un cuerpo al cual Dios le ha dado aliento de vida.

342   **Génesis 2:7** Entonces, del polvo de la tierra Dios el Señor formó al hombre, e infundió en su nariz aliento de vida. Así el hombre se convirtió en un ser con vida.

343   **Eclesiastés 11:5** Tú no sabes qué camino sigue el viento, ni cómo van creciendo los huesos del niño en el vientre de la mujer encinta, y tampoco entiendes las obras de Dios, que ha creado todas las cosas.

120. ¿Cuál es la importancia de tener cuerpo y alma para mi identidad personal y mis relaciones personales?

A. Al darme un cuerpo y un alma particular, Dios me ha creado hombre o mujer.

344   **Génesis 1:27** Y Dios creó al hombre a su imagen. Lo creó a imagen de Dios. Hombre y mujer los creó.

B. Es con mi cuerpo y mi alma —es decir, con mis ojos, oídos y todos mis miembros, mi razón y todos mis sentidos— que me relaciono con Dios, con otras personas, con otras cosas vivas y con este mundo.

345   **Salmo 103:1** ¡Bendice, alma mía, al Señor! ¡Bendiga todo mi ser su santo nombre!

346   **Romanos 12:1** Así que, hermanos, yo les ruego, por las misericordias de Dios, que se presenten ustedes mismos como un sacrificio vivo, santo y agradable a Dios. ¡Así es como se debe adorar a Dios!

347   **1 Corintios 6:19–20** ¿Acaso ignoran que el cuerpo de ustedes es templo del Espíritu Santo, que está en ustedes, y que recibieron de parte de Dios, y que ustedes no son dueños de sí mismos? Porque ustedes han sido comprados; el precio de ustedes ya ha sido pagado. Por lo tanto, den gloria a Dios en su cuerpo.

348   **Mateo 22:37** Jesús le respondió: "Amarás al Señor tu Dios con todo tu corazón, y con toda tu alma, y con toda tu mente."

Relaciones y aplicaciones

121. ¿Cómo creó Dios todo?

A. Dios creó con su Palabra. Dios habló y la creación existió, y la formó y la llenó en seis días.

349   **Génesis 1:1, 3, 31** Dios, en el principio, creó los cielos y la tierra… Y dijo Dios: "¡Que haya luz!" Y hubo luz… Y vio Dios todo lo que había hecho, y todo ello era bueno en gran manera. Cayó la tarde, y llegó la mañana. Ése fue el día sexto.

350   **Salmo 33:6, 9** Con su palabra, el Señor hizo los cielos; todo lo creado lo hizo con un soplo de su boca… El Señor habló, y todo fue creado; el Señor ordenó, y todo apareció.

Lee **Génesis 1**; **Éxodo 31:17**; **Hebreos 11:3**; y **2 Pedro 3:5–7**.

B. Con su Palabra, Dios hizo muy buena toda su creación (armoniosa, hermosa, y pura).

351   **Génesis 1:31** Y vio Dios todo lo que había hecho, y todo ello era bueno en gran manera.

122. ¿Dónde debemos comenzar cuando consideramos otros relatos que pretenden explicar cómo llegó a existir el mundo?

Debemos evaluar los supuestos que utilizan, determinar la razón de dichos supuestos y considerar si conducen a conclusiones no bíblicas.

Muchas opiniones antiguas y modernas asumen que el universo siempre existió y, por lo tanto, todos los dioses y seres surgen de él y existen en un espectro de deidad. Eso lleva a que uno asuma que todo es, de cierta forma, divino o parte de una divinidad, confundiendo así al Creador con su creación (por ejemplo, las religiones populares, el panteísmo y el politeísmo).

Las teorías evolucionistas ateas asumen que la Biblia no es la palabra de Dios y que el universo está cerrado y no existe ninguna posibilidad de intervención externa. Eso motiva la conclusión de que el mundo y el universo no tienen significado ni propósito especial. Ese enfoque también sugiere que no existe verdad absoluta y que todas las relaciones humanas, como el matrimonio, son simplemente acuerdos de conveniencia que pueden cambiarse como deseen las culturas o los individuos.

Quizás algunos evolucionistas teístas y creacionistas evolucionistas creen que la Escritura es la palabra de Dios, pero asumen erróneamente que, a la luz de las actuales reivindicaciones científicas, **Génesis 1–3** no debería leerse como un relato histórico confiable de la creación. Por consiguiente, afirman que Dios es el Creador, pero consideran que la evolución es el medio por el cual Dios creó el mundo como lo conocemos. Eso desvirtúa y niega otras verdades de la Escritura que dependen de la creación especial de Dios.

123. ¿Qué diferencia a los humanos de todas las otras criaturas?

A. Dios creó todas las cosas vivas, pero únicamente creó a su imagen a la humanidad.

352 **Génesis 1:26–27** Entonces dijo Dios: "¡Hagamos al hombre a nuestra imagen y semejanza! ¡Que domine en toda la tierra sobre los peces del mar, sobre las aves de los cielos y las bestias, y sobre todo animal que repta sobre la tierra!" Y Dios creó al hombre a su imagen. Lo creó a imagen de Dios. Hombre y mujer los creó.

B. El Hijo de Dios se convirtió en hombre: en ser humano.

353 **Juan 1:14, 16** Y la Palabra se hizo carne, y habitó entre nosotros, y vimos su gloria (la gloria que corresponde

al unigénito del Padre), llena de gracia y de verdad... Ciertamente de su plenitud tomamos todos, y gracia sobre gracia.

354   **Filipenses 2:5–7** Que haya en ustedes el mismo sentir que hubo en Cristo Jesús, quien, siendo en forma de Dios, no estimó el ser igual a Dios como cosa a que aferrarse, sino que se despojó a sí mismo y tomó forma de siervo, y se hizo semejante a los hombres.

C. Jesucristo, que es Dios y hombre, sufrió, derramó su sangre, murió y resucitó físicamente de la muerte, para salvar a la humanidad. Por consiguiente, todas y cada una de las vidas, incluyendo la tuya, son valiosas para Dios.

355   **Efesios 1:7** En él tenemos la redención por medio de su sangre, el perdón de los pecados según las riquezas de su gracia.

356   **Hebreos 9:12** [Cristo, nuestro sumo sacerdote]... no por medio de la sangre de machos cabríos ni de becerros, sino por medio de su propia sangre. Entró una sola vez y para siempre en el Lugar Santísimo, y así obtuvo para nosotros la redención eterna.

124. ¿Todavía tenemos la imagen de Dios?

A. Desde la caída en el pecado, perdimos la capacidad de vivir por fe en Dios, en amor perfecto   unos con otros y en una relación apropiada con la creación (justicia original). En ese sentido, hemos perdido la imagen de Dios.

357   **Génesis 5:3** Y Adán vivió ciento treinta años, y engendró un hijo a su imagen y semejanza, y le puso por nombre Set.

358   **1 Corintios 2:14** Pero el hombre natural no percibe las cosas que son del Espíritu de Dios, porque para él son una locura; y tampoco las puede entender, porque tienen que discernirse espiritualmente.

B. Sin embargo, todavía poseemos la dignidad (o valor) única de aquellos que fueron creados a imagen de Dios y a quienes se les dio dominio en la creación.

359   **Génesis 9:6** La sangre del que derrame sangre humana
        será derramada por otro hombre, porque el hombre ha
        sido hecho a imagen de Dios.

360   **Santiago 3:9** Con la lengua bendecimos al Dios y Padre,
        y con ella maldecimos a los seres humanos, que han sido
        creados a imagen de Dios.

125. ¿Alguna vez recuperaremos la imagen de Dios que perdimos?

Sí. En Cristo ha comenzado la restauración de la imagen de
Dios en nosotros. Sin embargo, en esta vida solo comienza y seremos completamente restaurados el Último Día.

361   **Colosenses 3:10** [Ustedes] se han revestido de la nueva
        naturaleza, la naturaleza del nuevo hombre, que se va
        renovando a imagen del que lo creó.

362   **Efesios 4:24** Y revístanse de la nueva naturaleza, creada
        en conformidad con Dios en la justicia y santidad de la
        verdad.

363   **2 Corintios 3:18** Por lo tanto, todos nosotros, que
        miramos la gloria del Señor a cara descubierta, como en
        un espejo, somos transformados de gloria en gloria en la
        misma imagen, como por el Espíritu del Señor.

126. ¿A qué otras criaturas vivas creó Dios?

A. Dios creó a todas las otras criaturas de la tierra, incluyendo
vegetales, aves, animales, peces, etc.

364   **Génesis 2:19** Y así, Dios el Señor formó de la tierra todos
        los animales del campo, y todas las aves de los cielos, y
        se los llevó a Adán para ver qué nombre les pondría; y el
        nombre que Adán les puso a los animales con vida es el
        nombre que se les quedó.

365   **Génesis 1:20** Y dijo Dios: "¡Que produzcan las aguas
        seres vivos, y aves que vuelen sobre la tierra, por la
        bóveda celeste!"

B. Dios también creó criaturas no físicas llamadas ángeles.

366　　**Nehemías 9:6** Tú, Señor, eres el único Señor. Tú hiciste los cielos, y los cielos de los cielos, con todas sus huestes; tú creaste la tierra y el mar, y todo lo que hay en ellos; tú diste vida a todo cuanto existe; por eso las huestes celestiales te adoran.

Lee **Lucas 1:1-20, 26-38; Mateo 1:18-21; Lucas 24:4-7;** y **Hechos 1:10-11.**

127. ¿Con qué propósito creó Dios a las criaturas no humanas que hay sobre la tierra?

A. Dios las creó para belleza, gozo, y deleite.

367　　**Salmo 104:31** ¡Sea tu gloria eterna, Señor! ¡Que te regocijen las obras que has hecho!

B. Dios las creó para que lo alaben y le agradezcan.

368　　**Salmo 150:6** ¡Que todo lo que respira alabe al Señor! ¡Aleluya!

C. Dios las creó para que sustenten la vida.

369　　**Génesis 1:29** Y dijo Dios: "¡Miren! Les he dado toda planta que da semilla y que está sobre toda la tierra, y todo árbol que da fruto y semilla. Ellos les servirán de alimento.

370　　**Génesis 9:3** Todo lo que se mueve y tiene vida les servirá de alimento, lo mismo las legumbres que las plantas verdes. Yo les he dado todo.

Lee **Salmo 148.**

128. ¿Con qué propósito creó Dios a los ángeles?

A. Dios creó a los ángeles para que sean sus mensajeros y siervos.

371　　**Lucas 1:13** Pero el ángel le dijo: "Zacarías, no tengas miedo, porque tu oración ha sido escuchada. Tu esposa Elisabet te dará un hijo, y tú le pondrás por nombre Juan."

372　　**Lucas 1:26-28** Seis meses después, Dios envió al ángel Gabriel a la ciudad galilea de Nazaret para ver a María, una virgen que estaba comprometida con José, un hombre

que era descendiente de David. El ángel entró en donde
ella estaba y le dijo: "¡Salve, muy favorecida! El Señor está
contigo."

B. Dios creó a los ángeles para que protejan al pueblo de Dios.

373   **Salmo 91:11–12** El Señor mandará sus ángeles a ti, para
que te cuiden en todos tus caminos. Ellos te llevarán en
sus brazos, y no tropezarán tus pies con ninguna piedra.

374   **Hebreos 1:14** ¿Y acaso no son todos ellos espíritus
ministradores, enviados para servir a quienes serán los
herederos de la salvación?

C. Dios creó a los ángeles para que lo adoren y lo alaben continuamente y nos guíen para que hagamos lo mismo.

375   **Lucas 2:13–14** En ese momento apareció, junto con
el ángel, una multitud de las huestes celestiales, que
alababan a Dios y decían: "¡Gloria a Dios en las alturas!
¡Paz en la tierra a todos los que gozan de su favor!"

376   **Salmo 103:20–21** ¡Bendigan al Señor, ustedes, ángeles
poderosos que cumplen sus órdenes y obedecen su voz!
¡Bendigan al Señor todos sus ejércitos, todos ustedes, sus
siervos, que cumplen su voluntad!
Lee **2 Reyes 19:35**; **5:15–17**; **Hechos 12:5–11**; y **Daniel 7:10**.

129. ¿Todos los ángeles les sirven a esos propósitos de Dios?
No. Algunos ángeles (el diablo y los ángeles caídos) se rebelaron contra Dios y ahora buscan destruir todo lo bueno, especialmente la fe en Cristo.

377   **Judas 6** Incluso a los ángeles que no cuidaron su dignidad,
sino que abandonaron su propia mansión, los ha retenido
para siempre en prisiones oscuras, para el juicio del
gran día.

378   **Juan 8:44** Ustedes son de su padre el diablo, y quieren
cumplir con los deseos de su padre, quien desde el principio ha sido un homicida. No se mantiene en la verdad,
porque no hay verdad en él. Cuando habla mentira, habla

de lo que le es propio; porque es mentiroso y padre de la mentira.

379 **Efesios 6:12** La batalla que libramos no es contra gente de carne y hueso, sino contra principados y potestades, contra los que gobiernan las tinieblas de este mundo, ¡contra huestes espirituales de maldad en las regiones celestes!

380 **1 Pedro 5:8–9** Sean prudentes y manténganse atentos, porque su enemigo es el diablo, y él anda como un león rugiente, buscando a quien devorar. Pero ustedes, manténganse firmes y háganle frente. Sepan que en todo el mundo sus hermanos están enfrentando los mismos sufrimientos,

Lee **Marcos 4:15; 5:9; Génesis 3:1–5; Job 2; Mateo 4:1–11; y 2 Pedro 2:4.**

130. ¿Cuáles son las preguntas más comunes sobre los ángeles?

A. ¿Nos convertimos en ángeles cuando morimos?

No. Seremos resucitados de la muerte como criaturas humanas glorificadas.

381 **Filipenses 3:20–21** Pero nuestra ciudadanía está en los cielos, de donde también esperamos al Salvador, al Señor Jesucristo; él transformará el cuerpo de nuestra humillación, para que sea semejante al cuerpo de su gloria, por el poder con el que puede también sujetar a sí mismo todas las cosas.

B. ¿Debemos buscar dirección para nuestra vida en los ángeles u orarles?

No. Solo debemos orarle a Dios.

382 **Colosenses 2:18** No permitan que los condenen esos que se ufanan de humildad pero rinden culto a los ángeles. Los tales se meten en cosas que no han visto y están envanecidos por su razonamiento humano.

Lee **Apocalipsis 22:8–9.**

C. ¿Tengo un ángel guardián personal?

La Escritura no responde directamente esa pregunta, pero sí dice que los ángeles protegen al pueblo de Dios.

383   **Salmo 91:9–12** Por haber puesto al Señor por tu esperanza, por poner al Altísimo como tu protector, no te sobrevendrá ningún mal, ni plaga alguna tocará tu casa. El Señor mandará sus ángeles a ti, para que te cuiden en todos tus caminos. Ellos te llevarán en sus brazos, y no tropezarán tus pies con ninguna piedra.

384   **Mateo 18:10** Tengan cuidado de no menospreciar a uno de estos pequeños, porque yo les digo que sus ángeles en los cielos ven siempre el rostro de mi Padre que está en los cielos.

Salmo 11

Oración – Padre todopoderoso, creador del cielo y de la tierra: Te alabo por haberme creado con amor y haberme puesto en este mundo, que tú también creaste. Por todo eso que me has dado en cuerpo y alma, y por las maneras maravillosas como me cuidas, te doy gracias. Haz que sea consciente de tus abundantes dones, y que siempre te busque a ti para obtener todas las cosas buenas en esta vida terrenal, y enséñame a recibirlas como hijo y heredero tuyo. Por Jesucristo, tu Hijo. Amén.

El Primer Artículo (Parte 2)

Creo en Dios Padre todopoderoso, creador del cielo y de la tierra.

¿Qué significa esto?

Creo que Dios me ha creado y también a todas las criaturas; que me ha dado cuerpo y alma, ojos, oídos y todos los miembros, la razón y todos los sentidos y aún los sostiene,

y además vestido y calzado, comida y bebida, casa y hogar, esposa e hijos, campos, ganado y todos los bienes; que me provee abundantemente y a diario de todo lo que necesito para sustentar este cuerpo y vida,

me protege contra todo peligro y me guarda y preserva de todo mal;

y todo esto por pura bondad y misericordia paternal y divina, sin que yo en manera alguna lo merezca ni sea digno de ello. Por todo esto debo darle gracias, ensalzarlo, servirle y obedecerle.

Esto es con toda certeza la verdad.

La idea central

Añádase a esto que Dios pone todo lo creado para servir al provecho y las necesidades de nuestra vida (ver CMa II 14).

¿De dónde diría la mayoría de la gente que vienen las necesidades básicas de la vida?

Lee **Salmo 104:10–30**. ¿Cómo describe el salmista la belleza y el gozo de la creación bajo el cuidado y la provisión de Dios?

✠ *Como cristianos, confesamos que Dios provee para nosotros todos los días obrando en su creación y por medio de ella.*

¿Quiénes o cuáles son "la mano, el canal y el medio" (CMa I 26) por medio de los cuales Dios satisface mis necesidades diarias?

Una lectura más cercana del Catecismo Menor

131. ¿Dios sigue estando involucrado en su creación?

Sí, Dios sigue presente y activo dentro de su creación, cuidándola constantemente y creando vida nueva dentro de ella.

385 **Jeremías 23:23–24** "¿Acaso soy Dios sólo de cerca? ¡No! ¡También a la distancia soy Dios!" —Palabra del Señor. "¿Podrá alguien esconderse donde yo no pueda verlo? ¿Acaso no soy yo el Señor, que llena el cielo y la tierra?" —Palabra del Señor.

386 **Hechos 17:27–28** Pero lo cierto es que él [Dios] no está lejos de cada uno de nosotros, porque en él vivimos, y nos movemos, y somos. Ya algunos poetas entre ustedes lo han dicho: Porque somos linaje suyo.

387 **Job 12:10** La vida de todo ser está en sus manos; ¡él infunde vida a toda la humanidad!

388 **Hebreos 1:3** [El Hijo] es el resplandor de la gloria de Dios. Es la imagen misma de lo que Dios es. Él es quien sustenta todas las cosas con la palabra de su poder.

Lee **Génesis 8:22; Deuteronomio 11:12; Salmo 65; 139; Proverbios 15:3; Isaías 40:12; y Colosenses 1:17.**

132. ¿A quién cuida Dios, y para quién provee, dentro de su creación?

Debido a que Dios cuida a toda su creación, él:

A. Provee para toda su creación no humana;

389 **Salmo 147:8–9** El Señor cubre de nubes los cielos, y hace que llueva sobre la tierra; El Señor hace crecer la hierba de los montes; da de comer a los ganados, y también a los polluelos de los cuervos, cuando piden.

390 **Salmo 145:15–16** Todos fijan en ti su mirada, y tú les das su comida a su tiempo. Cuando abres tus manos, colmas de bendiciones a todos los seres vivos.

391 **Mateo 6:26** Miren las aves del cielo, que no siembran, ni cosechan, ni recogen en graneros, y el Padre celestial las alimenta.

B. Provee para todas las personas, incluso para quienes no lo reconocen;

392   **Mateo 5:45** Para que sean ustedes hijos de su Padre que está en los cielos, que hace salir su sol sobre malos y buenos, y que hace llover sobre justos e injustos.

393   **Hechos 14:16–17** En el pasado, Dios permitió que la gente anduviera por sus propios caminos, aunque no dejó de manifestar su poder al enviarnos toda clase de bienes, pues del cielo nos viene la lluvia, que hace fructificar la tierra para nuestro sustento y alegría.

C. Provee para nosotros, que somos sus hijos en Cristo.

394   **Filipenses 4:19** Así que mi Dios suplirá todo lo que les falte, conforme a sus riquezas en gloria en Cristo Jesús.

395   **1 Pedro 5:7** Descarguen en él todas sus angustias, porque él tiene cuidado de ustedes.

133. ¿Qué provee Dios para nuestro cuerpo y nuestra vida?

A. Dios provee alimento y bebida para darnos energía, salud y alegría.

396   **Salmo 104:14–15** Haces crecer la hierba para los ganados, y las plantas que el hombre cultiva para sacar de la tierra el pan que come y el vino que le alegra el corazón, el aceite que da brillo a su rostro, y el pan que sustenta su vida.

B. Dios provee vestido y calzado para que tengamos protección y podamos vestirnos con modestia.

397   **Génesis 3:21** Luego Dios el Señor hizo túnicas de pieles para vestir al hombre y a su mujer.

398   **Deuteronomio 10:18** Que hace justicia al huérfano y a la viuda, y que ama también al extranjero y le da pan y vestido.

C. Dios provee techo y hogar para que tengamos refugio, seguridad, y hospitalidad.

399   **Salmo 68:6** Dios les da un hogar a los desamparados.

D. Dios provee familias (y también amigos) para que nos ayuden a llevar nuestras cargas.

400   **Proverbios 18:22** ¿Hallaste esposa? ¡Has hallado el bien! ¡Has alcanzado el favor del Señor!

401   **Salmo 127:3** Los hijos son un regalo del Señor; los frutos del vientre son nuestra recompensa.

402   **Proverbios 17:17** El amigo ama en todo momento; en tiempos de angustia es como un hermano.

E. Dios provee tierra y animales (es decir, trabajo y medios de subsistencia).

403   **Salmo 104:23** Sale entonces el hombre a sus labores, trabaja hasta que cae la noche.

134. ¿Qué más hace Dios para cuidarnos?
A. Dios nos protege del peligro y el mal.

404   **Salmo 121:2, 7** Mi socorro viene del Señor, creador del cielo y de la tierra… El Señor te librará de todo mal; el Señor protegerá tu vida.
Ver **Génesis 19; Éxodo 13:14; Salmo 37; 73.**

B. Dios actúa en todas las cosas para nuestro bien.

405   **Romanos 8:28** Ahora bien, sabemos que Dios dispone todas las cosas para el bien de los que lo aman.

135. ¿Cómo provee Dios para mí y me protege todos los días?
Dios usa toda su creación para cuidarme, incluyendo a los ángeles, mis padres, el gobierno, la tierra, el clima, y los animales.

406   **Génesis 1:11** Después dijo Dios: "¡Que produzca la tierra hierba verde, hierba que dé semilla, y árboles frutales sobre la tierra que den fruto según su género, y cuya semilla esté en ellos!" Y así fue.

407   **Génesis 9:3** Todo lo que se mueve y tiene vida les servirá de alimento, lo mismo las legumbres que las plantas verdes. Yo les he dado todo.

408   **Romanos 13:1** Todos debemos someternos a las autoridades, pues no hay autoridad que no venga de Dios. Las autoridades que hay han sido establecidas por Dios.

Relaciones y aplicaciones

136. Si nuestro misericordioso Creador provee para todas nuestras necesidades y nos protege de todo mal, ¿por qué existe la muerte en el mundo?

A. Nuestros primeros padres (impulsados por el diablo) trajeron el mal y el sufrimiento al mundo, rebelándose contra Dios. La actividad pecaminosa continúa causando tremendo sufrimiento en todo el mundo.

409   **Santiago 1:14–15** Al contrario, cada uno es tentado cuando se deja llevar y seducir por sus propios malos deseos. El fruto de estos malos deseos, una vez concebidos, es el pecado; y el fruto del pecado, una vez cometido, es la muerte.

410   **Juan 8:44** Ustedes son de su padre el diablo, y quieren cumplir con los deseos de su padre, quien desde el principio ha sido un homicida. No se mantiene en la verdad, porque no hay verdad en él. Cuando habla mentira, habla de lo que le es propio; porque es mentiroso y padre de la mentira.

411   **Romanos 5:12** Por tanto, como el pecado entró en el mundo por un solo hombre… así la muerte pasó a todos los hombres, por cuanto todos pecaron.

B. Dios castigó la rebelión humana maldiciendo la tierra: aunque la tierra sustenta la vida, el juicio de Dios también es evidente (tormentas, pestes, terremotos, enfermedades, etc.).

412   **Génesis 3:17–19** Maldita será la tierra por tu causa; con dolor comerás de ella todos los días de tu vida. Te producirá espinos y cardos, y comerás hierbas del campo. Comerás el pan con el sudor de tu frente, hasta que

vuelvas a la tierra, pues de ella fuiste tomado; porque polvo eres, y al polvo volverás.

413   **Romanos 8:20–22** Porque la creación fue sujetada a vanidad, no por su propia voluntad, sino porque así lo dispuso Dios, pero todavía tiene esperanza, pues también la creación misma será liberada de la esclavitud de corrupción, para así alcanzar la libertad gloriosa de los hijos de Dios. Porque sabemos que toda la creación hasta ahora gime a una, y sufre como si tuviera dolores de parto.

C. Por lo tanto, debemos arrepentirnos de nuestro pecado, confiar en la promesa de Dios de perdón en Cristo, cuidar de quienes sufren y orar por que Dios restaure todas las cosas cuando Cristo venga otra vez.

Lee **Lucas 13:1–5**, donde Jesús exhorta al arrepentimiento en respuesta al sufrimiento trágico.

137. ¿Por qué algunos tenemos más sufrimiento y desgracia que otros?

A. En algunos casos, atraemos el sufrimiento como consecuencia de nuestros pecados.

414   **Gálatas 6:7** No se engañen. Dios no puede ser burlado. Todo lo que el hombre siembre, eso también cosechará.

415   **Santiago 4:1–2** ¿De dónde vienen las guerras y las peleas entre ustedes? ¿Acaso no vienen de sus pasiones, las cuales luchan dentro de ustedes mismos? Si ustedes desean algo, y no lo obtienen, entonces matan. Si arden de envidia y no consiguen lo que desean, entonces discuten y luchan.

Lee **2 Samuel 12:1–15**, sobre cómo sufrió David por su pecado.

B. En muchos casos, no sabemos por qué Dios permite que algunos sufran más que otros. Esas razones permanecen escondidas en Dios, cuyos propósitos muchas veces están más allá de nuestra comprensión, de la misma manera como los que vieron sufrir a Jesús en el momento no estaban conscientes del gran y amoroso propósito de Dios detrás de la cruz.

416   **Isaías 55:8–9** El Señor ha dicho: "Mis pensamientos no son los pensamientos de ustedes, ni son sus caminos mis caminos. Así como los cielos son más altos que la tierra, también mis caminos y mis pensamientos son más altos que los caminos y pensamientos de ustedes."

417   **Deuteronomio 29:29** Las cosas secretas pertenecen al Señor nuestro Dios, pero las reveladas son para nosotros y para nuestros hijos para siempre, para que cumplamos todas las palabras de esta ley.

Lee **Génesis 50:15–21**; **Isaías 45:9**; **Job 42:1–6**; y **Romanos 9:19–23**.

Por lo tanto, debemos llevarle nuestras quejas y penas a Dios, alegrarnos cuando participamos en los sufrimientos de Cristo, orar pidiendo su ayuda y su cuidado por quienes sufren, y encomendarnos y encomendar a los demás en sus manos misericordiosas.

418   **Salmo 130:1–2** A ti clamo, Señor, desde el fondo de mi angustia. ¡Escucha, Señor, mi voz! ¡Que no se cierren tus oídos al clamor de mi súplica!

419   **Salmo 90:13–15** Señor, ¿hasta cuándo te volverás a nosotros? ¡Calma ya tu enojo con tus siervos! ¡Sácianos de tu misericordia al empezar el día, y todos nuestros días cantaremos y estaremos felices! ¡Danos la alegría que no tuvimos todo el tiempo que nos afligiste, todos los años en que experimentamos el mal!

420   **1 Pedro 4:12–13, 19** Amados hermanos, no se sorprendan de la prueba de fuego a que se ven sometidos, como si les estuviera sucediendo algo extraño. Al contrario, alégrense de ser partícipes de los sufrimientos de Cristo, para que también se alegren grandemente cuando la gloria de Cristo se revele... Así que aquellos que sufren por cumplir la voluntad de Dios, encomienden su alma al fiel Creador, y hagan el bien.

138. ¿Qué hace Dios con respecto a todo el sufrimiento y la muerte en el mundo?

A. Dios no permite que el mal tenga la última palabra. Diariamente crea vida nueva en medio del pecado y la muerte del mundo, y a pesar de ellos.

421   **Génesis 8:22** Mientras la tierra permanezca, no faltarán la sementera y la siega, ni el frío y el calor, ni el verano y el invierno, ni el día y la noche.

422   **Hechos 14:16–17** En el pasado, Dios permitió que la gente anduviera por sus propios caminos, aunque no dejó de manifestar su poder al enviarnos toda clase de bienes, pues del cielo nos viene la lluvia, que hace fructificar la tierra para nuestro sustento y alegría.

B. En la cruz, Cristo puso todo nuestro sufrimiento sobre él. Con su muerte, Cristo vence nuestro sufrimiento y a la muerte. Con su resurrección de la muerte, Cristo le da vida eterna a todo el que confíe en él, incluso a los que sufren.

423   **Romanos 5:8** Pero Dios muestra su amor por nosotros en que, cuando aún éramos pecadores, Cristo murió por nosotros.

424   **Isaías 53:3–4** Será despreciado y desechado por la humanidad entera. Será el hombre más sufrido, el más experimentado en el sufrimiento. ¡Y nosotros no le daremos la cara! ¡Será menospreciado! ¡No lo apreciaremos! Con todo, él llevará sobre sí nuestros males, y sufrirá nuestros dolores, mientras nosotros creeremos que Dios lo ha azotado, lo ha herido y humillado.

425   **Juan 11:25** Jesús le dijo: "Yo soy la resurrección y la vida; el que cree en mí, aunque esté muerto, vivirá."

C. Dios hace que todas las cosas obren para sus propósitos misericordiosos y para el bienestar de su iglesia, aunque no siempre podamos verlo.

426   **Génesis 50:20** Ustedes pensaron hacerme mal, pero Dios cambió todo para bien, para hacer lo que hoy vemos, que es darle vida a mucha gente.

427 **Romanos 5:3–5** Nos regocijamos en los sufrimientos, porque sabemos que los sufrimientos producen resistencia, la resistencia produce un carácter aprobado, y el carácter aprobado produce esperanza. Y esta esperanza no nos defrauda, porque Dios ha derramado su amor en nuestro corazón por el Espíritu Santo que nos ha dado.

428 **Romanos 8:28–29** Ahora bien, sabemos que Dios dispone todas las cosas para el bien de los que lo aman, es decir, de los que él ha llamado de acuerdo a su propósito. Porque a los que antes conoció, también los predestinó para que sean hechos conforme a la imagen de su Hijo, para que él sea el primogénito entre muchos hermanos.

Nota: "Antes de la fundación del mundo, Dios determinó mediante qué cruces y sufrimientos él habría de conformar a cada uno de sus escogidos a la imagen de su Hijo y qué provecho habría de traer para cada uno la cruz de la aflicción, porque los escogidos son llamados según el propósito..." (Ver **Romanos 8:28, 29, 35, 38, 39**) (FC DS XI 49).

D. Cuando Jesús regrese, Dios liberará a sus hijos de todo sufrimiento y, con ellos, a toda la creación.

429 **Romanos 8:18–21** Pues no tengo dudas de que las aflicciones del tiempo presente en nada se comparan con la gloria venidera que habrá de revelarse en nosotros. Porque la creación aguarda con gran impaciencia la manifestación de los hijos de Dios. Porque la creación fue sujetada a vanidad, no por su propia voluntad, sino porque así lo dispuso Dios, pero todavía tiene esperanza, pues también la creación misma será liberada de la esclavitud de corrupción, para así alcanzar la libertad gloriosa de los hijos de Dios.

430 **Apocalipsis 21:4** Dios enjugará las lágrimas de los ojos de ellos, y ya no habrá muerte, ni más llanto, ni lamento ni dolor; porque las primeras cosas habrán dejado de existir.

139. ¿Cuáles son algunas creencias falsas sobre la presencia y la actividad de Dios en el mundo?

El **ateísmo** niega la existencia, presencia, y actividad de Dios en el mundo.

El **agnosticismo** expresa incertidumbre sobre si existe un Dios o cómo está presente y activo en el mundo.

El **deísmo** niega la actividad diaria de Dios dentro del mundo, afirmando que cuando él creó el mundo, lo dejó para que funcionara solo como una máquina.

El **panteísmo** sostiene que todo es Dios, negando así la intervención redentora de Dios desde fuera de la creación.

Salmo 104

Oración – Padre misericordioso, abres tu mano para satisfacer los deseos de toda criatura viviente y me das todo lo que necesito para sustentar mi cuerpo y mi vida. Gracias por las provisiones que me has dado con el vestido y el calzado, el alimento y la bebida para alimentar y refrescar mi cuerpo, un lugar para vivir, el amor y la compañía de la familia y el trabajo diario. Dame la gracia de reconocer tu bondad y vivir con gratitud y satisfacción, confiado en tu amor por el amor de Jesucristo, mi Señor, quien vive y reina contigo y con el Espíritu Santo, un solo Dios, ahora y siempre. Amén.

El Primer Artículo (Parte 3)

Creo en Dios Padre todopoderoso, creador del cielo y de la tierra.

¿Qué significa esto?

Creo que Dios me ha creado y también a todas las criaturas; que me ha dado cuerpo y alma, ojos, oídos y todos los miembros, la razón y todos los sentidos y aún los sostiene,

y además vestido y calzado, comida y bebida, casa y hogar, esposa e hijos, campos, ganado y todos los bienes; que me provee abundantemente y a diario de todo lo que necesito para sustentar este cuerpo y vida,

me protege contra todo peligro y me guarda y preserva de todo mal;

y todo esto por pura bondad y misericordia paternal y divina, sin que yo en manera alguna lo merezca ni sea digno de ello. Por todo esto debo darle gracias, ensalzarlo, servirle y obedecerle.

Esto es con toda certeza la verdad.

La idea central

Nadie es autosuficiente. Cada uno de nosotros recibe vida y sustento como un don externo, que no es atribuible a nosotros mismos.

¿La gratitud de los cristianos es diferente de la de quienes no conocen a Dios como su Padre misericordioso?

Lee **Mateo 14:13–21**. Considera la generosidad de Dios no solo en sucesos milagrosos como este, sino también en sus bendiciones diarias.

✠ *Como cristianos, confesamos que todas las cosas buenas de nuestra vida (aunque sean pequeñas) son un don inmerecido que viene de Dios.*

¿Cuáles son algunos ejemplos de la generosidad de Dios en mi vida?

Una lectura más cercana del Catecismo Menor

140. ¿Por qué usa el catecismo la palabra "todo" (todos, todas) nueve veces en la explicación del Primer Artículo?
Eso enfatiza la completitud de la obra creadora de Dios. Es otra forma de decir que Dios creó los cielos y la tierra.

431   **Juan 3:27** Juan les respondió: "Nadie puede recibir nada, si no le es dado del cielo."

432   **Santiago 1:17** Toda buena dádiva y todo don perfecto descienden de lo alto, del Padre de las luces, en quien no hay cambio ni sombra de variación.

433   **1 Corintios 4:7** Porque ¿quién te hace superior? ¿O qué tienes que no hayas recibido? Y si lo recibiste, ¿por qué te jactas como si no te lo hubieran dado?

141. ¿Cuál es la importancia de confesar que Dios hizo todo eso por su bondad y misericordia paternal y divina, sin ningún mérito ni valor de mi parte?
A. Dios no tenía que crear el mundo. Lo creó gratuitamente, por amor.

434   **Salmo 136:4–9** El Señor hace grandes maravillas. ¡Su misericordia permanece para siempre! El Señor creó los cielos con sabiduría. ¡Su misericordia permanece para siempre! El Señor extendió la tierra sobre las aguas. ¡Su misericordia permanece para siempre! El Señor formó las grandes lumbreras. ¡Su misericordia permanece para siempre! El Señor hizo el sol para dominar en el día. ¡Su misericordia permanece para siempre! Y la luna y las estrellas para dominar en la noche. ¡Su misericordia permanece para siempre!

B. Dios nos creó a cada uno de nosotros y nos sostiene misericordiosamente a pesar de nuestro pecado.

435   **Hechos 14:16–17** En el pasado, Dios permitió que la gente anduviera por sus propios caminos, aunque no dejó de manifestar su poder al enviarnos toda clase de bienes,

pues del cielo nos viene la lluvia, que hace fructificar la tierra para nuestro sustento y alegría.

C. La vida en este mundo sigue siendo un don bueno, aun cuando sintamos que la vida es más una maldición que un regalo, más una carga que un deleite, más tristeza que alegría.

436 **Habacuc 3:17–19** Aunque todavía no florece la higuera, ni hay uvas en los viñedos, ni hay tampoco aceitunas en los olivos, ni los campos han rendido sus cosechas; aunque no hay ovejas en los rediles ni vacas en los corrales, yo me alegro por ti, Señor; ¡me regocijo en ti, Dios de mi salvación! Tú, Señor eres mi Dios y fortaleza. Tú, Señor, me das pies ligeros, como de cierva, y me haces andar en mis alturas.

437 **Filipenses 4:11–13** No lo digo porque tenga escasez, pues he aprendido a estar contento en cualquier situación. Sé vivir con limitaciones, y también sé tener abundancia; en todo y por todo estoy enseñado, tanto para estar satisfecho como para tener hambre, lo mismo para tener abundancia que para sufrir necesidad; ¡todo lo puedo en Cristo que me fortalece!

Lee **Jonás 2**; **Jeremías 20:18**; **31:3, 31–33**; y **Salmo 13:6**.

D. La creación y la redención están estrechamente vinculadas. Es por la bondad y misericordia de Dios que fuimos creados, y es por la bondad y misericordia de Dios que somos hechos nuevos otra vez en Cristo.

438 **Salmo 136:1, 5, 11, 24–25** ¡Alabemos al Señor…! El Señor creó los cielos con sabiduría. ¡Su misericordia permanece para siempre!... El Señor sacó de Egipto a los israelitas. ¡Su misericordia permanece para siempre!... El Señor nos libra de nuestros enemigos. ¡Su misericordia permanece para siempre! El Señor alimenta a todos los seres vivos. ¡Su misericordia permanece para siempre!

439 **Isaías 43:1** Así dice ahora el Señor, quien te creó y te formó: "No temas, Jacob, porque yo te redimí; yo te di tu nombre, Israel, y tú me perteneces."

Lee **Salmo 103** y **Jeremías 31:9–12**.

142. ¿Por qué decimos que es nuestro deber agradecer y alabar, servir y obedecer?

Es correcto y apropiado que las criaturas respondan a los regalos de su Creador con palabras (agradecer y alabar) y obras (servir y obedecer).

440 **Lucas 17:10** Así también ustedes, cuando hayan hecho todo lo que se les ha ordenado, digan: Somos siervos inútiles, no hemos hecho más que cumplir con nuestro deber.

441 **Deuteronomio 13:4** Ustedes deben ir en pos del Señor su Dios, y temerlo sólo a él. Deben cumplir sus mandamientos y atender su voz. Sólo a él deben servir; sólo a él deben seguir.

442 **Josué 24:15** Por mi parte, mi casa y yo serviremos al Señor.

Lee **Salmo 71**, observando que, a pesar de los muchos problemas, el salmista canta alabanzas.

143. ¿Cómo le agradezco a Dios y lo alabo?

A. Le agradezco a Dios expresándole mi gratitud por todo lo que ha hecho por mí.

443 **Salmo 118:1** ¡Alabemos al Señor, porque él es bueno; porque su misericordia permanece para siempre!

444 **1 Timoteo 4:4-5** Porque todo lo que Dios creó es bueno, y nada es desechable, si se toma con acción de gracias, pues por la palabra de Dios y por la oración es santificado.

445 **1 Tesalonicenses 5:16-18** Estén siempre gozosos. Oren sin cesar. Den gracias a Dios en todo, porque ésta es su voluntad para ustedes en Cristo Jesús.

B. Alabo a Dios cuando proclamo y alabo sus obras.

446 **Salmo 40:5** Tú, Señor mi Dios, has pensado en nosotros, y has realizado grandes maravillas; no es posible hablar de todas ellas. Quisiera contarlas, hablar de cada una, pero su número es incontable.

Lee **Salmo 136** y **145**.

C. Le agradezco a Dios y lo alabo cuando lo adoro junto con mis hermanos creyentes y durante mi rutina diaria (ver Oraciones Diarias).

447   **Salmo 95:1-3** ¡Vengan y con alegría aclamemos al Señor! ¡Cantemos con júbilo a la roca de nuestra salvación! ¡Lleguemos ante su presencia con alabanza! ¡Aclamémosle con cánticos! ¡Grande es el Señor, nuestro Dios! ¡Gran Rey es él sobre todos los dioses!

448   **Daniel 6:10** Y cuando Daniel supo que el edicto había sido firmado, entró en su casa, abrió las ventanas de su alcoba que daban hacia Jerusalén, y tres veces al día se arrodillaba y oraba a su Dios, dándole gracias como acostumbraba hacerlo.

449   **Filipenses 4:6** No se preocupen por nada. Que sus peticiones sean conocidas delante de Dios en toda oración y ruego, con acción de gracias,

144. ¿Cómo le sirvo y le obedezco a Dios?

Le sirvo y le obedezco a Dios cuando uso todos esos dones dentro de mis diversos caminos de vida (vocaciones) para mi bienestar, el de mi prójimo y el de toda la creación. Dios me pone en una red de relaciones con las personas que me rodean, a quienes estoy llamado a servir. Dios me da la libertad de desarrollar mis vocaciones de acuerdo con las habilidades y las aptitudes que me ha dado (ver los Diez Mandamientos y la Tabla de Deberes).

Relaciones y aplicaciones

145. ¿Qué debemos pensar de nuestro llamado como criaturas humanas dentro del resto de la creación de Dios?

Dios cuida de su creación y nos ha llamado para que la cuidemos como mayordomos.

450   **Génesis 1:28** Y los bendijo Dios con estas palabras: "¡Reprodúzcanse, multiplíquense, y llenen la tierra! ¡Domínenla! ¡Sean los señores de los peces del mar, de las

aves de los cielos, y de todos los seres que reptan sobre la tierra!"

451 **Génesis 2:15** Dios el Señor tomó al hombre y lo puso en el huerto de Edén, para que lo cultivara y lo cuidara.

452 **Salmo 8:5–6** Hiciste al hombre poco menor que un dios, y lo colmaste de gloria y de honra. ¡Lo has hecho señor de las obras de tus manos! ¡todo lo has puesto debajo de sus pies!

Ver **Salmo 24:1–2** y **115:16**.

146. ¿Qué significa ser mayordomo?

Somos siervos de Dios que deben hacer su voluntad, cuidando de su creación porque él nos la confía.

453 **Salmo 24:1–2** ¡Del Señor son la tierra y su plenitud! ¡Del Señor es el mundo y sus habitantes! ¡El Señor afirmó la tierra sobre los mares! ¡El Señor la estableció sobre los ríos!

454 **Lucas 12:48** Pero el que se hace acreedor a recibir azotes sin conocer la voluntad de su señor, será azotado poco. Porque al que se le da mucho, también se le exigirá mucho; y al que se le confía mucho, se le pedirá más todavía.

Lee **Mateo 5:13–16**.

147. ¿Cuáles son algunas de nuestras responsabilidades de mayordomía?

A. Debemos cuidar de nuestro cuerpo.

455 **1 Corintios 6:19–20** ¿Acaso ignoran que el cuerpo de ustedes es templo del Espíritu Santo, que está en ustedes, y que recibieron de parte de Dios, y que ustedes no son dueños de sí mismos? Porque ustedes han sido comprados; el precio de ustedes ya ha sido pagado. Por lo tanto, den gloria a Dios en su cuerpo.

B. Debemos cuidar de nuestras posesiones y finanzas.

456   **Proverbios 10:4–5** Las manos negligentes llevan a la pobreza; las manos diligentes conducen a la riqueza. Cosechar en el verano es pensar con sensatez; dormirse en la cosecha es no tener vergüenza.

Ver **Efesios 4:28; Hebreos 13:16**; y **1 Timoteo 6:17–19**.

C. Debemos cuidar de nuestro prójimo, tanto de sus necesidades físicas como de su necesidad de conocer el amor de Dios y todo lo que él ha hecho por él en Cristo Jesús, nuestro Señor.

457   **Mateo 5:16** De la misma manera, que la luz de ustedes alumbre delante de todos, para que todos vean sus buenas obras y glorifiquen a su Padre, que está en los cielos.

458   **1 Pedro 4:10–11** Ponga cada uno al servicio de los demás el don que haya recibido, y sea un buen administrador de la gracia de Dios en sus diferentes manifestaciones. Cuando hable alguno, hágalo ciñéndose a las palabras de Dios; cuando alguno sirva, hágalo según el poder que Dios le haya dado, para que Dios sea glorificado en todo por medio de Jesucristo, de quien son la gloria y el poder por los siglos de los siglos. Amén.

Lee **2 Corintios 9:6–11**.

D. Debemos cuidar de la iglesia, los empleados de la iglesia y la propiedad de la iglesia.

459   **1 Crónicas 29:12–13, 16** De ti proceden las riquezas y la gloria. Tú dominas sobre todo. En tu mano están la fuerza y el poder, y en tu mano también está el engrandecer y el dar poder a todos. Por eso ahora, Dios nuestro, alabamos y loamos tu glorioso nombre… Señor y Dios nuestro, toda esta abundancia que hemos preparado para edificar casa a tu santo nombre, procede de tu mano, y es todo tuyo.

460   **1 Timoteo 5:17–18** Los ancianos que gobiernan bien deben considerarse dignos de doble honor, mayormente los que se dedican a predicar y enseñar. Pues la Escritura dice: "No pondrás bozal al buey que trilla", y: "Digno es el obrero de su salario."

Lee **Malaquías 3:8; Juan 12:3–8**; y **Filipenses 4:14–20**.

E. Debemos cuidar del resto de la creación de Dios: la tierra, su abundancia y toda la vida.

461 **Génesis 2:15** Dios el Señor tomó al hombre y lo puso en el huerto de Edén, para que lo cultivara y lo cuidara.

462 **Proverbios 12:10** El justo sabe cuando su bestia tiene hambre.

Lee **Génesis 6:19–22; Levítico 25:4–7; Éxodo 23:5–6;** y **Deuteronomio 11:13–14; 22:6–7.**

Salmo 107

Oración – Padre celestial, por tu divina bondad y misericordia paternal, tú me has creado y me has dotado con todo lo que tengo en este cuerpo y en esta vida, y continúas defendiéndome contra todo peligro, y guardándome y protegiéndome de todo mal. Recibe ahora mi gratitud y alabanza por todos tus dones y dale forma a mi vida para que te sirva y te obedezca en los llamados que me has hecho. Por Jesucristo, mi Señor. Amén.

El Segundo Artículo (Parte 1)

Y [creo] en Jesucristo, su único Hijo, nuestro Señor; que fue concebido por obra del Espíritu Santo, nació de la virgen María; padeció bajo el poder de Poncio Pilatos, fue crucificado, muerto y sepultado; descendió a los infiernos; al tercer día resucitó de entre los muertos; subió a los cielos y está sentado a la diestra de Dios Padre todopoderoso; y desde allí ha de venir a juzgar a los vivos y a los muertos.

¿Qué significa esto?

Creo que Jesucristo, verdadero Dios engendrado del Padre en la eternidad, y también verdadero hombre nacido de la virgen María, es mi Señor,

que me ha redimido a mí, hombre perdido y condenado, y me ha rescatado y conquistado de todos los pecados, de la muerte y del poder del diablo, no con oro o plata, sino con su santa y preciosa sangre y con su inocente pasión y muerte;

y todo esto lo hizo para que yo sea suyo y viva bajo él en su reino, y le sirva en justicia, inocencia y bienaventuranza eternas, así como él resucitó de la muerte y vive y reina eternamente.

Esto es con toda certeza la verdad.

La idea central

Una vez Jesús preguntó: "¿Quién dice la gente que soy"? Recibió muchas respuestas diferentes.

¿Qué piensan las personas de Jesús hoy en día? ¿Quién o qué dicen que es Jesús?

Lee **Juan 20:24–29**. Observa lo que concluye Tomás con respecto a Jesús.

✠ *Como cristianos, confesamos: Este hombre Jesús es Dios y Señor; él es mi Creador y mi Redentor.*

¿Cómo puedo reconocer con mis palabras y acciones que Jesús es mi Señor?

Una lectura más cercana del Catecismo Menor

148. ¿Qué significa confesar que Jesús es el Señor?

Significa reconocer que él gobierna por encima de todo como nuestro Creador y Redentor y que Jesús es el mismo Señor Dios (Yahvé) en nuestra carne humana.

463   **Romanos 10:9–10** "Si confiesas con tu boca que Jesús es el Señor, y crees en tu corazón que Dios lo levantó de los muertos, serás salvo." Porque con el corazón se cree para alcanzar la justicia, pero con la boca se confiesa para alcanzar la salvación.

464   **Colosenses 1:16–20** En él [Jesús] fue creado todo lo que hay en los cielos y en la tierra, todo lo visible y lo invisible; tronos, poderes, principados, o autoridades, todo fue creado por medio de él y para él. Él existía antes de todas las cosas, y por él se mantiene todo en orden. Él es la cabeza del cuerpo, que es la iglesia. Él es el principio, el primogénito de entre los muertos, para tener la preeminencia en todo, porque al Padre le agradó que en él habitara toda plenitud, y por medio de él reconciliar consigo todas las cosas, tanto las que están en la tierra como las que están en los cielos, haciendo la paz mediante la sangre de su cruz.

Lee **Juan 4:42**; **20:20–24**; y **Hechos 4:12**. Ver también **Romanos 10:13**; aquí, Pablo confiesa que Jesús es Yahvé citando **Joel 2:32**: Y todo aquel que invoque el nombre del Señor [Yahvé] será salvo. Ver la Pregunta 42 para más información sobre "Yahvé" como nombre de Dios.

149. ¿Por qué confieso que Jesucristo es mi Señor?

"[Dios] nos ha puesto bajo su tutela y amparo, como cosa suya, para gobernarnos con su justicia, su sabiduría, su potestad, su vida y su bienaventuranza" (ver CMa II 30).

465   **Juan 3:36** El que cree en el Hijo tiene vida eterna, pero el que se niega a creer en el Hijo no verá la vida, sino que la ira de Dios recae sobre él.

466 **Juan 17:3–5** Y ésta es la vida eterna: que te conozcan a ti, el único Dios verdadero, y a Jesucristo, a quien has enviado. Yo te he glorificado en la tierra; he acabado la obra que me diste que hiciera. Ahora pues, Padre, glorifícame tú al lado tuyo, con aquella gloria que tuve contigo antes de que el mundo existiera.

467 **2 Timoteo 1:12** Pero no me avergüenzo, porque yo sé a quién he creído, y estoy seguro de que él es poderoso para guardar mi depósito para aquel día.

150. ¿Quién es ese Jesús al que confieso como mi Señor?

Es el Hijo eterno de Dios, que ingresó a la historia humana, nació como hombre con cuerpo y alma, en cumplimiento de las promesas de Dios del Antiguo Testamento. Por lo tanto, es tanto Creador como criatura, Dios y hombre, en una sola persona.

468 **Gálatas 4:4–5** Pero cuando se cumplió el tiempo señalado, Dios envió a su Hijo, que nació de una mujer y sujeto a la ley, para que redimiera a los que estaban sujetos a la ley, a fin de que recibiéramos la adopción de hijos.

151. ¿Qué significa confesar que Jesús es verdadero Dios?

El Hijo es Dios exactamente en el mismo sentido que el Padre es Dios; es decir, él existió desde antes de todos los siglos y, junto con el Padre y el Espíritu, creó todo el universo y todo lo que hay en él.

469 **Juan 1:3** Por ella [la Palabra] fueron hechas todas las cosas. Sin ella nada fue hecho de lo que ha sido hecho.

470 **1 Corintios 8:6** Para nosotros hay un solo Dios, el Padre, de quien proceden todas las cosas, y a quien nosotros pertenecemos; y un solo Señor, Jesucristo, por medio de quien existen todas las cosas, incluso nosotros mismos.

471 **Colosenses 1:16–17** En él fue creado todo lo que hay en los cielos y en la tierra, todo lo visible y lo invisible; tronos, poderes, principados, o autoridades, todo fue creado por medio de él y para él. Él existía antes de todas las cosas, y por él se mantiene todo en orden.

El Credo Niceno dice del Señor Jesús: por quien todas las cosas fueron hechas.

152. ¿Qué significa confesar que Jesús fue "engendrado por el Padre antes de todos los siglos?

El Hijo no tiene comienzo. Él recibe la vida del Padre desde la eternidad. Por eso, en el Credo Niceno, confesamos a Jesús como "engendrado y no hecho".

472   **Juan 1:1–2, 14** En el principio ya existía la Palabra. La Palabra estaba con Dios, y Dios mismo era la Palabra. La Palabra estaba en el principio con Dios... Y la Palabra se hizo carne, y habitó entre nosotros, y vimos su gloria (la gloria que corresponde al unigénito del Padre), llena de gracia y de verdad.

473   **Hebreos 1:3** Él es el resplandor de la gloria de Dios. Es la imagen misma de lo que Dios es. Él es quien sustenta todas las cosas con la palabra de su poder. Después de llevar a cabo la purificación de nuestros pecados por medio de sí mismo, se sentó a la derecha de la Majestad, en las alturas.

El Credo Niceno también dice del Señor Jesucristo: "el Hijo unigénito de Dios, engendrado del Padre antes de todos los siglos, Dios de Dios, Luz de Luz, verdadero Dios de verdadero Dios, engendrado y no hecho, consustancial al Padre." Eso hace énfasis en su carácter único como la Segunda Persona de la Trinidad.

153. ¿Qué significa confesar que Jesús es verdadero hombre?

Jesús es humano exactamente en el mismo sentido que nosotros somos humanos, pero sin pecado.

474   **Hebreos 4:15** Porque no tenemos un sumo sacerdote que no pueda compadecerse de nuestras debilidades, sino uno que fue tentado en todo de la misma manera que nosotros, aunque sin pecado.

475   **1 Timoteo 2:5–6** Porque hay un solo Dios, y un solo mediador entre Dios y los hombres, que es Jesucristo

hombre, el cual se dio a sí mismo en rescate por todos, de lo cual se dio testimonio a su debido tiempo.

Nota: Debido a que Dios creó al primer hombre (Adán) sin pecado, el carácter no pecaminoso de Jesús no disminuye su total humanidad.

154. ¿Qué significa confesar que Jesús fue concebido por el Espíritu Santo?

Jesús fue concebido en el vientre de María por la voluntad y acción de Dios, al margen de un padre humano.

476   **Lucas 1:30–35** El ángel le dijo: "María, no temas. Dios te ha concedido su gracia. Vas a quedar encinta, y darás a luz un hijo, y le pondrás por nombre JESÚS. Éste será un gran hombre, y lo llamarán Hijo del Altísimo. Dios, el Señor, le dará el trono de David, su padre, y reinará sobre la casa de Jacob para siempre, y su reino no tendrá fin." Pero María le dijo al ángel: "¿Y esto cómo va a suceder? ¡Nunca he estado con un hombre!" El ángel le respondió: "El Espíritu Santo vendrá sobre ti, y el poder del Altísimo te cubrirá con su sombra. Por eso el Santo Ser que nacerá será llamado Hijo de Dios."
Lee **Mateo 1:18–25**.

Relaciones y aplicaciones

155. ¿Cómo llamamos el acontecimiento por medio del cual el Hijo de Dios se convirtió en hombre?

Lo llamamos "encarnación": el gran misterio de que el verdadero Hijo de Dios, que creó el universo, entró a su creación y se volvió parte de ella convirtiéndose en hombre.

477   **Juan 1:14** Y la Palabra se hizo carne, y habitó entre nosotros, y vimos su gloria (la gloria que corresponde al unigénito del Padre), llena de gracia y de verdad.

478   **Colosenses 2:9** Porque en él habita corporalmente toda la plenitud de la Deidad,

479 **1 Timoteo 3:16** Indiscutiblemente, el misterio de la piedad es grande: Dios fue manifestado en carne, Justificado en el Espíritu, Visto de los ángeles, Predicado a las naciones, Creído en el mundo, Recibido arriba en gloria.

156. ¿Cómo sucedió la encarnación?

El Espíritu Santo creó de la virgen María un cuerpo y un alma verdaderamente humanos para el Hijo de Dios.

480 **Lucas 1:35** El ángel le respondió: "El Espíritu Santo vendrá sobre ti, y el poder del Altísimo te cubrirá con su sombra. Por eso el Santo Ser que nacerá será llamado Hijo de Dios."

481 **Mateo 1:20** Mientras José reflexionaba al respecto, un ángel del Señor se le apareció en sueños y le dijo: "José, hijo de David, no temas recibir a María, tu mujer, porque su hijo ha sido concebido por el Espíritu Santo."

482 **Isaías 7:14** Pues ahora el Señor mismo les dará una señal: La joven concebirá, y dará a luz un hijo, y le pondrá por nombre Emanuel.

Nota: El Credo de Atanasio (o Atanasiano) (*Libro de Concordia*, pp 19–21) habla de la encarnación: Es Dios y hombre; Dios de la substancia del Padre, engendrado antes de los siglos; y hombre de la substancia de su madre, nacido en el tiempo... Quien, aunque es Dios y hombre, sin embargo no son dos, sino un solo Cristo... no por la conversión de la divinidad en carne, sino por la asunción de la humanidad en Dios.

157. ¿Qué podemos decir sobre Jesús como resultado de la encarnación?

El Hijo de Dios (el Creador del universo) se ha convertido en nuestro hermano en Jesucristo.

483 **Hebreos 2:11** Porque el mismo origen tienen el que santifica y los que son santificados. Por eso no se avergüenza de llamarlos hermanos.

158. ¿Qué significa para nosotros, criaturas humanas, que el Hijo de Dios se haya convertido en nuestro hermano?

Significa que Dios se ha convertido en hombre y comparte nuestra humanidad en todo, menos en el pecado.

A. Jesús tiene ascendencia humana.

484   **Romanos 1:3** Les escribo acerca de su Hijo, nuestro Señor Jesucristo, que conforme a los hombres descendía de David,

485   **1 Timoteo 2:5** Porque hay un solo Dios, y un solo mediador entre Dios y los hombres, que es Jesucristo hombre,

Lee la genealogía de Cristo en **Mateo 1:1–17** y **Lucas 3:23–38**.

B. Jesús tiene cuerpo y alma humanos.

486   **Lucas 24:39** ¡Miren mis manos y mis pies! ¡Soy yo! Tóquenme y véanme: un espíritu no tiene carne ni huesos, como pueden ver que los tengo yo.

487   **Mateo 26:38** Entonces les dijo: "Quédense aquí, y velen conmigo, porque siento en el alma una tristeza de muerte."

C. Jesús tiene sexo humano (es hombre).

488   **Mateo 1:22–23** Todo esto sucedió para que se cumpliera lo que el Señor dijo por medio del profeta: "Una virgen concebirá y dará a luz un hijo, y le pondrás por nombre Emanuel, que significa: Dios está con nosotros."

489   **Lucas 2:21** Cuando se cumplieron los ocho días para que el niño fuera circuncidado, le pusieron por nombre JESÚS, que era el nombre que el ángel le había puesto antes de que fuera concebido.

D. Jesús tiene necesidades y sentimientos humanos.

490   **Mateo 4:2** Después de haber ayunado cuarenta días y cuarenta noches, tuvo hambre.

491   **Juan 11:35** Y Jesús lloró.

492   **Juan 19:28** Después de esto, y como Jesús sabía que ya todo estaba consumado, dijo "Tengo sed", para que la Escritura se cumpliera.

493   **Hebreos 4:14–16** Por lo tanto, y ya que en Jesús, el Hijo de Dios, tenemos un gran sumo sacerdote que traspasó los cielos, retengamos nuestra profesión de fe. Porque no tenemos un sumo sacerdote que no pueda compadecerse de nuestras debilidades, sino uno que fue tentado en todo de la misma manera que nosotros, aunque sin pecado. Por tanto, acerquémonos confiadamente al trono de la gracia, para alcanzar misericordia y hallar gracia para cuando necesitemos ayuda.

Lee sobre cómo Jesús nació (**Lucas 2**), dormía (**Marcos 4:38**), sufrió y murió (**Mateo 26–27**).

159. ¿Por qué es tan importante para nosotros como pecadores que el Hijo de Dios se haya convertido en nuestro hermano?

Como hermano nuestro,

A. Jesús cumplió nuestra obligación de cumplir con la ley (su obediencia activa);

494   **Romanos 5:19** Porque así como por la desobediencia de un solo hombre [Adán] muchos fueron constituidos pecadores, así también por la obediencia de uno solo muchos serán constituidos justos.

495   **Gálatas 4:4–5** Pero cuando se cumplió el tiempo señalado, Dios envió a su Hijo, que nació de una mujer y sujeto a la ley, para que redimiera a los que estaban sujetos a la ley, a fin de que recibiéramos la adopción de hijos.

B. Jesús sufrió y murió para pagar el castigo por nuestros pecados (su obediencia pasiva);

496   **Marcos 10:45** Porque ni siquiera el Hijo del Hombre vino para ser servido, sino para servir y para dar su vida en rescate por muchos.

497 **Gálatas 3:13** Cristo nos redimió de la maldición de la ley, y por nosotros se hizo maldición (porque está escrito: "Maldito todo el que es colgado en un madero").

498 **1 Pedro 1:18–19** Ustedes saben que fueron rescatados de una vida sin sentido, la cual heredaron de sus padres; y que ese rescate no se pagó con cosas corruptibles, como el oro y la plata, sino con la sangre preciosa de Cristo, sin mancha y sin contaminación, como la de un cordero.

499 **Hebreos 2:14** Así como los hijos eran de carne y hueso, también él era de carne y hueso, para que por medio de la muerte destruyera al que tenía el dominio sobre la muerte, es decir, al diablo.

Lee **Romanos 3:22–24** y **Colosenses 1:22**.

C. Jesús venció la muerte para que nosotros también pudiéramos resucitar de la muerte.

500 **1 Corintios 15:57** ¡Pero gracias sean dadas a Dios, de que nos da la victoria por medio de nuestro Señor Jesucristo!

501 **2 Timoteo 1:10** Nuestro Salvador Jesucristo, quien quitó la muerte y sacó a la luz la vida y la inmortalidad por medio del evangelio.

502 **1 Corintios 15:20** Pero el hecho es que Cristo ha resucitado de entre los muertos, como primicias de los que murieron.

160. ¿Por qué es tan importante para nosotros que el hombre Jesús, nuestro hermano, sea también el Hijo del Dios que creó el universo?

Debido a que Jesús, nuestro hermano, es el verdadero Hijo de Dios,

A. Él nos revela a Dios, porque no hay ningún otro Dios aparte de este Dios que asumió nuestra carne;

503 **Juan 14:9** Jesús le dijo: Hace ya tanto tiempo que estoy con ustedes, ¿y tú, Felipe, no me has conocido? El que me ha visto a mí, ha visto al Padre; ¿cómo entonces dices: Muéstranos al Padre?

B. Él ha provisto suficiente rescate y expiación por los pecados del mundo con su muerte en la cruz;

504   **Marcos 10:45** Porque ni siquiera el Hijo del Hombre vino para ser servido, sino para servir y para dar su vida en rescate por muchos.

505   **1 Pedro 1:18-19** Ustedes saben que fueron rescatados de una vida sin sentido, la cual heredaron de sus padres; y que ese rescate no se pagó con cosas corruptibles, como el oro y la plata, sino con la sangre preciosa de Cristo, sin mancha y sin contaminación, como la de un cordero.

C. Él siempre está con nosotros;

506   **Mateo 28:20** Y yo estaré con ustedes todos los días, hasta el fin del mundo.

Lee sobre la pesca milagrosa (**Lucas 5:4-6**); Jesús conoce el carácter de Natanael (**Juan 1:48**); y Jesús y la samaritana (**Juan 4:17-26**). Lee también **Mateo 21:1-7; 26:20-25; y Lucas 18:31-33; 22:8-13.**

D. Él intercede por nosotros ante el Padre;

507   **1 Timoteo 2:5-6** Porque hay un solo Dios, y un solo mediador entre Dios y los hombres, que es Jesucristo hombre, el cual se dio a sí mismo en rescate por todos, de lo cual se dio testimonio a su debido tiempo.

508   **1 Juan 2:1** Hijitos míos, les escribo estas cosas para que no pequen. Si alguno ha pecado, tenemos un abogado ante el Padre, a Jesucristo el justo.

E. Él gobierna sobre la creación y la iglesia;

509   **Mateo 28:18** Jesús se acercó y les dijo: "Toda autoridad me ha sido dada en el cielo y en la tierra."

510   **Efesios 4:10** El que descendió es el mismo que también ascendió por encima de todos los cielos, para llenarlo todo.

Lee sobre la tentación de Jesús (**Mateo 4:1-11**); las bodas de Caná (**Juan 2:1-11**); Jesús calma la tempestad (**Lucas 8:22-25**); Jesús sana a un paralítico (**Mateo 9:1-8**); Jesús resucita a Lázaro (**Juan 11:38-44**); la resurrección de Jesús de la muerte (**Mateo 28:6-7**); y la forma cómo todo está sujeto a él (**Hebreos 2:8-9**).

F. Él tiene la autoridad de juzgar y perdonar;

511   **Juan 5:27** Y también le dio autoridad de hacer juicio, por cuanto es el Hijo del Hombre.

512   **Mateo 9:6** Pues para que ustedes sepan que el Hijo del Hombre tiene autoridad en la tierra para perdonar pecados, entonces éste le dice al paralítico: Levántate, toma tu camilla, y vete a tu casa.

513   **Hechos 17:31** Porque él ha establecido un día en que, por medio de aquel varón que escogió y que resucitó de los muertos, juzgará al mundo con justicia.

G. Él es digno de honor divino y gloria;

514   **Juan 20:28** Entonces Tomás respondió y le dijo: "¡Señor mío, y Dios mío!"

515   **Juan 5:21-23** Porque, así como el Padre levanta a los muertos, y les da vida, así también el Hijo da vida a los que él quiere. Pues el Padre no juzga a nadie, sino que todo el juicio se lo ha dado al Hijo, para que todos honren al Hijo tal y como honran al Padre. El que no honra al Hijo, no honra al Padre que lo envió.

516   **Filipenses 2:9-11** Por lo cual Dios también lo exaltó hasta lo sumo, y le dio un nombre que es sobre todo nombre, para que en el nombre de Jesús se doble toda rodilla de los que están en los cielos, y en la tierra, y debajo de la tierra; y toda lengua confiese que Jesucristo es el Señor, para gloria de Dios el Padre.

Lee **Hebreos 1:6**; **Apocalipsis 5:12-13**; **Romanos 9:5**; y **1 Juan 5:20**.

H. Él nos ama con amor eterno.

517   **Juan 17:25-26** Padre justo, el mundo no te ha conocido, pero yo te he conocido, y éstos han reconocido que tú me enviaste. Y les he dado a conocer tu nombre, y aún lo daré

a conocer, para que el amor con que me has amado esté en ellos, y yo en ellos.

161. ¿Qué dos naturalezas están unidas en la sola persona de Jesucristo?

La naturaleza divina y la naturaleza humana están unidas en Jesús.

Esa unión personal comenzó cuando él se volvió hombre (encarnación) y continúa siempre.

518 **Juan 1:14** Y la Palabra se hizo carne, y habitó entre nosotros, y vimos su gloria (la gloria que corresponde al unigénito del Padre), llena de gracia y de verdad.

519 **1 Timoteo 3:16** Indiscutiblemente, el misterio de la piedad es grande: Dios fue manifestado en carne.

520 **Colosenses 2:9** Porque en él [Cristo] habita corporalmente toda la plenitud de la Deidad.

Lee **Isaías 9:6; Mateo 28:18, 20; Hechos 3:15; 20:28**; y 1 **Juan 1:7**.

"No fue un mero hombre el que por nosotros padeció, murió, fue sepultado, descendió a los infiernos, resucitó de entre los muertos, subió a los cielos y fue elevado a la majestad y al poder del Dios omnipotente, sino un hombre cuya naturaleza humana tiene con el Hijo de Dios una unión y comunión tan profunda e inefable que se ha hecho una sola persona en él" (FC Ep VIII 13).

Salmo 2

Oración – Señor Jesucristo, engendrado del Padre desde la eternidad, y también verdadero hombre, nacido de la virgen María: Te doy gracias porque te has convertido en mi hermano. Dame la confianza y valentía para que te confiese como mi Señor y que así viva y muera dentro de tu cuidado amoroso; porque tú vives y reinas con el Padre y el Espíritu Santo, un solo Dios, ahora y siempre. Amén.

El Segundo Artículo (Parte 2)

Y [creo] en Jesucristo, su único Hijo, nuestro Señor; que fue concebido por obra del Espíritu Santo, nació de la virgen María; padeció bajo el poder de Poncio Pilatos, fue crucificado, muerto y sepultado; descendió a los infiernos; al tercer día resucitó de entre los muertos; subió a los cielos y está sentado a la diestra de Dios Padre todopoderoso; y desde allí ha de venir a juzgar a los vivos y a los muertos.

¿Qué significa esto?

Creo que Jesucristo, verdadero Dios engendrado del Padre en la eternidad, y también verdadero hombre nacido de la virgen María, es mi Señor,

que me ha redimido a mí, hombre perdido y condenado, y me ha rescatado y conquistado de todos los pecados, de la muerte y del poder del diablo, no con oro o plata, sino con su santa y preciosa sangre y con su inocente pasión y muerte;

y todo esto lo hizo para que yo sea suyo y viva bajo él en su reino, y le sirva en justicia, inocencia y bienaventuranza eternas, así como él resucitó de la muerte y vive y reina eternamente.

Esto es con toda certeza la verdad.

La idea central

La historia humana se ha caracterizado constantemente por el egoísmo, el odio y la violencia, que son resultado de no temer ni amar a Dios ni confiar en él por sobre todas las cosas.

A pesar de los avances científicos y tecnológicos, ¿por qué no hemos superado esos arraigados problemas que atormentan a nuestra raza humana?

Lee **Lucas 23:32–56**. Considera cómo Jesús sufrió y murió voluntariamente por nosotros para vencer esos males arraigados.

✠ *Como cristianos, confesamos que Jesús se convirtió en nuestro Señor al morir en la cruz para rescatarnos de la cautividad del pecado, la muerte, y el diablo.*

¿Qué dice sobre Jesús el hecho de que dio su vida voluntariamente por mí? ¿Qué dice eso sobre mí?

Una lectura más cercana del Catecismo Menor

162. ¿Qué estamos diciendo cuando confesamos que Jesús nos redimió?

Reconocemos que Jesús nos ha rescatado y nos ha reconquistado de los poderes que nosotros no podemos vencer.

521 **Colosenses 1:13–14** Y que también nos ha librado del poder de la oscuridad y nos ha trasladado al reino de su amado Hijo, en quien tenemos redención por su sangre, el perdón de los pecados.

522 **Tito 2:14** [Jesús] se dio a sí mismo por nosotros para redimirnos de toda iniquidad y purificar para sí un pueblo propio, celoso de buenas obras.

523 **Hebreos 2:14–15** Así como los hijos eran de carne y hueso, también él era de carne y hueso, para que por medio de la muerte destruyera al que tenía el dominio sobre la muerte, es decir, al diablo, y de esa manera librara a todos los que, por temor a la muerte, toda su vida habían estado sometidos a esclavitud.

524 **1 Juan 3:8** El que practica el pecado es del diablo, porque el diablo peca desde el principio. Para esto se ha manifestado el Hijo de Dios: para deshacer las obras del diablo.

Lee **1 Pedro 1:18–21**.

163. ¿Por qué necesitábamos ser redimidos (rescatados)? ¿Cuál era nuestra situación?

A. Toda la raza humana vivía bajo la tiranía del pecado, la muerte y el diablo.

525 **Juan 8:34–36** Jesús les respondió: "De cierto, de cierto les digo, que todo aquel que comete pecado, esclavo es del pecado. Y el esclavo no se queda en la casa para siempre; el hijo sí se queda para siempre. Así que, si el Hijo los liberta, serán verdaderamente libres."

526   **Salmo 51:5** ¡Mírame! ¡Yo fui formado en la maldad! ¡Mi
        madre me concibió en pecado!

527   **1 Juan 5:19** El mundo entero está bajo el maligno.

528   **Gálatas 4:8** Ciertamente, en otro tiempo, cuando ustedes
        no conocían a Dios, servían a los que por naturaleza no
        son dioses.

B. Toda la raza humana estaba bajo el juicio de Dios.

529   **Efesios 2:1** Aún estaban muertos en sus delitos y pecados.

530   **Romanos 1:18** La ira de Dios se revela desde el cielo
        contra toda impiedad y maldad de quienes injustamente
        retienen la verdad.

531   **Efesios 2:3** Seguíamos los deseos de nuestra naturaleza
        humana y hacíamos lo que nuestra naturaleza y nuestros
        pensamientos nos llevaban a hacer. Éramos por natura-
        leza objetos de ira, como los demás.

        Lee **Génesis 3:1–4:12; 6:5–12; Juan 8**; y **Romanos 3:9–18**.

164. ¿Cómo llegamos a estar perdidos y condenados?

El diablo condujo a Adán y Eva a la rebelión, tentándolos para
que dudaran y desearan volverse como Dios. Todos hemos heredado el deseo de ellos de pecar y volvernos como Dios. Todos
hemos heredado el deseo de ellos de pecar, con el consiguiente
castigo.

532   **Romanos 5:12** Por tanto, como el pecado entró en el
        mundo por un solo hombre, y por medio del pecado
        entró la muerte, así la muerte pasó a todos los hombres,
        por cuanto todos pecaron.

        Lee **Génesis 3**. Observa cómo la duda sobre la palabra de
        Dios lleva a la negación de esta última, lo cual lleva a la incre-
        dulidad, que lleva a la desobediencia, que da como resultado la
        muerte.

165. ¿Por qué Dios envió a su Hijo para rescatarnos?

Como nuestro amoroso Creador, él tuvo compasión de
nosotros.

533   **Génesis 3:15** Yo pondré enemistad entre la mujer y tú, y
       entre su descendencia y tu descendencia; ella te herirá en
       la cabeza, y tú le herirás en el talón.

534   **Efesios 2:8-9** Ciertamente la gracia de Dios los ha
       salvado por medio de la fe. Ésta no nació de ustedes, sino
       que es un don de Dios; ni es resultado de las obras, para
       que nadie se vanaglorie.

535   **1 Juan 4:10** En esto consiste el amor: no en que nosotros
       hayamos amado a Dios, sino en que él nos amó a nosotros, y
       envió a su Hijo en propiciación por nuestros pecados.

166. ¿Cómo me rescató Jesús del pecado?

A. Con su muerte en la cruz, él pagó todo el castigo por mi
pecado y mi culpa.

536   **Marcos 10:45** Porque ni siquiera el Hijo del Hombre vino
       para ser servido, sino para servir y para dar su vida en
       rescate por muchos.

537   **2 Corintios 5:21** Al que no cometió ningún pecado, por
       nosotros Dios lo hizo pecado, para que en él nosotros
       fuéramos hechos justicia de Dios.

538   **Gálatas 3:13** Cristo nos redimió de la maldición de la ley,
       y por nosotros se hizo maldición (porque está escrito:
       "Maldito todo el que es colgado en un madero").

539   **1 Pedro 1:18-19** Ustedes saben que fueron rescatados de
       una vida sin sentido, la cual heredaron de sus padres; y
       que ese rescate no se pagó con cosas corruptibles, como
       el oro y la plata, sino con la sangre preciosa de Cristo, sin
       mancha y sin contaminación, como la de un cordero.

540   **Romanos 4:25** El cual [Jesús] fue entregado por nuestros
       pecados, y resucitó para nuestra justificación.

B. Con su muerte en la cruz, él sufrió y apaciguó (propició)
totalmente la ira de Dios contra todas las personas (expiación
universal), y así nos reconcilió con Dios.

541   **Romanos 3:25** [Jesús] a quien Dios puso como sacrificio
       de expiación por medio de la fe en su sangre. Esto lo hizo

Dios para manifestar su justicia, pues en su paciencia ha pasado por alto los pecados pasados.

542   **Hebreos 2:17** Por eso le era necesario ser semejante a sus hermanos en todo: para que llegara a ser un sumo sacerdote misericordioso y fiel en lo que a Dios se refiere, y expiara los pecados del pueblo.

543   **1 Juan 2:2** Y él es la propiciación por nuestros pecados; y no solamente por los nuestros, sino también por los de todo el mundo.

544   **2 Corintios 5:19** Esto quiere decir que, en Cristo, Dios estaba reconciliando al mundo consigo mismo, sin tomarles en cuenta sus pecados, y que a nosotros nos encargó el mensaje de la reconciliación.

C. Con su muerte en la cruz, él destruyó el poder que tenía el pecado para esclavizarme.

545   **Juan 8:34–36** Jesús les respondió: "De cierto, de cierto les digo, que todo aquel que comete pecado, esclavo es del pecado. Y el esclavo no se queda en la casa para siempre; el hijo sí se queda para siempre. Así que, si el Hijo los liberta, serán verdaderamente libres."

546   **1 Pedro 2:24** Él mismo llevó en su cuerpo nuestros pecados al madero, para que nosotros, muertos ya al pecado, vivamos para la justicia. Por sus heridas fueron ustedes sanados.

167. ¿Cómo me rescató Jesús del diablo?

Él derrotó a Satanás obedeciendo la voluntad de su Padre mediante su vida terrenal, llegando incluso hasta la cruz, todo en lugar de nosotros.

547   **Filipenses 2:8** Y estando en la condición de hombre, se humilló a sí mismo y se hizo obediente hasta la muerte, y muerte de cruz.

548   **Génesis 3:15** Yo pondré enemistad entre la mujer y tú, y entre su descendencia y tu descendencia; ella te herirá en la cabeza, y tú le herirás en el talón.

549   **1 Juan 3:8** Para esto se ha manifestado el Hijo de Dios: para deshacer las obras del diablo.

Lee **Mateo 4:1–11**, sobre la tentación de Jesús. Otros pasajes también explican nuestro rescate del pecado: **Lucas 8:26–39; Romanos 8:31–34; Filipenses 2:6–11; Colosenses 2:15; Hebreos 2:14; Santiago 4:7;** y **1 Pedro 5:8–9**. Cristo siempre cumplió la voluntad del Padre por nosotros, en lugar de nosotros: su obediencia activa. Cristo también sufrió, en lugar de nosotros, todo el castigo que merecíamos por nuestro pecado: su obediencia pasiva. Ver también **Gálatas 3:12–13**.

168. ¿Cómo me rescató Jesús de la muerte?
Él le dio muerte a la muerte con su propia muerte y resurrección.

550   **Hebreos 2:14–15** Así como los hijos eran de carne y hueso, también él era de carne y hueso, para que por medio de la muerte destruyera al que tenía el dominio sobre la muerte, es decir, al diablo, y de esa manera librara a todos los que, por temor a la muerte, toda su vida habían estado sometidos a esclavitud.

551   **1 Corintios 15:54–57** Y cuando esto, que es corruptible, se haya vestido de incorrupción, y esto, que es mortal, se haya vestido de inmortalidad, entonces se cumplirá la palabra escrita: "Devorada será la muerte por la victoria". ¿Dónde está, oh muerte, tu aguijón? ¿Dónde, oh sepulcro, tu victoria? Porque el pecado es el aguijón de la muerte, y la ley es la que da poder al pecado. ¡Pero gracias sean dadas a Dios, de que nos da la victoria por medio de nuestro Señor Jesucristo!

552   **2 Timoteo 1:10** Nuestro Salvador Jesucristo… quitó la muerte y sacó a la luz la vida y la inmortalidad por medio del evangelio.

169. ¿Qué nos enseña la Biblia sobre la resurrección de Jesús? ¿Por qué eso nos consuela tanto?
La Escritura enseña que Jesús resucitó de la muerte al tercer día y se les apareció a sus discípulos físicamente.

553   **Hechos 10:40–41** Sin embargo, Dios lo resucitó al tercer
        día, y permitió que muchos lo vieran. Pero no lo vio todo el
        pueblo, sino sólo aquellos testigos que Dios había elegido de
        antemano, es decir, nosotros, los que comimos y bebimos con
        él después de que él resucitó de entre los muertos.

554   **1 Corintios 15:4–8** Resucitó al tercer día; y que se
        apareció a Cefas, y luego a los doce. Después se apareció
        a más de quinientos hermanos a la vez, de los cuales
        muchos aún viven, y otros ya han muerto. Luego se
        apareció a Jacobo, después a todos los apóstoles;   y
        por último se me apareció a mí.

555   **Hechos 1:3** Después de su muerte, se les presentó vivo y,
        con muchas pruebas que no admiten duda, se les apareció
        durante cuarenta días y les habló acerca del reino de Dios.

La resurrección de Cristo es el consolador testimonio de que:
A. Él es el Hijo de Dios;

556   **Romanos 1:4** [Él] fue declarado Hijo de Dios con poder,
        por su resurrección de entre los muertos.

B. Su enseñanza es verdad;

557   **Juan 18:37** Respondió Jesús: "Tú dices que yo soy rey.
        Yo para esto he nacido, y para esto he venido al mundo:
        para dar testimonio de la verdad. Todo aquel que es de la
        verdad, oye mi voz."

C. El Padre ha aceptado el sacrificio de Cristo para la reconciliación del mundo;

558   **Romanos 5:10** Porque, si cuando éramos enemigos de
        Dios fuimos reconciliados con él mediante la muerte de
        su Hijo, mucho más ahora, que estamos reconciliados,
        seremos salvados por su vida.

D. Todo el que crea en Cristo resucitará a la vida eterna.

559   **Juan 11:25–26** Jesús le dijo: "Yo soy la resurrección y la
        vida; el que cree en mí, aunque esté muerto, vivirá. Y todo
        aquel que vive y cree en mí, no morirá eternamente."

560   **Juan 14:19** Porque yo vivo, ustedes también vivirán.

561   **1 Corintios 15:22–23** Pues, así como en Adán todos mueren, también en Cristo todos serán vivificados. Pero cada uno en su debido orden: en primer lugar, Cristo; y después, cuando Cristo venga, los que son de él.

Relaciones y aplicaciones

170. ¿Por qué la divina majestad de Jesús no siempre fue evidente durante su vida terrenal?

Como hombre, Cristo no siempre utilizó ni manifestó los poderes ni la majestad que le fueron transmitidos a su naturaleza humana. Eso comenzó con la humildad de su encarnación, continuó con su nacimiento y su vida y terminó con su muerte y sepultura. A eso lo llamamos su "estado de humillación".

562   **Filipenses 2:5–8** Que haya en ustedes el mismo sentir que hubo en Cristo Jesús, quien, siendo en forma de Dios, no estimó el ser igual a Dios como cosa a que aferrarse, sino que se despojó a sí mismo y tomó forma de siervo, y se hizo semejante a los hombres; y estando en la condición de hombre, se humilló a sí mismo y se hizo obediente hasta la muerte, y muerte de cruz.

563   **2 Corintios 8:9** Pues ustedes ya conocen la gracia de nuestro Señor Jesucristo que, por amor a ustedes, siendo rico se hizo pobre, para que con su pobreza ustedes fueran enriquecidos.

171. ¿Qué significa ese estado de humillación para nuestra comprensión de la vida de Jesús?

Ese estado resalta el sentido completo y profundo en el que Jesús, como hermano nuestro, compartió nuestros sentimientos humanos y nuestras dificultades. Por ejemplo:

A. Como hermano nuestro, Jesús nació en circunstancias humildes;

564   **Lucas 2:7** Y allí tuvo a su hijo primogénito; y lo envolvió en pañales, y lo acostó en un pesebre, porque no había lugar para ellos en ese albergue.

B. Como hermano nuestro, Jesús eligió no saberlo todo;

565   **Mateo 24:36** En cuanto al día y la hora, nadie lo sabe, ni
       siquiera los ángeles de los cielos. Sólo mi Padre lo sabe.

C. Como hermano nuestro, Jesús experimentó tristeza y
pérdida;

    Lee **Juan 11:38–44**. Jesús reaccionó totalmente como una
persona humana ante la muerte de su amigo Lázaro.

D. Como hermano nuestro, Jesús le hizo frente a disyuntivas y
tentaciones humanas;

    Lee **Mateo 4:1–11**. Considera cómo Jesús tuvo dificultades
para resistir las tentaciones de Satanás.

    Lee **Mateo 26:36–46**. Considera cómo, en el huerto de Get-
semaní, Jesús agonizó por su deseo de seguir vivo y su deseo de
cumplir la voluntad de Dios de que bebiera la copa de la ira y
muriera.

E. Como hermano nuestro, Jesús sufrió la agonía de la muerte
y el infierno;

    Lee sobre la profecía y el cumplimiento del sufrimiento y la
muerte de Jesús: **Isaías 53:3**; **Lucas 2:7**; **4:29**; **Mateo 2:13**; **8:20**;
Juan 8:40, 50; **Mateo 27**; **Marcos 15**; **Lucas 23**; y **Juan 19**.

F. Como hermano nuestro, Jesús fue tan pobre que fue sepultado en un sepulcro prestado.

566   **Lucas 23:52–53** Así que [José] fue a ver a Pilato y le pidió
       el cuerpo de Jesús. Después de bajarlo de la cruz, envolvió
       el cuerpo en una sábana y lo puso en un sepulcro abierto
       en una peña, en donde aún no se había sepultado a nadie.

172. ¿Qué consuelo nos da el estado de humillación?

Jesús les promete a los cristianos que "estaría con ellos no solo
su mera divinidad, que para nosotros pobres pecadores es como
un fuego devorador para el rastrojo reseco, sino que él, el hombre que habló con ellos, que en su asumida naturaleza humana
experimentó toda suerte de tribulaciones, que por lo tanto también puede tener compasión con nosotros como con hombres y
hermanos suyos —que él estaría con nosotros en todas nuestras

angustias, también según la naturaleza conforme a la cual él es nuestro hermano y nosotros, carne de su carne" (FC DS VIII 87).

173. ¿Cuándo Jesús, como hermano nuestro, manifiesta la divina majestad que tiene como Hijo de Dios?
A. Jesús hizo visible su divino poder y su divina majestad en ocasiones durante su vida terrenal con milagros y, especialmente, en la transfiguración.

567   **Juan 2:11** Este principio de señales hizo Jesús en Caná de Galilea, y manifestó su gloria; y sus discípulos creyeron en él.

568   **Lucas 6:8** Pero Jesús… sabía lo que pensaban.

569   **Mateo 17:1–2** Seis días después Jesús se llevó aparte a Pedro, a Jacobo y a su hermano Juan. Los llevó a un monte alto, y allí se transfiguró delante de ellos. Su rostro resplandecía como el sol, y sus vestidos se hicieron blancos como la luz.

B. Jesús, quien sigue siendo verdadero hombre, manifiesta los atributos divinos que le fueron transmitidos en su encarnación. Su poder y majestad se manifiestan de forma total y constante en su descenso victorioso al infierno, su resurrección de la muerte, su ascensión al cielo, su actual reinado a la diestra de Dios y su futuro regreso para el juicio. A eso lo llamamos su "estado de exaltación".

570   **Filipenses 2:9–11** Por lo cual Dios también lo exaltó hasta lo sumo, y le dio un nombre que es sobre todo nombre, para que en el nombre de Jesús se doble toda rodilla de los que están en los cielos, y en la tierra, y debajo de la tierra; y toda lengua confiese que Jesucristo es el Señor, para gloria de Dios el Padre.

174. ¿Qué significa el estado de exaltación para nuestra comprensión de quién es Jesús y lo que él ha hecho?
Este estado resalta el sentido completo y profundo en el cual Jesús, como hermano nuestro, ha sido exaltado por Dios el Padre por encima del pecado, la muerte, y el diablo para que nuestro futuro con él esté seguro. Por ejemplo:

A. Jesús descendió al infierno y declaró la victoria sobre Satanás por nosotros;

571   **1 Pedro 3:18-20** Porque también Cristo padeció una sola vez por los pecados, el justo por los injustos, para llevarnos a Dios. En el cuerpo, sufrió la muerte; pero en el espíritu fue vivificado; en el espíritu también, fue y predicó a los espíritus encarcelados, a los que en otro tiempo desobedecieron, en los días de Noé, cuando Dios esperaba con paciencia mientras se preparaba el arca, en la que unas cuantas personas, ocho en total, fueron salvadas por medio del agua.

572   **Colosenses 2:15** Desarmó además a los poderes y las potestades, y los exhibió públicamente al triunfar sobre ellos en la cruz.

B. Jesús resucitó triunfante de la muerte y venció la tumba por nosotros;

573   **Marcos 16:6** Pero el joven les dijo: "No se asusten. Ustedes buscan a Jesús el nazareno, el que fue crucificado. No está aquí. Ha resucitado. Miren el lugar donde lo pusieron.

574   **Lucas 24:6** No está aquí. ¡Ha resucitado! Acuérdense de lo que les dijo cuando aún estaba en Galilea.

C. Jesús ascendió a la diestra de Dios y ahora gobierna por nuestro bien;

575   **Lucas 24:50-51** Luego los llevó de allí a Betania, y levantando sus manos los bendijo. Pero sucedió que, mientras los bendecía, se apartó de ellos y fue llevado a las alturas del cielo.

576   **Hebreos 1:3** Él es el resplandor de la gloria de Dios. Es la imagen misma de lo que Dios es. Él es quien sustenta todas las cosas con la palabra de su poder. Después de llevar a cabo la purificación de nuestros pecados por medio de sí mismo, se sentó a la derecha de la Majestad, en las alturas.

577   **Hebreos 8:1** Ahora bien, el punto principal de lo que venimos diciendo es que el sumo sacerdote que tenemos

es tal que se sentó a la derecha del trono de la Majestad en los cielos.

D. Jesús regresará en gloria como juez el Último Día y nos llevará a su nueva creación.

578   **Hechos 1:11** [Los ángeles] les dijeron: "Varones galileos, ¿por qué están mirando al cielo? Este mismo Jesús, que ustedes han visto irse al cielo, vendrá de la misma manera que lo vieron desaparecer."

579   **Hebreos 9:28** Así también Cristo fue ofrecido una sola vez para llevar los pecados de muchos; pero aparecerá por segunda vez, ya sin relación con el pecado, para salvar a los que lo esperan.

580   **Hechos 17:31** Porque él ha establecido un día en que, por medio de aquel varón que escogió y que resucitó de los muertos, juzgará al mundo con justicia.

175. ¿Qué consuelo nos da el estado de exaltación?

"A fin de reinar eternamente y tener dominio sobre todas las criaturas; y a fin de santificar, purificar, fortalecer y consolar mediante el Espíritu Santo a todos los que en él creen, proporcionándoles la vida y toda suerte de dones y bienes y defendiéndolos y protegiéndolos contra el diablo y el pecado" (CA III 4–5; ver también FC DS VIII 27).

Salmo 22

Oración – Señor Jesucristo, mi hermano y Salvador, te alabo porque me rescataste del pecado, la muerte y el poder del diablo con tu sufrimiento y tu muerte inocentes. Gracias por tu gran amor y sacrificio, que no merezco, que me ganaron a mí —criatura perdida y condenada— para que fuera tuyo. Dame fe para que confíe en tu obra reconciliadora y viva con el conocimiento de tu salvación. Porque tú vives y reinas con el Padre y con el Espíritu Santo, un solo Dios, ahora y siempre. Amén.

El Segundo Artículo (Parte 3)

Y [creo] en Jesucristo, su único Hijo, nuestro Señor; que fue concebido por obra del Espíritu Santo, nació de la virgen María; padeció bajo el poder de Poncio Pilatos, fue crucificado, muerto y sepultado; descendió a los infiernos; al tercer día resucitó de entre los muertos; subió a los cielos y está sentado a la diestra de Dios Padre todopoderoso; y desde allí ha de venir a juzgar a los vivos y a los muertos.

¿Qué significa esto?

Creo que Jesucristo, verdadero Dios engendrado del Padre en la eternidad, y también verdadero hombre nacido de la virgen María, es mi Señor,

que me ha redimido a mí, hombre perdido y condenado, y me ha rescatado y conquistado de todos los pecados, de la muerte y del poder del diablo, no con oro o plata, sino con su santa y preciosa sangre y con su inocente pasión y muerte;

y todo esto lo hizo para que yo sea suyo y viva bajo él en su reino, y le sirva en justicia, inocencia y bienaventuranza eternas, así como él resucitó de la muerte y vive y reina eternamente.

Esto es con toda certeza la verdad.

La idea central

Nuestra vida no tiene ningún significado si no tiene algún sentido de propósito.

¿Para qué vive la gente hoy en día?

Lee **Lucas 24:36–53**. ¿Cómo la resurrección de Jesús cambió la vida de los discípulos? ¿Cómo le da nuevo propósito y significado a nuestra vida?

✠ *Como cristianos, confesamos que "en él [Jesús, nuestro Señor] radica toda nuestra salvación y bienaventuranza" (CMa II 33). Él nos liberó para que viviéramos bajo su cuidado y le sirviéramos a él y a los demás.*

¿Por qué le da dirección y propósito duraderos a mi vida el confesar a Jesús como mi Señor resucitado?

Una lectura más cercana del Catecismo Menor

176. ¿Con qué propósito me ha liberado Cristo del pecado, la muerte, y el diablo?

Jesús hizo todo eso para ser mi Señor. En otras palabras, para que yo pudiera vivir con él y para él en paz y alegría, ahora y siempre.

581   **2 Corintios 5:15** Y él murió por todos, para que los que viven ya no vivan para sí, sino para aquel que murió y resucitó por ellos.

582   **Judas 24–25** Y a aquel que es poderoso para cuidar de que no caigan, y presentarlos intachables delante de su gloria con gran alegría, al único Dios, nuestro Salvador por medio de Jesucristo, sean dadas la gloria y la majestad, y el dominio y el poder, desde antes de todos los siglos y siempre. Amén.

177. ¿Qué significa confesar que le pertenezco a Cristo?

Que estoy unido a él por fe, de tal manera que él es mío y yo soy suyo.

583   **Gálatas 2:20** Pero con Cristo estoy juntamente crucificado, y ya no vivo yo, sino que Cristo vive en mí; y lo que ahora vivo en la carne, lo vivo en la fe del Hijo de Dios, el cual me amó y se entregó a sí mismo por mí.

584   **Romanos 14:8** Pues si vivimos, para el Señor vivimos, y si morimos, para el Señor morimos. Así que, ya sea que vivamos, o que muramos, somos del Señor.

585   **Filipenses 3:12** No es que ya lo haya alcanzado, ni que ya sea perfecto, sino que sigo adelante, por ver si logro alcanzar aquello para lo cual fui también alcanzado por Cristo Jesús.

586   **1 Pedro 2:9** Pero ustedes son linaje escogido, real sacerdocio, nación santa, pueblo adquirido por Dios, para que

anuncien los hechos maravillosos de aquel que los llamó de las tinieblas a su luz admirable.

587   **Tito 2:14** [Cristo] se dio a sí mismo por nosotros para redimirnos de toda iniquidad y purificar para sí un pueblo propio, celoso de buenas obras.

178. ¿Qué significa confesar que yo vivo bajo su dominio en su reino?

A. Como Señor nuestro, Jesús gobierna misericordiosamente para defenderme, protegerme, y darme reposo.

588   **Mateo 11:28** Vengan a mí todos ustedes, los agotados de tanto trabajar, que yo los haré descansar.

589   **Juan 14:27** La paz les dejo, mi paz les doy; yo no la doy como el mundo la da. No dejen que su corazón se turbe y tenga miedo.

590   **Colosenses 1:13-14** Y que también nos ha librado del poder de la oscuridad y nos ha trasladado al reino de su amado Hijo, en quien tenemos redención por su sangre, el perdón de los pecados.

Lee **Salmo 23**, que trata sobre el Señor que gobierna como pastor bondadoso.

B. Como Señor nuestro, Jesús envía al Espíritu Santo para que esté con nosotros, nos enseñe y nos santifique.

591   **Juan 14:16-17** Y yo rogaré al Padre, y él les dará otro Consolador, para que esté con ustedes para siempre: es decir, el Espíritu de verdad, al cual el mundo no puede recibir porque no lo ve, ni lo conoce; pero ustedes lo conocen, porque permanece con ustedes, y estará en ustedes.

592   **Juan 14:26** Pero el Espíritu Santo, a quien el Padre enviará en mi nombre, los consolará y les enseñará todas las cosas, y les recordará todo lo que yo les he dicho.

593   **Juan 16:13** Pero cuando venga el Espíritu de verdad, él los guiará a toda la verdad; porque no hablará por su propia cuenta, sino que hablará todo lo que oiga, y les hará saber las cosas que habrán de venir.

179. ¿Qué significa que nosotros le serviremos eternamente
en justicia, inocencia y bienaventuranza?

Ahora le servimos a Jesús como seres que le pertenecen y viven
bajo su dominio en su reino. Sin embargo, también anhelamos el
día cuando el pecado, la muerte, y el diablo no nos impidan servirle con completa devoción, en paz y con alegría para siempre.

594   **Colosenses 2:6** Por tanto, vivan en el Señor Jesucristo de
        la manera que lo recibieron.

595   **Filipenses 1:6** Estoy persuadido de que el que comenzó
        en ustedes la buena obra, la perfeccionará hasta el día de
        Jesucristo.

596   **Romanos 16:20** Muy pronto el Dios de paz aplastará a
        Satanás bajo los pies de ustedes. Que la gracia de nuestro
        Señor Jesucristo sea con ustedes.

597   **Apocalipsis 21:4** Dios enjugará las lágrimas de los ojos de
        ellos, y ya no habrá muerte, ni más llanto, ni lamento ni
        dolor; porque las primeras cosas habrán dejado de existir.

Ver **Lucas 1:69–75** y **Mateo 25:31–46**.

180. ¿Cuál es el fundamento de mi confesión y de mi confian-
za de que viviré para siempre en su reino?

La resurrección de Cristo es el fundamento de todo lo que confesamos en este artículo.

598   **1 Corintios 15:3–5** En primer lugar, les he enseñado
        lo mismo que yo recibí: Que, conforme a las Escrituras,
        Cristo murió por nuestros pecados; que también,
        conforme a las Escrituras, fue sepultado y resucitó al
        tercer día; y que se apareció a Cefas, y luego a los doce.

599   **1 Corintios 15:17–20** Y si Cristo no resucitó, la fe de
        ustedes no tiene sentido, y ustedes todavía están en sus
        pecados. En tal caso, también los que murieron en Cristo
        están perdidos. Si nuestra esperanza en Cristo fuera
        únicamente para esta vida, seríamos los más desdichados
        de todos los hombres; pero el hecho es que Cristo ha

resucitado de entre los muertos, como primicias de los que murieron.

600   **Colosenses 3:1–4** Puesto que ustedes ya han resucitado con Cristo, busquen las cosas de arriba, donde está Cristo sentado a la derecha de Dios. Pongan la mira en las cosas del cielo, y no en las de la tierra. Porque ustedes ya han muerto, y su vida está escondida con Cristo en Dios. Cuando Cristo, que es la vida de ustedes, se manifieste, entonces también ustedes serán manifestados con él en gloria.

181. ¿Hay evidencia de la resurrección de Jesús?

La resurrección de Cristo está bien certificada por numerosos testigos oculares.

A. Los cuatro evangelios dan testimonio de la resurrección física de Cristo.

B. Tanto Juan como Pedro hacen énfasis en que los apóstoles fueron testigos oculares del Señor resucitado (**Hechos 1:3; 2:32; 1 Juan 1:1–4**).

C. Pablo se refiere a más de quinientos testigos de la resurrección de Jesús (**1 Corintios 15:5–9**).

D. El término del Nuevo Testamento para "testigo" llegó a significar "mártir", porque muchos de los testigos oculares dieron su vida y no se retractaron de su testimonio de la resurrección de Jesús.

Relaciones y aplicaciones

182. ¿Qué significa que nuestro Señor Jesús sea llamado "el Cristo"?

En el Antiguo Testamento, Dios eligió a ciertas personas para que fueran profetas, sacerdotes, y reyes, ungiéndolas con aceite. El título "Cristo" o "Mesías" significa "el Ungido". En el Nuevo Testamento, Jesús fue ungido con el Espíritu Santo para ser nuestro Profeta, Sacerdote, y Rey.

Observa algunos otros títulos para designar al Hijo: Redentor (**Isaías 59:20**); Emanuel (**Mateo 1:23**); Hijo del Dios viviente (**Mateo 16:16**); Salvador (**Lucas 2:11; Juan 4:42**); Hijo del Hombre (**Mateo 25:31**); la Palabra (**Juan 1:14**); Señor y Dios (**Juan 20:28**).

183. ¿Qué significa que digamos que Jesús es nuestro Profeta?
Como nuestro Profeta, Jesús nos proclama la palabra de Dios.

601   **Lucas 4:18–19** El Espíritu del Señor está sobre mí. Me
        ha ungido para proclamar buenas noticias a los pobres;
        me ha enviado a proclamar libertad a los cautivos, a dar
        vista a los ciegos, a poner en libertad a los oprimidos y a
        proclamar el año de la buena voluntad del Señor.

602   **Hechos 10:38** Ese mensaje dice que Dios ungió a Jesús de
        Nazaret con el Espíritu Santo y con poder, y que él anduvo
        haciendo el bien y sanando a todos los que estaban opri-
        midos por el diablo, porque Dios estaba con él.

603   **Mateo 17:5** Todavía estaba hablando cuando una nube
        de luz los cubrió, y desde la nube se oyó una voz que
        decía: "Éste es mi Hijo amado, en quien me complazco.
        ¡Escúchenlo!"

604   **Hebreos 1:1–2** Dios, que muchas veces y de distintas
        maneras habló en otros tiempos a nuestros padres por
        medio de los profetas, en estos días finales nos ha hablado
        por medio del Hijo.

        Lee **Deuteronomio 18:15; Juan 1:17–18; 6:68; Marcos
        1:38; 16:15; Lucas 10:16; 2 Corintios 5:20;** y **Juan 3:34.**

*184. ¿Qué significa que hablemos de Jesús como nuestro
Sacerdote?*
Como nuestro Sacerdote, Jesús se ofreció a sí mismo como sacri-
ficio por nuestro pecado, y él intercede ante el Padre por nosotros.

605   **Hebreos 7:26–27** Jesús es el sumo sacerdote que necesi-
        tábamos tener: santo, inocente, sin mancha, apartado de
        los pecadores, y exaltado por encima de los cielos. No es
        como los otros sumos sacerdotes, que diariamente tienen
        que ofrecer sacrificios, primero por sus propios pecados
        y luego por los del pueblo. Jesús hizo esto una sola vez y
        para siempre, cuando se ofreció a sí mismo.

606   **1 Juan 2:1–2** Hijitos míos, les escribo estas cosas para
        que no pequen. Si alguno ha pecado, tenemos un abogado

ante el Padre, a Jesucristo el justo. Y él es la propiciación por nuestros pecados; y no solamente por los nuestros, sino también por los de todo el mundo.

607   **Romanos 8:34** ¿Quién es el que condenará? Cristo es el que murió; más aun, el que también resucitó, el que además está a la derecha de Dios e intercede por nosotros.

185. ¿Qué significa que hablemos de Jesús como nuestro Rey?
Como nuestro Rey, Jesús gobierna sobre toda la creación, especialmente por el bien de su iglesia.

608   **Colosenses 1:17–18** Él existía antes de todas las cosas, y por él se mantiene todo en orden. Él es la cabeza del cuerpo, que es la iglesia. Él es el principio, el primogénito de entre los muertos, para tener la preeminencia en todo.

609   **Juan 18:36** Respondió Jesús: "Mi reino no es de este mundo. Si mi reino fuera de este mundo, mis servidores lucharían para que yo no fuera entregado a los judíos. Pero mi reino no es de aquí."

610   **Efesios 1:20, 22–23** Dios sometió todas las cosas bajo sus pies [los de Cristo Jesús], y lo dio a la iglesia, como cabeza de todo, pues la iglesia es su cuerpo, la plenitud de Aquel que todo lo llena a plenitud.

Lee **Mateo 28:18**; **Salmo 45:7**; **Juan 3:34**; **Hechos 10:38**; **2 Timoteo 4:18**; y **Hebreos 1:3–4**.

Salmo 118

Oración – Rey de gloria, por tu misericordia y compasión te entregaste a la muerte en la cruz para obtener eterna justicia, inocencia, y bendición para mí y todos los creyentes. Con tu Espíritu, mantenme firme en esta fe para que siempre viva bajo tu dominio en tu reino y te sirva con gozo y paz, así como tú has sido resucitado de la muerte y vives y reinas por toda la eternidad. Amén.

El Tercer Artículo (Parte 1)

Creo en el Espíritu Santo; la santa iglesia cristiana, la comunión de los santos; el perdón de los pecados; la resurrección de la carne y la vida perdurable. Amén.

¿Qué significa esto?

Creo que ni por mi propia razón, ni por mis propias fuerzas soy capaz de creer en Jesucristo, mi Señor, o venir a él; sino que el Espíritu Santo me ha llamado mediante el evangelio, me ha iluminado con sus dones, y me ha santificado y conservado en la verdadera fe,

del mismo modo como él llama, congrega, ilumina y santifica a toda la cristiandad en la tierra, y la conserva unida a Jesucristo en la verdadera y única fe; en esta cristiandad él me perdona todos los pecados a mí y a todos los creyentes, diaria y abundantemente,

y en el último día me resucitará a mí y a todos los muertos y me dará en Cristo, juntamente con todos los creyentes, la vida eterna.

Esto es con toda certeza la verdad.

La idea central

"Creo… que no puedo creer". Como personas caídas, somos incapaces de hallar a Dios por nosotros mismos y, muchos menos, de confiarle nuestra vida.

¿Qué es más difícil de aceptar: que elegí creer o que soy llevado a la fe salvadora sin que eso se atribuya a mis propios esfuerzos?

Lee **Hechos 9:1–22** sobre la conversión de Pablo y **Hechos 16:13–15** sobre la conversión de Lidia. ¿Qué papel desempeñó cada uno de ellos en su conversión?

✠ *Como cristianos, confesamos que el Espíritu Santo nos ha convertido en nuevas criaturas llevándonos a la fe salvadora en Jesucristo.*

Dicha fe no la obtendríamos "si el Espíritu Santo no nos ofreciese estas cosas por la predicación del evangelio y las colocara en nuestro corazón como un don" (CMa II 38).

Ora brevemente para agradecerle al Espíritu Santo por el don de la fe.

Una lectura más cercana del Catecismo Menor

186. ¿Cómo fui puesto bajo el misericordioso señorío de Jesús?

El Espíritu Santo me llevó a Jesús trayéndome la promesa del evangelio y dándome fe en Cristo mediante dicho evangelio.

611   **Juan 6:65** Así que dijo: "Por eso les he dicho que ninguno puede venir a mí, si el Padre no se lo concede."

612   **Efesios 2:8–9** Ciertamente la gracia de Dios los ha salvado por medio de la fe. Ésta no nació de ustedes, sino que es un don de Dios; ni es resultado de las obras, para que nadie se vanaglorie.

613   **1 Corintios 12:3** Por tanto, quiero que sepan que nadie que hable por el Espíritu de Dios puede maldecir a Jesús; y que nadie puede llamar "Señor" a Jesús, si no es por el Espíritu Santo.

187. ¿Por qué no puedo llegar a la fe en Jesús por mi propia razón ni mis propios medios?

A. Sin el Espíritu Santo, estoy ciego y muerto espiritualmente y, por lo tanto, no puedo confiar en Cristo.

614   **1 Corintios 2:14** Pero el hombre natural no percibe las cosas que son del Espíritu de Dios, porque para él son una locura; y tampoco las puede entender, porque tienen que discernirse espiritualmente.

615   **Efesios 2:1** Aún estaban muertos en sus delitos y pecados.

616   **1 Corintios 12:3** Por tanto, quiero que sepan que nadie que hable por el Espíritu de Dios puede maldecir a Jesús; y que nadie puede llamar "Señor" a Jesús, si no es por el Espíritu Santo.

B. Sin el Espíritu Santo, resisto activamente el llamado del evangelio a la fe en Cristo.

617   **Hechos 7:51** ¡Pero ustedes son duros de cabeza, de corazón y de oídos! ¡Siempre se oponen al Espíritu Santo! ¡Son iguales que sus padres!

618   **Romanos 8:7** Las intenciones de la carne llevan a la enemistad contra Dios; porque no se sujetan a la ley de Dios, ni tampoco pueden.

619   **Gálatas 5:17** Porque el deseo de la carne se opone al Espíritu, y el del Espíritu se opone a la carne; y éstos se oponen entre sí para que ustedes no hagan lo que quisieran hacer.

Nota: Por eso, los luteranos no usamos expresiones como "tomar la decisión de aceptar a Jesús", sino que hacemos énfasis en la obra del Espíritu Santo que nos llama y nos lleva a la fe mediante el evangelio. Cuando Jesús dice: "sígueme", su Palabra, mediante el Espíritu Santo, tiene poder para convertirnos de nuestro pecado y hacer que confiemos en él y lo sigamos. Ver **Mateo 9:9**; **Juan 10:27–28**.

188. ¿Qué significa que el Espíritu Santo me haya llamado mediante el evangelio?

Mediante el evangelio, el Espíritu me invita y me capacita para que crea, prometiéndome una vida nueva fundamentada en la muerte y resurrección de Cristo.

620   **2 Tesalonicenses 2:14** A esto los llamó por medio de nuestro evangelio, para que alcanzaran la gloria de nuestro Señor Jesucristo.

621   **Romanos 1:16** No me avergüenzo del evangelio, porque es poder de Dios para la salvación de todo aquel que cree: en primer lugar, para los judíos, y también para los que no lo son.

622   **Romanos 10:17** Así que la fe proviene del oír, y el oír proviene de la palabra de Dios.

623   **1 Pedro 1:23, 25** Pues ustedes han nacido de nuevo, y no de una simiente perecedera, sino de una simiente imperecedera, por la palabra de Dios que vive y permanece para siempre... Y éstas son las buenas noticias que se les han anunciado.

624   **Efesios 1:13** También ustedes, luego de haber oído la palabra de verdad, que es el evangelio que los lleva a la salvación, y luego de haber creído en él, fueron sellados con el Espíritu Santo de la promesa.

Lee también **Juan 17:20**; **Hechos 4:31**; **1 Corintios 4:15**; y **1 Tesalonicenses 2:13**. La palabra de Dios hace más que dar información; en realidad, cumple lo que dice.

189. ¿Qué significa que sus dones me iluminan?

Cristo se me revela por medio de los dones de la Palabra, el Bautismo y la Santa Cena (los Medios de Gracia), que da el Espíritu.

625   **2 Corintios 4:6** Porque Dios, que mandó que de las tinieblas surgiera la luz, es quien brilló en nuestros corazones para que se revelara el conocimiento de la gloria de Dios en el rostro de Jesucristo.

626   **1 Tesalonicenses 1:5** Pues nuestro evangelio no llegó a ustedes solamente en palabras, sino también en poder, en el Espíritu Santo y con plena convicción.

Nota: A la palabra de Dios, tanto escrita como hablada, del evangelio y los sacramentos se le llama "los Medios de Gracia". Algunos de los pasajes que describen cómo el Espíritu Santo usa esos medios incluyen **Isaías 55:10–11**; **Juan 17:20**; **Romanos 10:17**; **1 Corintios 4:15**; **1 Pedro 1:23**; **Tito 3:5**; **Juan 20:22–23**; y **Mateo 26:27–28**.

190. ¿Qué significa ser santificado por el Espíritu?

Significa que él me hace santo.

A. Primero, el Espíritu me santifica llevándome al Señor Jesús para que reciba sus dones mediante la fe.

627   **1 Corintios 6:11** Y eso eran algunos de ustedes, pero ya han sido lavados, ya han sido santificados, ya han sido justificados en el nombre del Señor Jesús, y por el Espíritu de nuestro Dios.

628   **Hebreos 10:10** Por esa voluntad somos santificados, mediante la ofrenda del cuerpo de Jesucristo, hecha una sola vez y para siempre.

629   **1 Corintios 1:2** Saludamos a la iglesia de Dios que está en Corinto, a los que han sido santificados en Cristo Jesús y llamados a ser santos, junto con todos los que en todas partes invocan el nombre del Señor Jesucristo, Señor suyo y nuestro.

B. Luego, el Espíritu Santo me santifica fortaleciendo mi fe y aumentando sus frutos en mi vida. Me da nuevos deseos para que me esfuerce para derrotar al pecado y para hacer buenas obras.

630   **Salmo 51:10** Dios mío, ¡crea en mí un corazón limpio! ¡Renueva en mí un espíritu de rectitud!

631   **Gálatas 5:22–23** Pero el fruto del Espíritu es amor, gozo, paz, paciencia, benignidad, bondad, fe, mansedumbre, templanza. Contra tales cosas no hay ley.

632   **Efesios 2:10** Nosotros somos hechura suya; hemos sido creados en Cristo Jesús para realizar buenas obras, las cuales Dios preparó de antemano para que vivamos de acuerdo con ellas.

633   **Tito 2:14** [Jesús] se dio a sí mismo por nosotros para redimirnos de toda iniquidad y purificar para sí un pueblo propio, celoso de buenas obras.

191. ¿Qué son "buenas obras" ante los ojos de Dios?

Nuestras actividades y obras son buenas ante los ojos de Dios cuando:

A. Fluyen de la fe en Cristo como hijos de Dios;

634   **Salmo 51:12–13** ¡Devuélveme el gozo de tu salvación! ¡Dame un espíritu dispuesto a obedecerte! Así instruiré a los pecadores en tus caminos; así los pecadores se volverán a ti.

635   **Hebreos 11:6** Sin fe es imposible agradar a Dios, porque es necesario que el que se acerca a Dios crea que él existe, y que sabe recompensar a quienes lo buscan.

636   **Juan 15:5** Yo soy la vid y ustedes los pámpanos; el que permanece en mí, y yo en él, éste lleva mucho fruto; porque separados de mí ustedes nada pueden hacer.

637   **2 Corintios 5:17** De modo que, si alguno está en Cristo, ya es una nueva creación; atrás ha quedado lo viejo: ¡ahora ya todo es nuevo!

B. Se realizan en el contexto de nuestros llamados de acuerdo con los Diez Mandamientos (ver también la Tabla de Deberes para ver cómo servimos en nuestras distintas vocaciones).

638   **Éxodo 20:9** Durante seis días trabajarás y harás toda tu obra.

639   **Colosenses 3:17** Y todo lo que hagan, ya sea de palabra o de hecho, háganlo en el nombre del Señor Jesús, dando gracias a Dios el Padre por medio de él.

640   **1 Corintios 10:31** Así que, si ustedes comen o beben, o hacen alguna otra cosa, háganlo todo para la gloria de Dios.

Lee **Salmo 119**, acerca de la bondad de la ley; **Marcos 12:41- 44**, acerca de la ofrenda de la viuda; **Marcos 14:3-9**, acerca del costoso perfume derramado sobre la cabeza de Jesús; y **Lucas 10:38-42**, acerca de la historia de María y Marta. Dios nos ubica dentro de una red de relaciones en las cuales le servimos a Dios mediante nuestro prójimo. Los cristianos son liberados para servirles a quienes los rodean de acuerdo con la posición que ocupen en la vida. Ver **Gálatas 5:1, 16-24**.

192. ¿Qué significa ser mantenido en la verdadera fe?

Mediante su Palabra santificadora, el Espíritu Santo continuamente dirige mi fe hacia las obras de Dios y sus promesas en Cristo.

641   **Juan 8:31-32** Entonces Jesús dijo a los judíos que habían creído en él: "Si ustedes permanecen en mi palabra, serán verdaderamente mis discípulos; y conocerán la verdad, y la verdad los hará libres."

642   **Filipenses 1:6** Estoy persuadido de que el que comenzó en ustedes la buena obra, la perfeccionará hasta el día de Jesucristo.

643 **1 Pedro 1:5** A ustedes, que por medio de la fe son protegidos por el poder de Dios, para que alcancen la salvación, lista ya para manifestarse cuando llegue el momento final.
Lee **Judas 22–25**.

Relaciones y aplicaciones

193. ¿Quién es el Espíritu Santo?

El Espíritu Santo es Dios; es una de las tres personas de la Trinidad.

194. ¿Por qué confesamos que el Espíritu Santo es Dios?

La Biblia dice que el Espíritu Santo es el Creador el universo, junto con el Padre y el Hijo. Tiene atributos divinos y hace obras divinas (por ejemplo, ver **Hebreos 9:14** y **Tito 3:5**).

644 **Génesis 1:2** La tierra estaba desordenada y vacía, las tinieblas cubrían la faz del abismo, y el espíritu de Dios se movía sobre la superficie de las aguas.

645 **Salmo 104:30** Pero si envías tu espíritu, vuelven a la vida, y así renuevas la faz de la tierra.

646 **Job 26:13** Con su soplo, el cielo se despeja.

195. ¿Cuál es el papel especial del Espíritu Santo en nuestra salvación?

Mediante la ley de Dios, el Espíritu lleva a las personas al arrepentimiento y por medio del evangelio (es decir, los Medios de Gracia) los lleva a la fe en Cristo. A eso lo llamamos "conversión" o "regeneración" (nuevo nacimiento).

647 **Salmo 51:13** Así instruiré a los pecadores en tus caminos; así los pecadores se volverán a ti.

648 **Juan 3:5–6** Jesús le respondió: "De cierto, de cierto te digo, que el que no nace de agua y del Espíritu, no puede entrar en el reino de Dios. Lo que nace de la carne, carne es; y lo que nace del Espíritu, espíritu es."

649 **Juan 15:26** Pero cuando venga el Consolador, el Espíritu de verdad, el cual procede del Padre y a quien yo les

enviaré de parte del Padre, él dará testimonio acerca de mí.

650　**Hechos 26:17-18** [Jesús dijo:] Yo te libraré de tu pueblo y de los no judíos, y quiero que vayas a ellos para que les abras los ojos y se conviertan de las tinieblas a la luz, y del poder de Satanás al poder de Dios; para que por la fe en mí, reciban el perdón de sus pecados y la herencia de los que han sido santificados.

196. *¿El Espíritu Santo quiere llevar a todo el mundo a la fe en Jesús?*

Sí. El Espíritu quiere producir fe en todos y llevarlos al señorío misericordioso de Jesús.

651　**Ezequiel 33:11** Pues yo, su Señor y Dios, juro que no quiero la muerte del impío, sino que éste se aparte de su mal camino y viva. ¿Por qué ustedes, pueblo de Israel, quieren morir?

652　**1 Timoteo 2:4** [Dios] quiere que todos los hombres sean salvos y lleguen a conocer la verdad.

653　**2 Pedro 3:9** El Señor no se tarda para cumplir su promesa, como algunos piensan, sino que nos tiene paciencia y no quiere que ninguno se pierda, sino que todos se vuelvan a él.

197. *¿Por qué no todos los que escuchan el evangelio creen que Jesús es su Señor?*

Muchas personas rechazan el evangelio y se resisten al Espíritu Santo.

654　**Mateo 23:37** ¡Jerusalén, Jerusalén, que matas a los profetas y apedreas a los que son enviados a ti! ¡Cuántas veces quise juntar a tus hijos, como junta la gallina a sus polluelos debajo de sus alas, y no quisiste!

655　**Hechos 7:51** ¡Pero ustedes son duros de cabeza, de corazón y de oídos! ¡Siempre se oponen al Espíritu Santo! ¡Son iguales que sus padres!

Lee **Mateo 22:1-10** o **Lucas 14:16-24**, donde los invitados a la fiesta se niegan a asistir.

198. ¿Las personas creen en Jesús porque deciden seguirlo por su libre voluntad?

No. Todo el que llega a la fe lo hace porque el Espíritu Santo produce fe en ellos. Si algunos no tienen fe, es porque han rechazado al Espíritu.

656   **Juan 15:16** Ustedes no me eligieron a mí. Más bien, yo los elegí a ustedes.

657   **1 Corintios 12:3** Por tanto, quiero que sepan que nadie que hable por el Espíritu de Dios puede maldecir a Jesús; y que nadie puede llamar "Señor" a Jesús, si no es por el Espíritu Santo.

658   **1 Tesalonicenses 4:8** El que desecha esto, no desecha a un hombre, sino a Dios, que también nos dio su Espíritu Santo.

199. ¿Determinó Dios con anticipación que no convertiría a ciertas personas?

No. Aunque Dios escogió a algunos desde la eternidad para que fueran llevados a la fe, él no seleccionó ni predestinó a otros para que fueran incrédulos.

La enseñanza bíblica sobre la predestinación es un misterio que desafía la lógica y comprensión humanas.

659   **Efesios 1:3–7** Bendito sea el Dios y Padre de nuestro Señor Jesucristo, que en Cristo nos ha bendecido con toda bendición espiritual en los lugares celestiales. En él, Dios nos escogió antes de la fundación del mundo, para que en su presencia seamos santos e intachables. Por amor nos predestinó para que por medio de Jesucristo fuéramos adoptados como hijos suyos, según el beneplácito de su voluntad, para alabanza de la gloria de su gracia, con la cual nos hizo aceptos en el Amado. En él tenemos la redención por medio de su sangre, el perdón de los pecados según las riquezas de su gracia.

Lee **Hechos 13:44–48**. ¿Quién tiene todo el crédito cuando las personas creen? El Señor, en su Palabra. ¿Quién tiene la culpa cuando alguien rechaza a Jesús? La persona que, en palabras de San Pablo, la hace [la palabra de Dios] a un lado (v 46). Los que son salvos le dan a Dios toda la alabanza. Los que son condenados solo pueden atribuirlo a su propia culpa. Aunque eso parece contradictorio, es lo que Dios enseña.

200. ¿Podemos ser verdaderamente espirituales sin el Espíritu Santo y el evangelio?

No. La espiritualidad puede tener diferentes significados. Por ejemplo, algunos dicen que la espiritualidad es el disfrute de la naturaleza o la contemplación de los significados más profundos de la vida, lo cual refleja que la vida es más que una mera realidad material. Sin embargo, esa espiritualidad, basada en la contemplación y la imaginación humana, no puede conocer verdaderamente a Dios y su gracia. La razón o contemplación humana no puede "conocer lo que es Dios, lo que él quiere y lo que hace" (CMa II 63).

Solo el Espíritu Santo, al obrar mediante la Palabra, nos muestra al Hijo encarnado y, mediante él, al Padre. Debido a que Dios ha revelado la verdad sobre sí mismo de esa manera, solo la fe y la vida cristiana son espiritualidad auténtica. Solo el Espíritu Santo mediante los Medios de Gracia hace que sigamos a Jesús a través de esta vida hasta la vida eterna.

660   **Juan 1:18** A Dios nadie lo vio jamás; quien lo ha dado a conocer es el Hijo unigénito.

661   **Juan 3:31–32** El que viene de arriba está por encima de todos; el que es de la tierra es terrenal, y habla cosas terrenales; el que viene del cielo está por encima de todos y da testimonio de lo que vio y oyó, pero nadie recibe su testimonio.

662   **Romanos 10:17** Así que la fe proviene del oír, y el oír proviene de la palabra de Dios.

663   **1 Corintios 2:9–11** Como está escrito: "Las cosas que ningún ojo vio, ni ningún oído escuchó, ni han penetrado en el corazón del hombre, son las que Dios ha preparado para los que lo aman." Pero Dios nos las reveló a nosotros

por medio del Espíritu, porque el Espíritu lo examina todo, aun las profundidades de Dios. Porque ¿quién de entre los hombres puede saber las cosas del hombre, sino el espíritu del hombre que está en él? Así mismo, nadie conoce las cosas de Dios, sino el Espíritu de Dios.

Lee **1 Corintios 1:18–25; Efesios 3:14–19;** y **1 Tesalonicenses 2:13.**

Salmo 143

Oración – Espíritu Santo, te doy gracias porque me has llamado a la fe salvadora en mi Señor Jesucristo mediante su evangelio, porque sin ti nunca podría llegar a él. Con tus palabras, que son espíritu y vida, mantenme unido a mi Salvador en verdadera fe, iluminándome siempre con tus dones y santificándome en cuerpo y alma para que viva solo por Cristo. Por mi Señor Jesucristo, que vive y reina contigo y con el Padre, siempre un solo Dios. Amén.

El Tercer Artículo (Parte 2)

Creo en el Espíritu Santo; la santa iglesia cristiana, la comunión de los santos; el perdón de los pecados; la resurrección de la carne y la vida perdurable. Amén.

¿Qué significa esto?

Creo que ni por mi propia razón, ni por mis propias fuerzas soy capaz de creer en Jesucristo, mi Señor, o venir a él; sino que el Espíritu Santo me ha llamado mediante el evangelio, me ha iluminado con sus dones, y me ha santificado y conservado en la verdadera fe,

del mismo modo como él llama, congrega, ilumina y santifica a toda la cristiandad en la tierra, y la conserva unida a Jesucristo en la verdadera y única fe; en esta cristiandad él me perdona todos los pecados a mí y a todos los creyentes, diaria y abundantemente,

y en el último día me resucitará a mí y a todos los muertos y me dará en Cristo, juntamente con todos los creyentes, la vida eterna.

Esto es con toda certeza la verdad.

La idea central

Dios no nos creó para que viviéramos aislados unos de otros. ¿Qué piensan las personas hoy en día sobre la iglesia?

Lee **Hechos 2:42–47**. ¿Cómo se describe a la iglesia en ese pasaje?

✠ *Como cristianos, confesamos que el Espíritu Santo nos ha llevado a la comunidad que llamamos la iglesia: reunidos "en una misma fe, en el mismo sentido, y en la misma comprensión, con diferentes dones" (CMa II 51).*

Debo buscar a quienes también confiesan a Jesús como Señor y Salvador, porque ellos son verdaderamente mis hermanos y hermanas en Cristo.

Una lectura más cercana del Catecismo Menor

201. ¿Qué hizo el Espíritu Santo cuando me llevó a la fe?

Por medio de la ley de Dios, el Espíritu Santo primero me convence de mi pecado y me lleva al arrepentimiento para que, obrando mediante el evangelio y los sacramentos (los Medios de Gracia), el Espíritu Santo luego me lleve a la fe en Cristo y me convierta en miembro de la iglesia (ver también pregunta 195).

664   **1 Corintios 12:13** Por un solo Espíritu todos fuimos bautizados en un solo cuerpo, tanto los judíos como los no judíos, lo mismo los esclavos que los libres, y a todos se nos dio a beber de un mismo Espíritu.

665   **Efesios 2:19–22** Por lo tanto, ustedes ya no son extranjeros ni advenedizos, sino conciudadanos de los santos y miembros de la familia de Dios, y están edificados sobre el fundamento de los apóstoles y profetas, cuya principal piedra angular es Jesucristo mismo. En Cristo, todo el edificio, bien coordinado, va creciendo para llegar a ser un templo santo en el Señor; en Cristo, también ustedes son edificados en unión con él, para que allí habite Dios en el Espíritu.

202. ¿Qué es la iglesia?

Es el cuerpo de Cristo, es decir, todas las personas a quienes el Espíritu, por los Medios de Gracia, ha reunido con Cristo en la fe, en todo el mundo.

666   **Juan 10:16** También tengo otras ovejas, que no son de este redil; también a aquéllas debo traer, y oirán mi voz, y habrá un rebaño y un pastor.

667   **1 Corintios 12:27** Ahora bien, ustedes son el cuerpo de Cristo, y cada uno de ustedes es un miembro con una función particular.

668   **Mateo 18:20** Porque donde dos o tres se reúnen en mi nombre, allí estoy yo, en medio de ellos.

669   **Apocalipsis 5:9** Y entonaban un cántico nuevo, que decía: "Digno eres de tomar el libro y de abrir sus sellos,

porque fuiste inmolado. Con tu sangre redimiste para Dios gente de toda raza, lengua, pueblo y nación."

Nota: El Credo, en sus palabras originales, dice que la iglesia es católica (universal), es decir, que existe en todas las épocas y en todo el mundo, e incluye a las personas que confiesan y creen en Jesucristo, de todos los orígenes (pueblos y naciones, **Apocalipsis 5:9**). Otra forma de llamarla es la "iglesia cristiana".

Aunque la palabra "iglesia" propiamente dicha se refiere a todos los que creen en Cristo, también se usa de otras formas (para designar una construcción, una congregación o una denominación). La palabra "iglesia" se usa para esas cosas porque quienes confiesan su creencia cristiana se encuentran dentro de ellas.

203. ¿Cómo difiere la iglesia de todas las otras comunidades?

A. Cristo es la cabeza de la iglesia y por eso se llama iglesia "cristiana".

670   **Colosenses 1:18** [Cristo Jesús] es la cabeza del cuerpo, que es la iglesia. Él es el principio, el primogénito de entre los muertos, para tener la preeminencia en todo.

671   **Efesios 5:23** Porque el esposo es cabeza de la mujer, así como Cristo es cabeza de la iglesia, la cual es su cuerpo, y él es su Salvador.

B. La iglesia es la única comunidad del mundo en la cual Dios todos los días perdona ricamente mis pecados y los pecados de todos los creyentes. Por lo tanto, se denomina "santa" y "la comunión de los santos".

672   **Colosenses 1:13–14** Y que también nos ha librado del poder de la oscuridad y nos ha trasladado al reino de su amado Hijo, en quien tenemos redención por su sangre, el perdón de los pecados.

673   **Juan 20:23** A quienes ustedes perdonen los pecados, les serán perdonados; y a quienes no se los perdonen, no les serán perdonados.

C. Solo la iglesia está fundada sobre el testimonio de los apóstoles de Jesús, cuyo testimonio acerca de su enseñanza, obra,
muerte, y resurrección salvadoras está preservado en las Sagradas
Escrituras y se debe proclamar a todas las naciones. Por lo tanto,
se llama "apostólica".

674   **Hechos 1:1–2** Estimado Teófilo, en mi primer tratado
       hablé acerca de todo lo que Jesús comenzó a hacer y
       a enseñar, hasta el día en que fue recibido en el cielo,
       después de que por medio del Espíritu Santo, les dio
       mandamientos a los apóstoles que había escogido.

675   **Efesios 2:19–20** Por lo tanto, ustedes ya no son extran-
       jeros ni advenedizos, sino conciudadanos de los santos y
       miembros de la familia de Dios, y están edificados sobre
       el fundamento de los apóstoles y profetas, cuya principal
       piedra angular es Jesucristo mismo.

D. Por lo tanto, la iglesia es una: la única comunidad en la cual
hay salvación, porque es la congregación de todos los que creen
en Jesucristo, quien llega a ellos en su Palabra y los sacramentos.

676   **Efesios 4:4–6** Así como ustedes fueron llamados a una
       sola esperanza, hay también un cuerpo y un Espíritu, un
       Señor, una fe, un bautismo, y un Dios y Padre de todos, el
       cual está por encima de todos, actúa por medio de todos,
       y está en todos.

204. ¿Qué es el perdón de los pecados?

Dios promete que, por amor a Cristo, él no tendrá en cuenta
nuestros muchos pecados.

677   **Salmo 130:3–4** Señor, si te fijaras en nuestros pecados,
       ¿quién podría sostenerse en tu presencia? Pero en ti
       hallamos perdón, para que seas reverenciado.

678   **1 Juan 1:7** Pero si vivimos en la luz, así como él está en
       la luz, tenemos comunión unos con otros, y la sangre de
       Jesús, su Hijo, nos limpia de todo pecado.

679   **2 Corintios 5:19** Esto quiere decir que, en Cristo, Dios estaba reconciliando al mundo consigo mismo, sin tomarles en cuenta sus pecados, y que a nosotros nos encargó el mensaje de la reconciliación.

Lee **Mateo 18:23–35**, donde el rey le perdonó las deudas a su siervo, y también **Isaías 1:18**; **Miqueas 7:18–19**; y **1 Juan 2:1**.

205. ¿Por qué Dios perdona nuestros pecados?

Dios perdona nuestros pecados porque es misericordioso, y a causa del sacrificio expiatorio de Cristo por todos los pecadores.

680   **Salmo 86:15** Pero tú, Señor, eres un Dios compasivo y clemente, lento para la ira, pero grande en misericordia y verdad.

681   **Juan 3:16** Porque de tal manera amó Dios al mundo, que ha dado a su Hijo unigénito, para que todo aquel que en él cree no se pierda, sino que tenga vida eterna.

682   **Efesios 1:7** En él tenemos la redención por medio de su sangre, el perdón de los pecados según las riquezas de su gracia.

683   **1 Juan 2:2** Y él es la propiciación por nuestros pecados; y no solamente por los nuestros, sino también por los de todo el mundo.

206. ¿Cómo es posible que un Dios justo y santo declare justos a los pecadores (justificación)?

Dios declara justos a los pecadores por amor a Cristo; es decir, nuestros pecados le han sido atribuidos o cobrados a Cristo, el Salvador, y la justicia de Cristo nos ha sido atribuida o acreditada a nosotros.

684   **2 Corintios 5:21** Al que no cometió ningún pecado, por nosotros Dios lo hizo pecado, para que en él [Cristo] nosotros fuéramos hechos justicia de Dios.

685   **Romanos 3:22–24** Pues no hay diferencia alguna, por cuanto todos pecaron y están destituidos de la gloria de Dios; pero son justificados gratuitamente por su gracia, mediante la redención que proveyó Cristo Jesús.

686   **Romanos 4:25** El cual fue entregado por nuestros pecados, y resucitó para nuestra justificación.

Nota: Cuando nuestros pecados le fueron imputados a Cristo, él sufrió todo el castigo por ellos en nuestro lugar. Él resucitó y ahora vive por toda la eternidad para darnos su justicia. La obediencia, tanto pasiva como activa, de Cristo nos ha sido atribuida y somos recibidos mediante la fe.

"Nuestra justicia ante Dios consiste en que Dios perdona nuestros pecados de pura gracia, sin ninguna obra, mérito o dignidad de parte nuestra, ya sean precedentes, presentes o subsecuentes; que él nos da y atribuye la justicia resultante de la obediencia de Cristo [**Romanos 5:17–19**]; y que por causa de esta justicia somos recibidos por Dios en la gracia y considerados justos" (FC Ep III 4).

207. ¿Dónde ofrece Dios el perdón de los pecados?
Dios ofrece el perdón de los pecados en el evangelio.

687   **Lucas 24:46–47** [Jesús] les dijo: "Así está escrito, y así era necesario, que el Cristo padeciera y resucitara de los muertos al tercer día, y que en su nombre se predicara el arrepentimiento y el perdón de pecados en todas las naciones."

688   **Romanos 1:16** No me avergüenzo del evangelio, porque es poder de Dios para la salvación de todo aquel que cree: en primer lugar, para los judíos, y también para los que no lo son.

689   **2 Corintios 5:19** En Cristo, Dios estaba reconciliando al mundo consigo mismo, sin tomarles en cuenta sus pecados, y que a nosotros nos encargó el mensaje de la reconciliación.

208. ¿Cómo recibo el perdón de los pecados?
Recibo el perdón mediante la fe, es decir, creyendo en la promesa del evangelio.

690   **Génesis 15:6** Y Abrán creyó al Señor, y eso le fue contado por justicia.

691　**Juan 3:18** El que en él cree, no es condenado; pero el que no cree, ya ha sido condenado, porque no ha creído en el nombre del unigénito Hijo de Dios.

692　**Romanos 3:28** Por lo tanto, llegamos a la conclusión de que el hombre es justificado por la fe, sin las obras de la ley.

693　**Romanos 4:5** Pero al que no trabaja, sino que cree en aquel que justifica al pecador, su fe se le toma en cuenta como justicia.

209. Cuando mis pecados me condenan, y dudo, ¿cómo puedo estar seguro de mi perdón y mi salvación?

No puedo ni debo confiar en mí mismo de ninguna manera: ni en mis pensamientos ni sentimientos ni palabras ni obras.

A. Más bien, puedo estar seguro porque Dios, quien ha prometido el perdón de los pecados por amor a Cristo, siempre cumple sus promesas.

694　**Romanos 8:38–39** Por lo cual estoy seguro de que ni la muerte, ni la vida, ni los ángeles, ni los principados, ni las potestades, ni lo presente, ni lo por venir, ni lo alto, ni lo profundo, ni ninguna otra cosa creada nos podrá separar del amor que Dios nos ha mostrado en Cristo Jesús nuestro Señor.

695　**2 Corintios 1:20** Porque todas las promesas de Dios en él son "Sí". Por eso, por medio de él también nosotros decimos "Amén", para la gloria de Dios.

B. Puedo estar seguro porque Jesús ha derramado su preciosa y divina sangre para mi perdón y para el perdón de todos los pecadores: un sacrificio de infinito valor, aceptable ante Dios. No me queda nada que añadir: la sangre de Jesús me ha limpiado de todos mis pecados.

696　**Juan 19:30** Cuando Jesús probó el vinagre, dijo "Consumado es"; luego inclinó la cabeza y entregó el espíritu.

697　**1 Pedro 1:18–19** Ustedes saben que fueron rescatados de una vida sin sentido, la cual heredaron de sus padres; y que ese rescate no se pagó con cosas corruptibles, como el oro y la plata, sino con la sangre preciosa de Cristo, sin mancha y sin contaminación, como la de un cordero.

698 **Hebreos 10:12–14** Pero Cristo, después de ofrecer una sola vez un solo sacrificio por los pecados, para siempre se sentó a la derecha de Dios, y de ahí en adelante está en espera de que sus enemigos sean puestos por estrado de sus pies. Él, por medio de una sola ofrenda, hizo perfectos para siempre a los santificados.

C. Puedo estar seguro porque Dios me dice que yo soy suyo y mis pecados son perdonados cuando se me declara el evangelio en la Palabra hablada, en el Bautismo, en la absolución y en la Santa Cena. Esas palabras y promesas de Cristo son seguras y ciertas, sin importar cómo me sienta o cuán injusto yo sea. Ese evangelio es más que simple información: en realidad nos da el perdón de los pecados y la vida eterna en Jesús.

699 **Hechos 2:38** Y Pedro les dijo: "Arrepiéntanse, y bautícense todos ustedes en el nombre de Jesucristo, para que sus pecados les sean perdonados. Entonces recibirán el don del Espíritu Santo."

700 **Juan 20:22–23** Y habiendo dicho esto, sopló y les dijo: "Reciban el Espíritu Santo. A quienes ustedes perdonen los pecados, les serán perdonados; y a quienes no se los perdonen, no les serán perdonados."

701 **Mateo 26:28** Porque esto es mi sangre del nuevo pacto, que es derramada por muchos, para perdón de los pecados.

D. Puedo estar seguro porque Dios me asegura en la Escritura que me ha escogido en Cristo, por pura gracia, para que herede la vida eterna y que nadie pueda arrancarme de su mano (elección de gracia).

702 **Juan 10:27–28** Las que son mis ovejas, oyen mi voz; y yo las conozco, y ellas me siguen. Y yo les doy vida eterna; y no perecerán jamás, ni nadie las arrebatará de mi mano.

703 **Romanos 8:28–30** Ahora bien, sabemos que Dios dispone todas las cosas para el bien de los que lo aman, es decir, de los que él ha llamado de acuerdo a su propósito. Porque a los que antes conoció, también los predestinó para que sean hechos conforme a la imagen de su Hijo, para que él sea el primogénito entre muchos hermanos. Y a los que predestinó, también los llamó; y a los que llamó, también los justificó; y a los que justificó, también los glorificó.

704 **Efesios 1:3–6** Bendito sea el Dios y Padre de nuestro Señor Jesucristo, que en Cristo nos ha bendecido con toda bendición espiritual en los lugares celestiales. En él, Dios nos escogió antes de la fundación del mundo, para que en su presencia seamos santos e intachables. Por amor nos predestinó para que por medio de Jesucristo fuéramos adoptados como hijos suyos, según el beneplácito de su voluntad, para alabanza de la gloria de su gracia, con la cual nos hizo aceptos en el Amado.

"Además, cuando se enseña a la gente que deben buscar su eterna elección *en Cristo y en su santo evangelio*, como en el 'libro de la vida' (Filipenses 4:3; Apocalipsis 3:5, 20:15), esta doctrina no da a nadie motivo alguno para desesperar o para llevar una vida indecorosa y disoluta. En efecto, el evangelio no excluye (de la salvación) a ningún pecador penitente, sino que invita y llama al arrepentimiento, al reconocimiento del pecado y a la fe *en Cristo* a todos los pecadores afligidos y agobiados por sus iniquidades, y les promete el Espíritu Santo para purificación y renovación. Así, el evangelio da a los hombres afligidos y atribulados el más firme consuelo, a saber, la certeza de que su salvación no está puesta en las manos de ellos —de lo contrario, la perderían mucho más fácilmente que Adán y Eva en el paraíso, aún más, en cada hora y momento— sino en la misericordiosa elección de Dios que él nos ha revelado en Cristo, de cuya mano nadie nos arrebatará" (**Juan 10:28; 2 Timoteo 2:19**) (FC DS XI 89–90 [énfasis añadido]; ver también FC DS XI 43–49).

210. ¿Por qué debemos mantener firmemente esta enseñanza de perdón: la doctrina de la justificación por gracia, a causa de Cristo, mediante la fe?

Debemos aferrarnos con firmeza a esa enseñanza porque es la doctrina cristiana más importante. Esta enseñanza distingue a la fe cristiana de todas las otras religiones, pues estas últimas enseñan la salvación por obras. Solo esta enseñanza les da consuelo eterno a los pecadores penitentes y toda la gloria a Dios por su gracia y misericordia en Cristo Jesús.

705   **Hechos 4:12** En ningún otro hay salvación, porque no se ha dado a la humanidad ningún otro nombre bajo el cielo mediante el cual podamos alcanzar la salvación.

706   **Romanos 3:21–25** Pero ahora, aparte de la ley, se ha manifestado la justicia de Dios, y de ello dan testimonio la ley y los profetas. La justicia de Dios, por medio de la fe en Jesucristo, es para todos los que creen en él. Pues no hay diferencia alguna, por cuanto todos pecaron y están destituidos de la gloria de Dios; pero son justificados gratuitamente por su gracia, mediante la redención que proveyó Cristo Jesús, a quien Dios puso como sacrificio de expiación por medio de la fe en su sangre.

707   **Gálatas 5:4–5** Ustedes, los que por la ley se justifican, se han desligado de Cristo; han caído de la gracia. Pues nosotros por el Espíritu aguardamos, por fe, la esperanza de la justicia.

708   **Apocalipsis 1:5–6** Él nos amó; con su sangre nos lavó de nuestros pecados, y nos hizo reyes y sacerdotes para Dios, su Padre. Por eso, a él sea dada la gloria y el poder por los siglos de los siglos. Amén.

Lee también **Romanos 5:1–14**. En nuestras iglesias "se enseña que no podemos lograr el perdón del pecado y la justicia delante de Dios mediante nuestro mérito, obra y satisfacción, sino que obtenemos el perdón del pecado y llegamos a ser justos delante de Dios por gracia, por causa de Cristo mediante la fe, si creemos que Cristo padeció por nosotros y que por su causa se nos perdona el pecado y se nos conceden la justicia y la vida eterna. Pues Dios ha de considerar e imputar esta fe como justicia delante de sí mismo" (CA IV 1–3).

Relaciones y aplicaciones

211. ¿Dónde puedo encontrar a la iglesia en el mundo? ¿Cómo reconozco la iglesia?

Aunque no puedo ver la iglesia (como comunidad de creyentes), puedo ver características identificadoras (también llamadas "marcas") de la Iglesia.

212. ¿Cuáles son las características identificadoras de la iglesia?

Las marcas identificadoras que garantizan la presencia de la iglesia son la proclamación pura del evangelio y la correcta administración de los sacramentos. Donde existen, el Espíritu produce fe. La palabra de Dios de promesa es segura y hace lo que dice.

709   **Isaías 55:10–11** Así como la lluvia y la nieve caen de los cielos, y no vuelven allá, sino que riegan la tierra y la hacen germinar y producir, con lo que dan semilla para el que siembra y pan para el que come, así también mi palabra, cuando sale de mi boca, no vuelve a mí vacía, sino que hace todo lo que yo quiero, y tiene éxito en todo aquello para lo cual la envié.

710   **Romanos 10:17** Así que la fe proviene del oír, y el oír proviene de la palabra de Dios.

711   **1 Corintios 10:16** La copa de bendición por la cual damos gracias, ¿no es la comunión de la sangre de Cristo? Y el pan que partimos, ¿no es la comunión del cuerpo de Cristo?

712   **Mateo 18:20** Porque donde dos o tres se reúnen en mi nombre, allí estoy yo, en medio de ellos.

213. ¿Cuáles son otras señales externas de que la iglesia está presente?

Las reuniones de oración, el culto divino, los frutos de la fe y el sufrimiento por Cristo también sirven como señales externas de que la iglesia está presente sin garantizarlo. La iglesia también usa el Oficio de las Llaves para reprender y perdonar los pecados, así como para consagrar ministros para que prediquen y enseñen en nombre de todos.

713 **Juan 13:35** En esto conocerán todos que ustedes son mis discípulos, si se aman unos a otros.

714 **1 Pedro 2:21** Y ustedes fueron llamados para esto. Porque también Cristo sufrió por nosotros, con lo que nos dio un ejemplo para que sigamos sus pasos.

715 **2 Timoteo 1:8** Por tanto, no te avergüences de dar testimonio de nuestro Señor, ni tampoco de mí, preso suyo. Al contrario, participa de las aflicciones por el evangelio según el poder de Dios,

716 **Hechos 2:42–43** Las cuales se mantenían fieles a las enseñanzas de los apóstoles y en el mutuo compañerismo, en el partimiento del pan y en las oraciones. Al ver las muchas maravillas y señales que los apóstoles hacían, todos se llenaban de temor.

717 **Hebreos 10:24–25** Tengámonos en cuenta unos a otros, a fin de estimularnos al amor y a las buenas obras. No dejemos de congregarnos, como es la costumbre de algunos, sino animémonos unos a otros; y con más razón ahora que vemos que aquel día se acerca.

718 **Romanos 12:14** Bendigamos a los que nos persiguen; bendigamos y no maldigamos.

214. ¿Cuál es la misión de la iglesia sobre la tierra?

La misión de la iglesia es confesar y proclamar el perdón de los pecados por causa de Jesús (1) predicando la Palabra, administrando los sacramentos, enviando misioneros y estableciendo nuevas congregaciones y (2) con el testimonio diario de los hijos de Dios bautizados, su real sacerdocio.

719 **Mateo 28:19** Por tanto, vayan y hagan discípulos en todas las naciones, y bautícenlos en el nombre del Padre, y del Hijo, y del Espíritu Santo.

720   **Hechos 2:42** Las cuales se mantenían fieles a las enseñanzas de los apóstoles y en el mutuo compañerismo, en
el partimiento del pan y en las oraciones.

721   **1 Pedro 2:9** Pero ustedes son linaje escogido, real sacerdocio, nación santa, pueblo adquirido por Dios, para que
anuncien los hechos maravillosos de aquel que los llamó
de las tinieblas a su luz admirable.

Lee **Hechos 8:26–35**, donde Felipe le dio testimonio al eu-
nuco y **Hechos 4:23–30**, donde los cristianos oraron para que se
proclamara el evangelio; ver también **Hechos 8:1, 4; 13:2; 1 Pedro 3:15**. Como parte de su vocación en la vida, todo cristiano
tiene el deber de hablarles a los demás del evangelio.

*215. ¿Cuáles son algunos de los privilegios y las responsabili-
dades de los miembros de la iglesia?*

A. Debemos recibir regularmente la Palabra y los sacramentos
dentro de la comunidad de creyentes.

722   **Juan 8:31–32** Entonces Jesús dijo a los judíos que habían
creído en él: "Si ustedes permanecen en mi palabra, serán
verdaderamente mis discípulos; y conocerán la verdad, y
la verdad los hará libres."

723   **Juan 15:5** Yo soy la vid y ustedes los pámpanos; el que
permanece en mí, y yo en él, éste lleva mucho fruto;
porque separados de mí ustedes nada pueden hacer.

724   **Colosenses 3:16** La palabra de Cristo habite ricamente
en ustedes. Instrúyanse y exhórtense unos a otros con
toda sabiduría; canten al Señor salmos, himnos y cánticos
espirituales, con gratitud de corazón.

B. Debemos pertenecer a congregaciones que confiesen y enseñen la pura palabra de Dios.

725   **Hechos 17:11** Éstos eran más nobles que los de Tesalónica,
pues recibieron la palabra con mucha atención, y todos
los días examinaban las Escrituras para ver si era cierto
lo que se les anunciaba.

726   **2 Corintios 6:14** No se unan con los incrédulos en un yugo desigual. Pues ¿qué tiene en común la justicia con la injusticia? ¿O qué relación puede haber entre la luz y las tinieblas?

727   **2 Timoteo 4:3-4** Porque vendrá un tiempo en que no soportarán la sana doctrina, sino que aun teniendo comezón de oír se amontonarán maestros conforme a sus propios malos deseos, y apartarán de la verdad sus oídos y se volverán a las fábulas.

C. Debemos tener cuidado con las falsas enseñanzas, los falsos maestros y las organizaciones falsas que promueven enseñanzas falsas, y debemos evitarlas.

728   **Mateo 7:15-16** Cuídense de los falsos profetas, que vienen a ustedes disfrazados de ovejas, pero por dentro son lobos rapaces. Ustedes los conocerán por sus frutos, pues no se recogen uvas de los espinos, ni higos de los abrojos.

729   **Gálatas 1:8** Pero si aun nosotros, o un ángel del cielo, les anuncia otro evangelio diferente del que les hemos anunciado, quede bajo maldición.

730   **Romanos 16:17-18** Pero les ruego, hermanos, que se cuiden de los que causan divisiones y tropiezos en contra de la enseñanza que ustedes han recibido, y que se aparten de ellos. Porque tales personas no sirven a nuestro Señor Jesucristo, sino a su propio vientre, y con palabras suaves y lisonjeras engañan al corazón de los ingenuos.

731   **1 Juan 4:1** Amados, no crean a todo espíritu, sino pongan a prueba los espíritus, para ver si son de Dios. Porque muchos falsos profetas han salido por el mundo.

D. Debemos hablarles a los demás sobre Jesús, participar en las obras de misericordia y servicio, y apoyar el ministerio de la iglesia con oración y dones financieros.

732   **Juan 20:21** Entonces Jesús les dijo una vez más: "La paz sea con ustedes. Así como el Padre me envió, también yo los envío a ustedes."

733   **Lucas 10:2** Les dijo: "Ciertamente, es mucha la mies, pero son pocos los segadores. Por tanto, pidan al Señor de la mies que envíe segadores a cosechar la mies."

734   **Gálatas 6:6** El que recibe enseñanza en la palabra, haga partícipe de toda cosa buena al que lo enseña.

Lee las palabras de Pedro en **Hechos 2:17–39** y sobre el apoyo al ministerio en **Filipenses 4:16–19**. Lee también **2 Corintios 8–9** para ver cómo San Pablo recolectaba dinero para los santos pobres de Jerusalén para que todos pudieran ver que la iglesia es una.

216. ¿Cuáles son algunas de nuestras responsabilidades hacia otros cristianos y los organismos de la iglesia?

A. Debemos orar continuamente por todos nuestros hermanos cristianos y trabajar con ellos cuando sea posible para aliviar el sufrimiento humano.

B. Debemos evitar y sanar divisiones pecaminosas entre los cristianos y entre organismos de la iglesia que sean resultado de las opiniones humanas, así como de su situación económica, raza, origen étnico, tribu, casta, etc.

C. Debemos expresar la unidad de la iglesia practicando el compañerismo en el altar y en el púlpito con los organismos de la iglesia con quienes hemos llegado a compartir una confesión de fe común basada en la palabra de Dios.

D. Cuando estamos en desacuerdo con otros cristianos con respecto a la palabra de Dios, no debemos pretender que esas divisiones carecen de importancia ni dar falso testimonio de unidad congregándonos juntos.

E. Debemos lamentar la desunión doctrinal entre las iglesias cristianas e invitar a otros para que dialoguen, con la sincera esperanza de que podamos reconciliarnos y congregarnos juntos nuevamente.

F. Debemos pedirle a Dios que sane las divisiones que existen dentro de la iglesia hoy para que un día podamos expresar nuestra unidad en la fe, así como estamos unidos en Cristo.

735 **Efesios 4:3-6** Procuren mantener la unidad del Espíritu en el vínculo de la paz. Así como ustedes fueron llamados a una sola esperanza, hay también un cuerpo y un Espíritu, un Señor, una fe, un bautismo, y un Dios y Padre de todos, el cual está por encima de todos, actúa por medio de todos, y está en todos.

736 **1 Corintios 1:10** Hermanos, les ruego por el nombre de nuestro Señor Jesucristo, que se pongan de acuerdo y que no haya divisiones entre ustedes, sino que estén perfectamente unidos en un mismo sentir y en un mismo parecer.

737 **Juan 17:17-21** Santifícalos en tu verdad; tu palabra es verdad. Tal como tú me enviaste al mundo, así yo los he enviado al mundo. Y por ellos yo me santifico a mí mismo, para que también ellos sean santificados en la verdad. Pero no ruego solamente por éstos, sino también por los que han de creer en mí por la palabra de ellos, para que todos sean uno; como tú, oh Padre, en mí, y yo en ti, que también ellos sean uno en nosotros; para que el mundo crea que tú me enviaste.

G. Debemos vivir en perdón con todos los que nos rodean, perdonando prontamente a quienes pecan contra nosotros, especialmente a los integrantes de nuestra familia y nuestra iglesia (**Lucas 23:34**), y pedir rápidamente el perdón de otros (ver **Mateo 18:21-35**).

217. ¿La iglesia existirá siempre?

Sí. El Espíritu Santo preservará a la iglesia y la mantendrá con Cristo hasta que él regrese.

738 **Mateo 16:18** Y yo te digo que tú eres Pedro, y sobre esta roca edificaré mi iglesia, y las puertas del Hades no podrán vencerla.

739 **Mateo 28:20** Enséñenles a cumplir todas las cosas que les he mandado. Y yo estaré con ustedes todos los días, hasta el fin del mundo. Amén.

740   **Juan 17:12** Cuando estaba con ellos en el mundo, yo los
cuidaba en tu nombre; a los que me diste, yo los cuidé, y
ninguno de ellos se perdió, sino el hijo de perdición, para
que la Escritura se cumpliera.

218. ¿Debo esperar que la vida en la iglesia sea de continua paz y armonía?

A. No; no en esta vida. Puedo esperar que la iglesia en la época
actual esté trabada en una lucha continua con Satanás porque él
ataca desesperadamente al pueblo de Cristo (Iglesia Militante).

741   **Juan 16:33** Estas cosas les he hablado para que en mí
tengan paz. En el mundo tendrán aflicción; pero confíen,
yo he vencido al mundo.

742   **Efesios 6:12** La batalla que libramos no es contra gente
de carne y hueso, sino contra principados y potestades,
contra los que gobiernan las tinieblas de este mundo,
¡contra huestes espirituales de maldad en las regiones
celestes!

743   **1 Pedro 4:12–14** Amados hermanos, no se sorprendan
de la prueba de fuego a que se ven sometidos, como si les
estuviera sucediendo algo extraño. Al contrario, alégrense
de ser partícipes de los sufrimientos de Cristo, para que
también se alegren grandemente cuando la gloria de
Cristo se revele. ¡Bienaventurados ustedes, cuando sean
insultados por causa del nombre de Cristo! ¡Sobre ustedes
reposa el glorioso Espíritu de Dios!

744   **1 Pedro 5:8–9** Sean prudentes y manténganse atentos,
porque su enemigo es el diablo, y él anda como un
león rugiente, buscando a quien devorar. Pero ustedes,
manténganse firmes y háganle frente. Sepan que en todo
el mundo sus hermanos están enfrentando los mismos
sufrimientos.

B. Al final, sí. Puedo esperar que la iglesia celebre la victoria
final sobre Satanás y las fuerzas de las tinieblas cuando Cristo regrese (Iglesia Triunfante).

745   **Isaías 25:8** Dios el Señor destruirá a la muerte para
      siempre, enjugará de todos los rostros toda lágrima, y
      borrará de toda la tierra la afrenta de su pueblo. El Señor
      lo ha dicho.

746   **Apocalipsis 7:17** Porque el Cordero que está en medio
      del trono los pastoreará y los llevará a fuentes de agua de
      vida, y Dios mismo secará de sus ojos toda lágrima.

747   **Apocalipsis 21:4** Dios enjugará las lágrimas de los ojos
      de ellos, y ya no habrá muerte, ni más llanto, ni lamento
      ni dolor; porque las primeras cosas habrán dejado de
      existir.

Salmo 27

Oración – Padre Santo, con tu Espíritu me llevaste
a la fe en tu Hijo y me convertiste en miembro de su cuerpo: la iglesia. Te agradezco porque a diario y ricamente
me perdonas mis muchos pecados, dándome consuelo y
paz en esta vida y una esperanza cierta en la vida venidera. Dame alegría por la promesa que me hiciste en el
Bautismo y un corazón listo para escuchar y atesorar tu
Palabra. Por Jesucristo, mi Señor, que vive y reina contigo y con el Espíritu Santo, un solo Dios, ahora y para
siempre. Amén.

El Tercer Artículo (Parte 3)

Creo en el Espíritu Santo; la santa iglesia cristiana, la comunión de los santos; el perdón de los pecados; la resurrección de la carne y la vida perdurable. Amén.

¿Qué significa esto?

Creo que ni por mi propia razón, ni por mis propias fuerzas soy capaz de creer en Jesucristo, mi Señor, o venir a él; sino que el Espíritu Santo me ha llamado mediante el evangelio, me ha iluminado con sus dones, y me ha santificado y conservado en la verdadera fe,

del mismo modo como él llama, congrega, ilumina y santifica a toda la cristiandad en la tierra, y la conserva unida a Jesucristo en la verdadera y única fe; en esta cristiandad él me perdona todos los pecados a mí y a todos los creyentes, diaria y abundantemente,

y en el último día me resucitará a mí y a todos los muertos y me dará en Cristo, juntamente con todos los creyentes, la vida eterna.

Esto es con toda certeza la verdad.

La idea central

Todas las personas anhelan un futuro mejor y esperan que las cosas mejoren en su vida y en el mundo.

¿Qué tipo de futuro esperan y anhelan las personas hoy en día?

Lee **Hechos 24:14–21**. ¿Por qué causa dijo Pablo que estaba siendo juzgado? ¿Cuál era su esperanza?

✠ *Como cristianos, anhelamos la resurrección del cuerpo y la vida eterna en los nuevos cielos y la nueva tierra: la época cuando seremos "enteramente puros y santos... sacados y libertados del pecado, la muerte y toda desdicha, en cuerpo nuevo, inmortal y transfigurado" (CMa II 58).*

¿Cómo nuestra esperanza de la resurrección puede afectar la forma como concebimos el sufrimiento en este mundo?

Una lectura más cercana del Catecismo Menor

219. ¿Qué sucederá cuando Jesús regrese de forma visible?
Dios me resucitará a mí y a todos los muertos.

748   **Job 19:25-27** Yo sé que mi Redentor vive, y que al final se levantará del polvo. También sé que he de contemplar a Dios, aun cuando el sepulcro destruya mi cuerpo. Yo mismo seré quien lo vea, y lo veré con mis propios ojos, aun cuando por dentro ya estoy desfalleciendo.

749   **Juan 5:28-29** No se asombren de esto: Vendrá el tiempo cuando todos los que están en los sepulcros oirán su voz; y los que hicieron lo bueno, saldrán a resurrección de vida; pero los que hicieron lo malo, a resurrección de condenación.

750   **1 Tesalonicenses 4:16** Sino que el Señor mismo descenderá del cielo con voz de mando, con voz de arcángel y con trompeta de Dios, y los muertos en Cristo resucitarán primero.
      Lee Daniel 12:2 y 1 Corintios 15:12-56.

220. ¿Cómo será mi cuerpo resucitado?
Jesús resucitará mi cuerpo y lo transformará en un cuerpo glorificado para la vida eterna en la nueva creación.

751   **Filipenses 3:21** Él transformará el cuerpo de nuestra humillación, para que sea semejante al cuerpo de su gloria, por el poder con el que puede también sujetar a sí mismo todas las cosas.

752   **1 Corintios 15:42-43** Así será también en la resurrección de los muertos: Lo que se siembra en corrupción, resucitará en incorrupción; lo que se siembra en deshonra, resucitará en gloria; lo que se siembra en debilidad, resucitará en poder.

221. ¿Qué les sucederá el Último Día a quienes hayan rechazado a Cristo (incrédulos)?
Los incrédulos también resucitarán físicamente, pero a la muerte eterna, es decir a la pena y el tormento en el infierno para siempre.

753   **Isaías 66:24** Y cuando salgan, verán los cadáveres de aquellos que se rebelaron contra mí. Porque sus gusanos nunca morirán, ni se apagará su fuego. Y todo el mundo los verá con repugnancia.

754   **Mateo 10:28** No teman a los que matan el cuerpo, pero no pueden matar el alma. Más bien, teman a aquel que puede destruir alma y cuerpo en el infierno.

755   **Mateo 25:41** Entonces dirá también a los de la izquierda: ¡Apártense de mí, malditos! ¡Vayan al fuego eterno, preparado para el diablo y sus ángeles!

Lee **Lucas 16:19–31**, sobre el hombre rico y Lázaro.

Relaciones y aplicaciones

222. ¿Por qué mueren las personas?

La muerte es la terrible consecuencia del pecado.

756   **Romanos 5:12** Por tanto, como el pecado entró en el mundo por un solo hombre, y por medio del pecado entró la muerte, así la muerte pasó a todos los hombres, por cuanto todos pecaron.

757   **Romanos 6:23** Porque la paga del pecado es muerte, pero la dádiva de Dios es vida eterna en Cristo Jesús, nuestro Señor.

223. ¿Qué me pasará como cristiano cuando muera?

Cuando muera, se romperá la unidad que Dios le dio a mi cuerpo con mi espíritu. Inmediatamente estaré en la presencia de Cristo, en el cielo, pero mi cuerpo permanecerá en la tumba hasta la resurrección.

758   **Filipenses 1:23–24** Por ambas cosas me encuentro en un dilema, pues tengo el deseo de partir y estar con Cristo, lo cual es muchísimo mejor; pero quedarme en la carne es más necesario por causa de ustedes.

759   **Filipenses 3:20** Pero nuestra ciudadanía está en los cielos, de donde también esperamos al Salvador, al Señor Jesucristo.

760 **2 Corintios 5:8** Pero confiamos, y quisiéramos más bien ausentarnos del cuerpo y presentarnos ante el Señor.

761 **2 Timoteo 4:18** Y el Señor me librará de toda obra mala, y me preservará para su reino celestial. A él sea la gloria por los siglos de los siglos. Amén.

762 **Lucas 23:43** Jesús le dijo: "De cierto te digo que hoy estarás conmigo en el paraíso."

763 **Juan 17:24** Padre, quiero que donde yo estoy también estén conmigo aquellos que me has dado, para que vean mi gloria, la cual me has dado; porque me has amado desde antes de la fundación del mundo.

Nota: La Biblia se refiere al cielo para designar tanto al firmamento como a la morada de Dios y los santos ángeles (**1 Reyes 8:30**). La locución "los cielos y la tierra" describe al universo entero creado (**Génesis 1:1**). Dios mora en el cielo (**Génesis 24:7**; **Deuteronomio 26:15**), mucho más allá de nosotros y de nuestra capacidad de comprensión. Por lo tanto, el cielo seguirá siendo un gran misterio hasta que estemos unidos a Cristo. Lo que sabemos con confianza es que en el cielo Dios escucha nuestras oraciones y ve nuestras necesidades (**1 Reyes 8:30–51**; **Génesis 21:17**; **Mateo 6:9**) y que envió a su Hijo desde el cielo para nuestra salvación (**Juan 6:38**). Debido a la muerte, resurrección y ascensión de Jesús, ahora él nos promete a todos los que confiamos en él que la muerte no tiene poder sobre nosotros y que estaremos con él en su morada celestial (**Juan 14:2–3**; **Lucas 23:43**; **Efesios 2:4–7**; **2 Timoteo 4:18**; **Hebreos 11:16**).

La Iglesia Católica Romana enseña que existe el purgatorio, es decir, un estado o una condición después de la muerte para que las almas se purifiquen para entrar al cielo. Se piensa que se aplica solo a los creyentes que necesitan limpieza del castigo de sus pecados. Esa enseñanza es contraria a la Escritura y el evangelio.

224. ¿Qué me sucederá cuando sea resucitado de la muerte el Último Día?

Disfrutaré de estar con Cristo en su nueva creación, en cuerpo y alma, para siempre.

764 **1 Corintios 15:51–52** Presten atención, que les voy a contar un misterio: No todos moriremos, pero todos seremos transformados en un instante, en un abrir y cerrar de ojos, cuando suene la trompeta final. Pues la trompeta sonará, y los muertos serán resucitados incorruptibles, y nosotros seremos transformados.

765 **Mateo 25:34** Y entonces el Rey dirá a los de su derecha: Vengan, benditos de mi Padre, y hereden el reino preparado para ustedes desde la fundación del mundo.

766 **Salmo 16:11** Tú me enseñas el camino de la vida; con tu presencia me llenas de alegría; ¡estando a tu lado seré siempre dichoso!

225. ¿Qué le sucederá a este mundo después de que nosotros, los cristianos, seamos resucitados de la muerte?

La actual creación, al igual que nuestros propios cuerpos, será liberada de la esclavitud de la corrupción y Dios creará un nuevo cielo y una nueva tierra.

767 **Romanos 8:19–23** Porque la creación aguarda con gran impaciencia la manifestación de los hijos de Dios. Porque la creación fue sujetada a vanidad, no por su propia voluntad, sino porque así lo dispuso Dios, pero todavía tiene esperanza, pues también la creación misma será liberada de la esclavitud de corrupción, para así alcanzar la libertad gloriosa de los hijos de Dios. Porque sabemos que toda la creación hasta ahora gime a una, y sufre como si tuviera dolores de parto. Y no sólo ella, sino también nosotros, que tenemos las primicias del Espíritu, gemimos dentro de nosotros mismos mientras esperamos la adopción, la redención de nuestro cuerpo.

768 **Santiago 1:18** Él, por su propia voluntad, nos hizo nacer por medio de la palabra de verdad, para que seamos los primeros frutos de su creación.

769 **Apocalipsis 21:5** El que estaba sentado en el trono dijo: "Mira, yo hago nuevas todas las cosas." Y me dijo: "Escribe, porque estas palabras son fieles y verdaderas."

226. ¿Cómo será la nueva creación?

La nueva creación se describe de maneras tanto conocidas como misteriosamente desconocidas. La Biblia describe el nuevo cielo y la nueva tierra en términos muy similares a como era la creación antes de la caída, pero completamente nueva y también distinta en cierta forma.

770 **2 Pedro 3:13** Pero, según sus promesas, nosotros esperamos un cielo nuevo y una tierra nueva, donde reinará la justicia.

771 **Isaías 65:17-18** ¡Fíjense bien! ¡Ya estoy creando nuevos cielos y nueva tierra! De los primeros, nadie volverá a acordarse, ni los traerá más a la memoria. Al contrario, ustedes se alegrarán y regocijarán siempre en lo que voy a crear. Estoy por crear una Jerusalén alegre y un pueblo gozoso.

772 **Apocalipsis 21:1** Vi entonces un cielo nuevo y una tierra nueva, porque el primer cielo y la primera tierra habían dejado de existir, y el mar tampoco existía ya.

773 **Apocalipsis 22:3, 5** Allí no habrá maldición. El trono de Dios y del Cordero estará en medio de ella, y sus siervos lo adorarán… Allí no volverá a haber noche; no hará falta la luz de ninguna lámpara ni la luz del sol, porque Dios el Señor los iluminará. Y reinarán por los siglos de los siglos.

774 **Mateo 22:30** Porque en la resurrección, ni se casarán ni se darán en casamiento, sino que serán como los ángeles de Dios en el cielo.

775 **Isaías 60:19-20** El sol no volverá a ser tu luz durante el día, ni te alumbrará más el resplandor de la luna, porque el Señor será para ti una luz perdurable; tu Dios será tu gloria. Tu sol no volverá a ponerse, ni tu luna volverá a oscurecerse, porque el Señor será para ti una luz perdurable, y tus días de tristeza llegarán a su fin.

Lee **2 Pedro 3:5-13**, donde Pedro compara la limpieza de la creación en la hora final mediante fuego con la limpieza de la tierra mediante el diluvio en la época de Noé. En **Apocalipsis 21:1–5,** Juan describe el nuevo cielo y la nueva tierra como la nueva Jerusalén.

227. ¿Sabemos cuándo sucederá todo esto?
A. No. No sabemos cuándo será el Último Día.

776 **1 Tesalonicenses 5:2** Ustedes saben perfectamente que el día del Señor llegará como ladrón en la noche.

777 **Mateo 24:44** Por tanto, también ustedes estén preparados, porque el Hijo del Hombre vendrá a la hora que menos lo esperen.

B. Aunque no sabemos cuándo será el Último Día, sabemos que actualmente estamos viviendo los últimos días del mundo y debemos estar atentos al regreso de Cristo.

778 **Marcos 13:3–8** Estaba Jesús sentado en el monte de los Olivos, frente al templo, cuando Pedro, Jacobo, Juan y Andrés le preguntaron por separado: "Dinos, ¿cuándo sucederá todo esto? ¿Y cuál será la señal de que todas estas cosas están por cumplirse?" Jesús les respondió: "Cuídense de que nadie los engañe. Porque muchos vendrán en mi nombre, y dirán: Yo soy el Cristo, y a muchos los engañarán. Cuando oigan hablar de guerras y de rumores de guerras, no se angustien, porque así es necesario que suceda, pero aún no será el fin. Se levantará nación contra nación, y reino contra reino, y habrá terremotos en muchos lugares, y habrá también hambre. Esto será el principio de los dolores."

779 **Marcos 13:35–37** Así que ustedes deben mantenerse despiertos, porque no saben cuándo vendrá el señor de la casa, si al caer la tarde, o a la medianoche, o cuando cante el gallo, o al amanecer; no sea que venga cuando menos lo esperen, y los encuentre dormidos. Esto que les digo a ustedes, se lo digo a todos: ¡Manténganse despiertos!

780 **Apocalipsis 22:20** El que da testimonio de estas cosas dice: "Ciertamente, vengo pronto." Amén. ¡Ven, Señor Jesús!

228. ¿Qué sucederá el Último Día?

Ese gran día glorioso, cuando Cristo regrese, sucederán todas estas cosas:

A. Jesús aparecerá en gloria visiblemente con sus ángeles (**Mateo 25:31**).

B. Los reinos de este mundo darán paso al eterno reinado de Cristo, y la historia humana llegará a su fin (**Apocalipsis 21:23–24**).

C. Los muertos resucitarán, los cuerpos de todos los creyentes (los que estén vivos y los que resuciten de la tumba) serán glorificados (**1 Corintios 15:51–52**).

D. Cristo juzgará a todas las personas (**Mateo 25:31–46**).

E. Satanás será vencido y expulsado para siempre (**Apocalipsis 20:10**).

F. La actual creación será limpiada con fuego y los cielos y la tierra serán hechos nuevos otra vez (**2 Pedro 3:7–13**).

G. Nos reuniremos con todos los que murieron en la fe (**Apocalipsis 7:9**).

H. Habrá una gran fiesta con alegría interminable (**Apocalipsis 19:6–9**).

I. Veremos a Dios, y Dios morará con nosotros para siempre (**Apocalipsis 21:3; 22:4**).

229. ¿Cuáles son algunas de las falsas enseñanzas sobre el fin del tiempo y la vida eterna?

A. El milenialismo generalmente enseña un reinado visible de Cristo sobre la tierra por mil años antes del juicio final, y no reconoce que las Escrituras muchas veces utilizan los números de forma simbólica. Los luteranos y la mayoría de las iglesias cristianas entienden el reinado de mil años de Cristo al que se alude en **Apocalipsis 20:4–6** como una referencia simbólica al reinado de Cristo sobre su iglesia en la tierra desde su ascensión hasta el Último Día (**1 Corintios 15:52**).

B. La enseñanza del rapto dice que el reinado de mil años se produce después de un regreso secreto de Jesús, cuando los creyentes son "arrebatados… en el aire" y sacados de la tierra. Eso convierte la simple y consoladora esperanza de la segunda venida de Cristo (**1 Tesalonicenses 4:13–18**) en etapas complicadas (contrarias a **1 Tesalonicenses 5:1–3; Hebreos 9:27–28; Juan 5:28–29**); niega que los creyentes sufrirán las tribulaciones de Satanás (en oposición a **Mateo 24:9; Hechos 14:22**); y dice que los que rechazan a Cristo tendrán una segunda oportunidad para lograr la salvación durante un reinado terrenal (contrario a **Lucas 16:27–31; Apocalipsis 20:11–15**).

C. La reencarnación es la creencia de algunos filósofos y algunas religiones de que cuando las personas mueren, vuelven a nacer en otro cuerpo o en una serie de otros cuerpos. La doctrina de la reencarnación es contraria a la promesa bíblica de la resurrección de nuestro cuerpo cuando Cristo regrese (ver **Juan 5:28–29; 11:24; 1 Corintios 15:50–53; Hebreos 9:27**).

Salmo 42

Oración – Santo Espíritu, Señor y dador de vida, tú me has llevado a Cristo y, por su evangelio, me prometes la victoria final sobre el pecado, la muerte, y el diablo, Mantenme firme y confiado en el conocimiento de que, el Último Día, tú resucitarás a todos los muertos y me darás vida eterna junto con todos los creyentes en Cristo, mi Señor, en cuyo nombre oro. Amén.

EL PADRENUESTRO

Padre nuestro que estás en los cielos. Santificado sea tu nombre. Venga a nos tu reino. Hágase tu voluntad, así en la tierra como en el cielo. El pan nuestro de cada día, dánoslo hoy. Y perdónanos nuestras deudas, así como nosotros perdonamos a nuestros deudores. Y no nos dejes caer en la tentación. Mas líbranos del mal. Porque tuyo es el reino y el poder y la gloria por los siglos de los siglos. Amén.

230. ¿Por qué el Padrenuestro está ubicado después del Credo en el catecismo?

Los Diez Mandamientos revelan cómo Dios nos creó para que viviéramos con él y con los demás. El Credo nos muestra todo lo que Dios ha hecho, para que podamos ser sus hijos y vivamos de acuerdo con su voluntad. Ahora, en el Padrenuestro, oramos para que se haga la voluntad de Dios y para que sus dones sean recibidos frente a todos los peligros.

231. ¿Qué es la oración?

La oración es hablar con Dios con palabras y pensamientos.

781 **Salmo 19:14** Tú, Señor, eres mi roca y mi redentor; ¡agrádate de mis palabras y de mis pensamientos!

232. ¿Cómo inicia Dios la oración?

Primero, Dios viene a nosotros y nos habla mediante su Palabra, invitándonos así a responder en oración. En su Palabra, Dios:

A. Nos ordena que nos acerquemos a él en oración para mostrar con cuánto fervor quiere ayudarnos;

782   **Salmo 105:1** ¡Alaben al Señor, invoquen su nombre! ¡Que los pueblos reconozcan sus obras!

783   **1 Tesalonicenses 5:17–18** Oren sin cesar. Den gracias a Dios en todo, porque ésta es su voluntad para ustedes en Cristo Jesús.

B. Promete escuchar nuestras oraciones para que podamos acercarnos a él con confianza;

784   **Mateo 21:22** Si ustedes creen, todo lo que pidan en oración lo recibirán.

785   **Juan 16:24** Hasta ahora nada han pedido en mi nombre; pidan y recibirán, para que su alegría se vea cumplida.

786   **Santiago 1:6–7** Pero tiene que pedir con fe y sin dudar nada, porque el que duda es como las olas del mar, que el viento agita y lleva de un lado a otro. Quien sea así, no piense que recibirá del Señor cosa alguna.

C. Nos da las palabras exactas que podemos usar en la oración y que pueden servir como patrón para la oración.

787   **Mateo 6:9** Por eso, ustedes deben orar así: Padre nuestro, que estás en los cielos.

Nota: El libro de Salmos, a menudo designado como "el libro de oración de la Biblia", está lleno de oraciones que nuestro Padre nos da para que usemos. Muchas veces Jesús se refirió a los Salmos y los utilizó para orar (**Mateo 27:46** [**Salmo 22:1**]; **Lucas 23:46** [**Salmo 31:5**]; **Mateo 21:16** [**Salmo 8:2**]; **Mateo 22:44** [**Salmo 110:1**]; **Juan 10** [**Salmo 23; 95**]), y los cristianos han seguido su ejemplo en el culto divino y la oración personal desde entonces.

233. ¿Qué tipos de oración encontramos en la Biblia?

Las oraciones en la Biblia tienen las siguientes formas:

A. Confesión, en la cual reconocemos nuestros pecados ante Dios (como el **Salmo 51**);

B. Petición, en la cual buscamos la ayuda de Dios (como el **Salmo 22**);

C. Intercesión, en la cual pedimos por otras personas (como el **Salmo 82**);

D. Acción de gracias, en la cual le expresamos nuestra gratitud a Dios por sus dones (como el **Salmo 118**);

E. Lamento o queja, en la cual le expresamos nuestras aflicciones a Dios (como el **Salmo 10**);

F. Alabanza o adoración, en la cual ensalzamos las maravillosas obras y cualidades de Dios (como el **Salmo 136**).

234. ¿Qué tienen en común todas esas formas de oración?

En cada caso, la oración reconoce que recibimos la vida y todos los dones buenos de Dios.

235. ¿Cómo responde Dios la oración?

Dios, nuestro Padre, escucha las oraciones de sus hijos a su manera y en su tiempo.

788   **Isaías 65:24** Antes de que me pidan ayuda, yo les responderé; no habrán terminado de hablar cuando ya los habré escuchado.

789   **2 Corintios 12:8–9** Tres veces le he rogado al Señor que me lo quite, pero él me ha dicho: "Con mi gracia tienes más que suficiente, porque mi poder se perfecciona en la debilidad." Por eso, con mucho gusto habré de jactarme en mis debilidades, para que el poder de Cristo repose en mí.

Estos pasajes nos animan a orar con fe y confianza: **Mateo 8:5–13**, donde Jesús sanó al siervo del centurión; **Mateo 9:1–8**, donde Jesús sanó a un paralítico; **Éxodo 3:7–10**, donde el Señor planeó rescatar a Israel de Egipto; y **Lucas 18:1–8**, donde Jesús cuenta la parábola de la viuda persistente.

236. ¿Por quién debemos orar?

Debemos orar por nosotros mismos y por los demás, incluso por nuestros enemigos.

790   **1 Timoteo 2:1-2** Ante todo, exhorto a que se hagan rogativas, oraciones, peticiones y acciones de gracias por todos los hombres; por los reyes y por todos los que ocupan altos puestos, para que vivamos con tranquilidad y reposo, y en toda piedad y honestidad.

791   **Mateo 5:44** Oren por quienes los persiguen.

Lee **Lucas 18:13**, acerca del cobrador de impuestos que oró por sí mismo; **Génesis 18:23-32**, acerca de cómo Abrahán oró por Sodoma; **Mateo 15:22-28**, acerca de la mujer cananea que oró por su hija; **Lucas 23:34**, acerca de cómo Jesús oró por sus enemigos; y **Hechos 7:60**, acerca de cuando Esteban oró por sus enemigos.

En la Escritura no existe una orden ni exhortación a orar por los muertos (ver **Hebreos 9:27**). Los que mueren en Cristo no necesitan nuestras oraciones. Los que mueren lejos de Cristo no pueden ser ayudados con nuestras oraciones.

237. ¿Dónde debemos orar?

Debemos orar en todas partes, cuando estamos solos, con nuestra familia y en la iglesia.

792   **1 Timoteo 2:8** Por tanto, quiero que los hombres oren en todas partes, y levanten manos santas, sin ira ni contienda.

793   **Mateo 6:6** Pero tú, cuando ores, entra en tu aposento, y con la puerta cerrada ora a tu Padre que está en secreto, y tu Padre que ve en lo secreto te recompensará en público.

794   **Lucas 5:16** Pero Jesús se retiraba a lugares apartados para orar.

795   **Hechos 12:5** Mientras que Pedro era bien vigilado en la cárcel, en la iglesia se oraba constantemente a Dios por él.

238. ¿Con cuánta frecuencia debemos orar?

Nuestro Padre nos exhorta a que oremos con regularidad y frecuencia, incluso constantemente y, especialmente, en épocas de dificultades. El Espíritu Santo convierte incluso nuestros suspiros y gemidos en oraciones.

796   **Salmo 65:8** Tú haces que el sol grite de alegría al salir por la mañana, y al caer la tarde.

797   **Salmo 119:164** Siete veces al día te alabo porque tus juicios son siempre justos.

798   **Lucas 18:1** Además, Jesús les contó una parábola en cuanto a la necesidad de orar siempre y de no desanimarse.

799   **1 Tesalonicenses 5:17–18** Oren sin cesar. Den gracias a Dios en todo, porque ésta es su voluntad para ustedes en Cristo Jesús.

800   **Salmo 50:15** Invócame en el día de la angustia; yo te libraré, y tú me honrarás.

Lee **Hechos 2:46–3:1** y observa la forma cómo los primeros cristianos tenían horas habituales de oración.

Observa Los comentarios de Martín Lutero acerca de la oración: "Un cristiano sin oración es algo tan imposible como una persona viva sin pulso. El pulso nunca carece de movimiento; se mueve y late constantemente, incluso si uno está dormido o hay algo que evite que uno sea consciente de ello" (LW 24:89). Ver "Oración simple" en el Apéndice para ver una explicación simple de Lutero con respecto a la oración.

239. *¿Mis oraciones deben ser elegantes o tener un patrón establecido de palabras?*

Como hijos amados de nuestro Padre celestial, oramos mediante la fe en Cristo, incluso si nuestras palabras son simples y sin adornos. Como cristianos, también tenemos acceso a un rico tesoro de oraciones en las Escrituras, la liturgia y los textos devocionales. Ver también "Oración simple" en el Apéndice.

801   **Romanos 8:26** De igual manera, el Espíritu nos ayuda en nuestra debilidad, pues no sabemos qué nos conviene pedir, pero el Espíritu mismo intercede por nosotros con gemidos indecibles.

240. ¿Qué es el Padrenuestro?

Es la oración que Jesús les enseñó a sus discípulos cuando le pidieron instrucciones sobre cómo orar. Toma su nombre de las primeras palabras con que comienza la oración.

802 **Lucas 11:1–4** En cierta ocasión, Jesús estaba orando en un lugar y, cuando terminó, uno de sus discípulos le dijo: "Señor, enséñanos a orar, así como Juan enseñó a sus discípulos." Jesús les dijo: "Cuando ustedes oren, digan: 'Padre, santificado sea tu nombre. Venga tu reino. El pan nuestro de cada día, dánoslo hoy. Perdónanos nuestros pecados, porque también nosotros perdonamos a todos los que nos deben. Y no nos metas en tentación.'"

803 **Mateo 6:7–13** Cuando ustedes oren, no sean repetitivos, como los paganos, que piensan que por hablar mucho serán escuchados. No sean como ellos, porque su Padre ya sabe de lo que ustedes tienen necesidad, antes de que ustedes le pidan. Por eso, ustedes deben orar así: "Padre nuestro, que estás en los cielos, santificado sea tu nombre. Venga tu reino. Hágase tu voluntad, en la tierra como en el cielo. El pan nuestro de cada día, dánoslo hoy. Perdónanos nuestras deudas, como también nosotros perdonamos a nuestros deudores. No nos metas en tentación, sino líbranos del mal." [Porque tuyo es el reino, el poder, y la gloria, por todos los siglos. Amén].

Nota: El Padrenuestro que usamos hoy en día está basado en la oración registrada en **Mateo 6**. El final, "Porque tuyo es el reino y el poder y la gloria por los siglos de los siglos", no está en los manuscritos más antiguos de la Biblia. Esas palabras se incluyeron al principio de la historia de la iglesia como respuesta de alabanza en la conclusión de la oración.

241. ¿Por qué cosas nos enseña Jesús a orar en las siete peticiones del Padrenuestro?

El Padrenuestro nos enseña a buscar en Dios todo lo que necesitamos. En las tres primeras peticiones, oramos por cosas relativas a Dios. En las últimas cuatro peticiones, pedimos por nuestras necesidades, tanto físicas como espirituales.

242. ¿Cómo se ha usado el Padrenuestro?

Debido a que el Padrenuestro es la oración que Jesús nos dio para orar, no solo se usa con regularidad en el culto divino, sino que también sirve como modelo, o patrón, para nuestras propias oraciones.

La Introducción

Padre nuestro que estás en los cielos.

¿Qué significa esto?

Con esto, Dios quiere atraernos para que creamos que él es nuestro verdadero Padre y nosotros sus verdaderos hijos, a fin de que le pidamos con valor y plena confianza, como hijos amados a su amoroso padre.

La idea central

"Le daré una oportunidad a la oración. ¿Qué puedo perder?" A veces las personas buscan la ayuda de Dios como último recurso o como acto de desesperación.

¿Qué revela sobre la opinión de una persona con respecto a Dios el orar como posibilidad remota de que funcione o solo como último recurso?

Lee **Lucas 15:11–32**, sobre la parábola del hijo pródigo. ¿Cómo se describe a Dios en este pasaje?

✠ *Como cristianos, confesamos que Dios nos acoge con los brazos abiertos para que siempre podamos acercarnos a él con total confianza como a nuestro amoroso Padre debido a Cristo, nuestro hermano.*

Haz una oración agradeciéndole a Dios porque él te invita y te exhorta a orar.

Una lectura más cercana del Catecismo Menor

243. ¿Cómo nos invita Jesús a orar?
Nos invita a que invoquemos a Dios como "nuestro Padre."

804   **Mateo 6:9** Por eso, ustedes deben orar así: "Padre nuestro, que estás en los cielos."

244. ¿Cómo es posible que podamos atrevernos a llamar "Padre" a Dios?
Porque en Cristo hemos sido adoptados como hijos de Dios.

805   **Gálatas 3:26** Pues todos ustedes son hijos de Dios por la
       fe en Cristo Jesús.

806   **Gálatas 4:4-6** Pero cuando se cumplió el tiempo seña-
       lado, Dios envió a su Hijo, que nació de una mujer y sujeto
       a la ley, para que redimiera a los que estaban sujetos a la
       ley, a fin de que recibiéramos la adopción de hijos. Y por
       cuanto ustedes son hijos, Dios envió a sus corazones el
       Espíritu de su Hijo, el cual clama: "¡Abba, Padre!"

807   **Romanos 8:15-16** Pues ustedes no han recibido un espí-
       ritu que los esclavice nuevamente al miedo, sino que han
       recibido el espíritu de adopción, por el cual clamamos:
       ¡Abba, Padre! El Espíritu mismo da testimonio a nuestro
       espíritu, de que somos hijos de Dios.

808   **2 Corintios 6:18** Y seré un Padre para ustedes, y ustedes
       serán mis hijos y mis hijas. Lo ha dicho el Señor
       Todopoderoso.

809   **1 Juan 3:1** Miren cuánto nos ama el Padre, que nos ha
       concedido ser llamados hijos de Dios. Y lo somos. El
       mundo no nos conoce, porque no lo conoció a él.

*245. ¿Cómo da forma a nuestras oraciones el invocar a Dios
como "nuestro Padre"?*

A. Oramos con valentía y confianza, sabiendo que Dios es
nuestro verdadero Padre (es decir, nuestro amoroso y amado
Padre), quien desea ayudarnos.

810   **Juan 14:13-14** Y todo lo que pidan al Padre en mi
       nombre, lo haré, para que el Padre sea glorificado en el
       Hijo. Si algo piden en mi nombre, yo lo haré.

811   **Efesios 3:11-15** Conforme al propósito eterno que llevó
       a cabo por medio de Cristo Jesús nuestro Señor, en quien
       tenemos seguridad y confiado acceso por medio de la fe
       en él. Por lo tanto, les pido que no se desanimen a causa
       de mis sufrimientos por ustedes. Al contrario, consi-
       dérenlos un motivo de orgullo. Por eso yo me arrodillo
       delante del Padre de nuestro Señor Jesucristo, de quien
       recibe su nombre toda familia en los cielos y en la tierra.

812   **Hebreos 4:16** Por tanto, acerquémonos confiadamente al trono de la gracia, para alcanzar misericordia y hallar gracia para cuando necesitemos ayuda.

B. Oramos con todos los cristianos, y por ellos, porque todos somos hijos de nuestro Padre celestial.

813   **Efesios 4:6** [Existe] Un Dios y Padre de todos, el cual está por encima de todos, actúa por medio de todos, y está en todos.

814   **Gálatas 3:26** Pues todos ustedes son hijos de Dios por la fe en Cristo Jesús.

246. ¿Por qué lo llamamos nuestro Padre que está "en los cielos"?
No estamos invocando a un padre terrenal, sino a un padre que es el Señor de toda la creación.

815   **Salmo 124:8** Nuestra ayuda viene del Señor, creador del cielo y de la tierra.

816   **Lucas 1:37** ¡Para Dios no hay nada imposible!

817   **Hechos 17:24** El Dios que hizo el mundo y todo lo que en él hay, es el Señor del cielo y de la tierra. No vive en templos hechos por manos humanas.

Relaciones y aplicaciones

247. ¿A quién le dirigimos nuestras oraciones?
Solo le oramos al único Dios verdadero: el Padre, el Hijo y el Espíritu Santo (y no a ídolos, ancestros, santos, ángeles, ni ninguna otra cosa que Dios haya creado).

818   **Mateo 4:9–10** Y le dijo: "Todo esto te daré, si te arrodillas delante de mí y me adoras." Entonces Jesús le dijo: "Vete, Satanás, porque escrito está: 'Al Señor tu Dios adorarás, y a él sólo servirás.'"

819   **Apocalipsis 22:8–9** Yo, Juan, soy quien vio y oyó estas cosas. Después de verlas y oírlas, me postré a los pies del ángel que me mostraba estas cosas, para adorarlo, pero él me dijo: "¡No lo hagas! Yo soy consiervo tuyo y de tus hermanos los profetas, y de los que obedecen las palabras de este libro. ¡Tú, adora a Dios!"

248. ¿Cómo nos enseña a orar el Nuevo Testamento?

El Nuevo Testamento nos enseña que la oración cristiana:

A. está dirigida al Padre;

820   **Mateo 6:9** Por eso, ustedes deben orar así: "Padre nuestro, que estás en los cielos."

821   **1 Pedro 1:17** Si ustedes llaman "Padre" a aquel que al juzgar se fija en lo que se ha hecho, y no en quién lo hizo, vivan el resto de sus vidas en el temor de Dios.

822   **Efesios 3:14–17** Por eso yo me arrodillo delante del Padre de nuestro Señor Jesucristo, de quien recibe su nombre toda familia en los cielos y en la tierra, para que por su Espíritu, y conforme a las riquezas de su gloria, los fortalezca interiormente con poder; para que por la fe Cristo habite en sus corazones, y para que, [puedan estar] arraigados y cimentados en amor.

B. se hace en el nombre de Jesús (es decir, mediante la fe en Cristo de acuerdo con su voluntad); solo los que creen en Jesús y oran en su nombre pueden esperar ser escuchados;

823   **Juan 14:14** Si algo piden en mi nombre, yo lo haré.

824   **Juan 16:23** De cierto, de cierto les digo, que todo lo que pidan al Padre, en mi nombre, él se lo concederá.

C. es activada por el poder del Espíritu Santo.

825   **Romanos 8:26** De igual manera, el Espíritu nos ayuda en nuestra debilidad, pues no sabemos qué nos conviene pedir, pero el Espíritu mismo intercede por nosotros con gemidos indecibles.

826   **Judas 20** Pero ustedes, amados hermanos, sigan edificándose sobre la base de su santísima fe, oren en el Espíritu Santo.

827   **Efesios 6:18** Oren en todo tiempo con toda oración y súplica en el Espíritu.

Lee **Hechos 4:23–31**. Observa las peticiones que se hacen y el papel que desempeña el Espíritu Santo. El único Dios verdadero es el que se ha revelado como Padre, Hijo, y Espíritu Santo.

249. ¿Podemos también pedirle a Jesús y al Espíritu Santo?

Sí. Los cristianos le piden a Jesús y al Espíritu Santo, porque son un solo Dios con el Padre.

828   **1 Corintios 1:2** Saludamos a la iglesia de Dios que está en Corinto, a los que han sido santificados en Cristo Jesús y llamados a ser santos, junto con todos los que en todas partes invocan el nombre del Señor Jesucristo, Señor suyo y nuestro.

829   **Hechos 7:59–60** Y mientras lo apedreaban, Esteban rogaba: "Señor Jesús, recibe mi espíritu" Luego cayó de rodillas y clamó con fuerte voz: "Señor, no les tomes en cuenta este pecado."

830   **Apocalipsis 22:20** El que da testimonio de estas cosas dice: "Ciertamente, vengo pronto." Amén. ¡Ven, Señor Jesús!

831   **Hechos 1:24** Y en su oración dijeron: "Señor, tú conoces todos los corazones. Muéstranos a cuál de los dos has escogido."

832   **1 Juan 5:13–15** Les he escrito estas cosas a ustedes, los que creen en el nombre del Hijo de Dios, para que sepan que tienen vida eterna. Y ésta es la confianza que tenemos en él: si pedimos algo según su voluntad, él nos oye. Y si sabemos que él nos oye en cualquiera cosa que pidamos, también sabemos que tenemos las peticiones que le hayamos hecho.

Salmo 16

Oración – Padre celestial, tus palabras nos dan valentía y confianza para reconocerte como nuestro verdadero Padre y a nosotros como tus verdaderos hijos. Que tu Espíritu Santo nos lleve a confiar en tu bondad paternal, invocar tu nombre en toda necesidad y glorificarte como el autor y dador de todo don bueno y perfecto. Mediante tu Hijo, Jesucristo, nuestro Señor. Amén.

La Primera Petición

Santificado sea tu nombre.

¿Qué significa esto?

El nombre de Dios ya es santo de por sí; pero rogamos con esta petición que sea santificado también entre nosotros.

¿Cómo sucede esto?

El nombre de Dios se mantiene santo cuando la palabra de Dios es enseñada en toda su pureza, y cuando también vivimos santamente conforme a ella, como hijos de Dios. ¡Ayúdanos a que esto sea así, amado Padre celestial! Pero quien enseña y vive de manera distinta de lo que enseña la palabra de Dios, profana entre nosotros el nombre de Dios. De ello ¡guárdanos, Padre celestial!

La idea central

Nosotros nos presentamos con nuestro nombre para que los demás nos conozcan y se relacionen con nosotros.

¿Por qué es necesario conocer y respetar el nombre de alguien para tener una relación significativa?

Lee **Lucas 11:9–13**. ¿Cómo nos enseña Jesús a honrar el nombre de su Padre?

✠ *Como cristianos, honramos (santificamos) el nombre de Dios como Padre cuando lo invocamos con fe, proclamamos su amor por nosotros y vivimos de acuerdo con su Palabra.*

¿De qué formas puedo honrar el nombre de mi Padre hoy en día?

Una lectura más cercana del Catecismo Menor

250. ¿Cuál es la relación entre esta petición y el Segundo Mandamiento?

Ambos se refieren al nombre de Dios y a cómo lo usamos. El Mandamiento exige que no utilicemos mal el nombre del Señor ni dañemos su reputación (ver Preguntas 42–44 arriba). Aquí pedimos que lo usemos correctamente.

833   **Éxodo 20:7** No tomarás en vano el nombre del Señor tu Dios, porque yo, el Señor, no consideraré inocente al que tome en vano mi nombre.

251. ¿Qué significa "el nombre de Dios"?

Dios y su nombre no se pueden separar. Su nombre incluye quién es, qué hace y su presencia entre nosotros.

834   **Isaías 42:8** Yo soy el Señor. Éste es mi nombre, y no daré a otro mi gloria, ni mi alabanza a esculturas.

835   **Salmo 9:1–2** Señor, te alabaré de todo corazón y hablaré de todos tus portentos. Por ti me alegraré, oh Dios altísimo, y cantaré alabanzas a tu nombre.

836   **Números 6:23–27** "Habla con Aarón y sus hijos, y diles que de esta manera bendecirán a los hijos de Israel. Les dirán: '¡Que el Señor te bendiga, y te cuide! ¡Que el Señor haga resplandecer su rostro sobre ti, y tenga de ti misericordia! ¡Que el Señor alce su rostro sobre ti, y ponga en ti paz!' De esta manera invocarán ellos mi nombre sobre los hijos de Israel, y yo los bendeciré." [*Nota:* El nombre de Dios se repite tres veces.]

837   **Éxodo 20:24** Yo vendré y los bendeciré en todo lugar donde yo haga que mi nombre sea recordado.

838   **Mateo 18:20** Porque donde dos o tres se reúnen en mi nombre, allí estoy yo, en medio de ellos.

252. ¿Qué pedimos cuando oramos para que el nombre de Dios se mantenga santo?

Pedimos que Dios nuestro Padre nos ayude a mantener su nombre santo al:

A. hablar con veracidad de su Palabra;

839   **Jeremías 23:28** Pero si yo envío mi palabra a alguno de ellos, tiene que anunciar mi palabra verdadera.

840   **Juan 17:17** Santifícalos en tu verdad; tu palabra es verdad.

B. vivir de acuerdo con su Palabra.

841   **Mateo 5:16** De la misma manera, que la luz de ustedes alumbre delante de todos, para que todos vean sus buenas obras y glorifiquen a su Padre, que está en los cielos.

842   **Efesios 4:1** Yo, que estoy preso por causa del Señor, les ruego que vivan como es digno del llamamiento que han recibido.

Lee **Lucas 19:1–9**, sobre Zaqueo, quien resolvió vivir la vida cristiana después de llegar a la fe.

253. ¿Cómo se profana el nombre de Dios?

El nombre de nuestro Padre se profana, es decir, se deshonra cuando:

A. alguien enseña que algo que no es su Palabra, es su Palabra;

843   **Jeremías 23:31** Yo estoy en contra de los profetas que hablan con dulzura, y luego afirman que yo he hablado. —Palabra del Señor.

B. cuando alguien vive en contra de su voluntad, como se expresa en su Palabra.

844   **Romanos 2:23–24** Tú que te sientes orgulloso de la ley, ¿deshonras a Dios quebrantando la ley? Porque, como está escrito: "Por causa de ustedes el nombre de Dios es blasfemado entre los paganos."

Relaciones y aplicaciones

254. ¿Cómo debemos hacerles frente a quienes deshonran el nombre de Dios?

A. Debemos amonestar cuidadosamente a quienes usan mal el nombre de Dios sin saberlo, con palabras o enseñanzas.

845   **Gálatas 6:1** Hermanos, si alguno es sorprendido en alguna falta, ustedes, que son espirituales, restáurenlo con espíritu de mansedumbre. Piensa en ti mismo, no sea que también tú seas tentado.

846   **2 Timoteo 2:23–25** Pero desecha las cuestiones necias e insensatas; tú sabes que generan contiendas. Y el siervo

del Señor no debe ser contencioso, sino amable para con todos, apto para enseñar, sufrido; que corrija con mansedumbre a los que se oponen, por si acaso Dios les concede arrepentirse para que conozcan la verdad.

B. Debemos reprender con firmeza a quienes persisten en sus errores y se niegan a arrepentirse.

847   **Tito 1:9** Apegado a la palabra fiel, tal y como ha sido enseñada, para que también pueda exhortar con sana enseñanza y convencer a los que contradicen.

848   **Tito 3:10** Al que cause divisiones, deséchalo después de una y otra amonestación.

Salmo 8

Oración – Padre Santo, tu nombre es santo en sí mismo. Pedimos que mediante las palabras que decimos sobre ti y mediante la vida que llevamos como personas marcadas con tu sagrado nombre en el Bautismo, nunca profanemos tu nombre, sino que lo honremos en todo lo que decimos y hacemos. Por Jesucristo, nuestro Señor. Amén.

La Segunda Petición

Venga a nos tu reino.

¿Qué significa esto?

El reino de Dios viene en verdad por sí solo, aún sin nuestra oración. Pero rogamos con esta petición que venga también a nosotros.

¿Cómo sucede esto?

El reino de Dios viene cuando el Padre celestial nos da su Espíritu Santo, para que, por su gracia, creamos su santa palabra y llevemos una vida de piedad, tanto aquí en el mundo temporal como allá en el otro, eternamente.

La idea central

Todos los reinos y las naciones de la tierra continuamente son atribulados con problemas.

Si Dios ha abierto las puertas de su reino mediante la vida, muerte, y resurrección de Cristo, ¿por qué seguimos teniendo tantos problemas en el mundo hoy en día?

Lee **Juan 18:33–40**. ¿Cómo malinterpretó Pilatos la naturaleza del reino de Jesús y su gobierno como Rey?

✠ *Como cristianos, creemos y confesamos que el reinado presente (pero escondido) de Cristo está siendo extendido por el Espíritu mediante el evangelio. Se revelará por completo cuando Cristo regrese en gloria.*

Ya que sabemos que Cristo regresará para acabar con la obra actual del diablo de incredulidad, pecado, y muerte, ¿cómo debemos vivir hoy?

Una lectura más cercana del Catecismo Menor

255. ¿Cuál es el reino de Dios por el cual Jesús nos enseña a pedir?

Es el misericordioso gobierno y reinado de Dios, que:

A. fue prometido en el Antiguo Testamento;

849   **Éxodo 15:18** ¡Tú, Señor, reinas ahora y siempre!

850   **2 Samuel 7:12, 16** [Dios le hizo esta promesa a David:]
        Cuando te llegue el momento de ir a descansar con tus
        padres, yo elegiré a uno de tus propios hijos y afirmaré su
        reinado... Tus descendientes vivirán seguros, y afirmaré
        tu trono, el cual permanecerá para siempre.

851   **Isaías 9:7** La extensión de su imperio y la paz en él no
        tendrán límite. Reinará sobre el trono de David y sobre
        su reino, y lo afirmará y confirmará en la justicia y el
        derecho, desde ahora y para siempre. Esto lo hará el celo
        del Señor de los ejércitos.

B. fue iniciado con la encarnación, el ministerio público, la
muerte y la resurrección de Jesús;

852   **Marcos 1:15** [Jesús] decía: "El tiempo se ha cumplido, y
        el reino de Dios se ha acercado. ¡Arrepiéntanse, y crean en
        el evangelio!"

853   **Colosenses 1:13–14** Y que también nos ha librado del
        poder de la oscuridad y nos ha trasladado al reino de su
        amado Hijo, en quien tenemos redención por su sangre,
        el perdón de los pecados.

C. viene a nosotros aquí y ahora por su Espíritu mediante la
Palabra;

854   **Lucas 17:20–21** Cuando los fariseos le preguntaron cuándo
        había de venir el reino de Dios, él les respondió: "El reino de
        Dios no vendrá con advertencia, ni se dirá: 'Aquí está', o 'Allí
        está'; porque el reino de Dios está entre ustedes."

855   **Juan 3:5** Jesús le respondió: "De cierto, de cierto te digo,
        que el que no nace de agua y del Espíritu, no puede entrar
        en el reino de Dios."

856   **Romanos 14:17** El reino de Dios no es cuestión de
        comida ni de bebida, sino de justicia, paz y gozo en el
        Espíritu Santo.

D. llegará a su plenitud cuando Cristo restaure todas las cosas
y regrese en gloria.

857   **Daniel 7:13-14** Mientras tenía yo esta visión durante la noche, vi que en las nubes del cielo venía alguien semejante a un hijo de hombre, el cual se acercó al Anciano entrado en años, y hasta se le pidió acercarse más a él. Y se le dio el dominio, la gloria y el reino, para que todos los pueblos y naciones y lenguas le sirvieran. Y su dominio es eterno y nunca tendrá fin, y su reino jamás será destruido.

858   **Mateo 25:34** Y entonces el Rey dirá a los de su derecha: Vengan, benditos de mi Padre, y hereden el reino preparado para ustedes desde la fundación del mundo.

859   **Apocalipsis 11:15** Cuando el séptimo ángel tocó su trompeta, se oyeron fuertes voces en el cielo, que decían: "Los reinos del mundo han llegado a ser de nuestro Señor y de su Cristo; y él reinará por los siglos de los siglos."

Lee **Apocalipsis 21:5** y **22:1-5**, donde escuchamos que Dios está haciendo nuevas todas las cosas. El trono de Dios y el Cordero estarán en medio de la ciudad celestial. La plenitud del Reino será justicia, paz y alegría perfectas, de acuerdo con **Isaías 11:1-9**.

256. ¿Qué significa que el reino de Dios viene sin nuestra oración?

El misericordioso gobierno de Dios, y su reinado, no dependen de nuestras oraciones ni nuestros esfuerzos; sin embargo, Jesús nos enseña a buscar el reino de Dios y a orar por él.

860   **Lucas 12:31-32** Busquen ustedes el reino de Dios, y todas estas cosas les serán añadidas. Ustedes son un rebaño pequeño. Pero no tengan miedo, porque su Padre ha decidido darles el reino.

257. ¿Qué le pedimos a nuestro Padre, y buscamos en él, en esta petición?

Pedimos que el reino de Dios venga a estar entre nosotros y, por eso, pedimos que:

A. Dios nos dé su Espíritu para que podamos creer en su Palabra y vivir bajo "él en su reino, y le sirva [mos] en justicia, inocencia y bienaventuranza eternas, así como él resucitó de la muerte y vive y reina eternamente".

861   **Salmo 51:11-12** ¡No me despidas de tu presencia, ni quites de mí tu santo espíritu! ¡Devuélveme el gozo de tu salvación! ¡Dame un espíritu dispuesto a obedecerte!

862   **Isaías 55:11** Así también mi palabra, cuando sale de mi boca, no vuelve a mí vacía, sino que hace todo lo que yo quiero, y tiene éxito en todo aquello para lo cual la envié.

863   **1 Pedro 2:12** Mantengan una buena conducta entre los no creyentes para que, aunque los acusen de malhechores, al ver las buenas obras de ustedes glorifiquen a Dios el día que él nos visite.

B. la palabra de Dios sea proclamada en todo el mundo —también por parte de nosotros— para que su Espíritu pueda llevar a otros a su misericordioso reinado;

864   **Hechos 4:29** Ahora, Señor, mira sus amenazas, y concede a estos siervos tuyos proclamar tu palabra sin ningún temor.

865   **Mateo 9:38** Por tanto, pidan al Señor de la mies que envíe segadores a cosechar la mies.

866   **2 Tesalonicenses 3:1** Por lo demás, hermanos, oren por nosotros, para que la palabra del Señor corra y sea glorificada, tal como sucedió entre ustedes.

C. Jesús regrese pronto y manifieste plenamente su reinado.

867   **Filipenses 3:20** Pero nuestra ciudadanía está en los cielos, de donde también esperamos al Salvador, al Señor Jesucristo.

868   **Apocalipsis 22:20** El que da testimonio de estas cosas dice: "Ciertamente, vengo pronto." Amén. ¡Ven, Señor Jesús!

258. ¿Cuáles son los beneficios de vivir bajo el reinado misericordioso de Dios?

"Cristo… ascendió al cielo y está sentado a la diestra de Dios, a fin de reinar eternamente y tener dominio sobre todas las criaturas; y a fin de santificar, purificar, fortalecer y consolar mediante el Espíritu Santo a todos los que en él creen, proporcionándoles la vida" (CA III 5).

869   **Colosenses 1:13–14** Y que también nos ha librado del poder de la oscuridad y nos ha trasladado al reino de su amado Hijo, en quien tenemos redención por su sangre, el perdón de los pecados.

870   **2 Timoteo 4:18** Y el Señor me librará de toda obra mala, y me preservará para su reino celestial. A él sea la gloria por los siglos de los siglos. Amén.

871   **Colosenses 3:15** Que en el corazón de ustedes gobierne la paz de Cristo, a la cual fueron llamados en un solo cuerpo. Y sean agradecidos.

872   **Hechos 26:18** [El Espíritu Santo usó a Pablo como siervo y testigo ante los gentiles] Para que les abras los ojos y se conviertan de las tinieblas a la luz, y del poder de Satanás al poder de Dios; para que por la fe en mí, reciban el perdón de sus pecados y la herencia de los que han sido santificados.

Lee **Mateo 5**. En las Bienaventuranzas, Jesús nos anima mostrando cómo su reino derroca todos los reinos y las expectativas terrenales. En **Efesios 4:17–32**, San Pablo describe la nueva vida en la que ya no caminaremos con una "mente vacía" que no conoce a nuestro Señor y Rey.

Relaciones y aplicaciones

259. ¿Dios gobierna solo sobre los creyentes?

No. Dios gobierna como Creador sobre todas las personas y todo el mundo para mantener y sostener su creación (reino de poder). El gobierno de Dios sobre los cristianos es un gobierno misericordioso y salvador (reino de gracia) que anhela la resurrección del cuerpo y la restauración de toda la creación de Dios cuando Cristo regrese (reino de gloria).

873   **Salmo 103:19** El Señor ha afirmado su trono en los cielos, y su reino domina sobre todos los reinos.

260. ¿Cómo gobierna Dios como Rey sobre toda su creación?

Dios gobierna sobre su creación mediante:

A. su bondad al proveer para la vida y el bienestar de todas las criaturas;

874   **Hechos 14:16–17** En el pasado, Dios permitió que la gente anduviera por sus propios caminos, aunque no dejó de manifestar su poder al enviarnos toda clase de bienes, pues del cielo nos viene la lluvia, que hace fructificar la tierra para nuestro sustento y alegría.

B. su poder cuando impide que el mal oprima a su creación y pide a todos que le rindan cuentas como su Creador.

875   **Hebreos 1:3** Él es el resplandor de la gloria de Dios. Es la imagen misma de lo que Dios es. Él es quien sustenta todas las cosas con la palabra de su poder.

Lee **Romanos 13:1–7**, sobre el gobierno de Dios mediante las autoridades terrenales para impedir el mal y animar el bien.

Salmo 110

Oración – Padre celestial, danos tu Espíritu Santo para que creamos en tu santa Palabra y vivamos como miembros de tu reino misericordioso aquí y ahora y finalmente, por tu misericordia, seamos llevados a vivir como partícipes de tu reino eterno. Por Jesucristo, nuestro Señor. Amén.

La Tercera Petición

Hágase tu voluntad, así en la tierra como en el cielo.

¿Qué significa esto?

La buena y misericordiosa voluntad de Dios se hace, en verdad, sin nuestra oración; pero rogamos con esta petición
que se haga también entre nosotros.

¿Cómo sucede esto?

La voluntad de Dios se hace cuando Dios desbarata y estorba todo mal propósito y voluntad que tratan de impedir
que santifiquemos el nombre de Dios y de obstaculizar la
venida de su reino, tales como la voluntad del diablo, del
mundo y de nuestra carne.

Así también se hace la voluntad de Dios, cuando él nos fortalece y nos mantiene firmes en su palabra y en la fe hasta
el fin de nuestros días.

Esta es su misericordiosa y buena voluntad.

La idea central

Los cristianos siempre han encontrado obstáculos cuando llevan el evangelio al mundo.

¿Qué obstáculos ves en el mundo actual que obstaculicen la
divulgación del evangelio o que impidan que las personas conozcan a Jesús?

Lee **Mateo 26:36–56**. ¿Qué obstáculos encontró Jesús en su
camino a la cruz?

✠ *Como cristianos, oramos aquí para que Dios no permita
que ningún obstáculo se interponga en el camino de su misericordiosa voluntad, es decir, que su Palabra y su reino se
extiendan.*

¿Qué cosas amenazan con alejarme de la palabra de Dios en
mi vida?

Una lectura más cercana del Catecismo Menor

261. ¿Cuál es la voluntad de Dios?

La voluntad de Dios es que todas las personas lleguen a conocerlo como su Padre y vivan bajo el gobierno de su Hijo. Esta petición está íntimamente relacionada con las peticiones de que su nombre sea santificado y que venga su reino.

876   **Ezequiel 18:23** ¿Acaso me es placentero que el malvado muera? Más bien, quiero que se aparte de su maldad y que viva.

877   **Juan 6:40** Y ésta es la voluntad de mi Padre: Que todo aquel que ve al Hijo, y cree en él, tenga vida eterna; y yo lo resucitaré en el día final.

878   **1 Timoteo 2:4** [Dios] quiere que todos los hombres sean salvos y lleguen a conocer la verdad.

879   **1 Tesalonicenses 4:3** La voluntad de Dios es que ustedes sean santificados.

262. ¿Cuál es el enfoque específico de esta petición?

Pedimos que Dios, en línea con su voluntad, nunca permita que Satanás, el mundo ni nuestra carne pecaminosa nos alejen del nombre de Dios ni de la fe en él.

880   **1 Pedro 5:8** Sean prudentes y manténganse atentos, porque su enemigo es el diablo, y él anda como un león rugiente, buscando a quien devorar.

881   **1 Juan 2:15–17** No amen al mundo, ni las cosas que están en el mundo. Si alguno ama al mundo, el amor del Padre no está en él. Porque todo lo que hay en el mundo, es decir, los deseos de la carne, los deseos de los ojos, y la vanagloria de la vida, no proviene del Padre, sino del mundo. El mundo y sus deseos pasan; pero el que hace la voluntad de Dios permanece para siempre.

882   **Romanos 7:18** Yo sé que en mí, esto es, en mi naturaleza humana, no habita el bien; porque el desear el bien está en mí, pero no el hacerlo.

Lee **Génesis 3:1-7** y observa cómo el diablo tentó a la humanidad para que pecara; en **Lucas 22:54-62**, cómo el temor a los enemigos de Jesús por parte de Pedro causó la caída de Pedro; y en **Josué 7:18-22**, cómo la naturaleza pecaminosa de Acán lo llevó a robar.

263. ¿Cómo hace esto Dios?

A. Dios refrena a Satanás (interrumpe e impide todo plan y propósito malvados).

883   **Salmo 23:4-5** Aunque deba yo pasar por el valle más sombrío, no temo sufrir daño alguno, porque tú estás conmigo; con tu vara de pastor me infundes nuevo aliento. Me preparas un banquete a la vista de mis adversarios; derramas perfume sobre mi cabeza y me colmas de bendiciones.

885   **2 Tesalonicenses 3:3** Pero el Señor es fiel, y él los fortalecerá y guardará del mal.

B. Dios nos fortalece con su Palabra para que podamos soportar los sufrimientos que vendrán.

886   **Romanos 8:28** Ahora bien, sabemos que Dios dispone todas las cosas para el bien de los que lo aman.

887   **2 Corintios 12:9** Con mi gracia tienes más que suficiente, porque mi poder se perfecciona en la debilidad.

888   **1 Pedro 2:20-21** Porque ¿qué mérito hay en soportar malos tratos por hacer algo malo? Pero cuando se sufre por hacer el bien y se aguanta el castigo, entonces sí es meritorio ante Dios. Y ustedes fueron llamados para esto. Porque también Cristo sufrió por nosotros, con lo que nos dio un ejemplo para que sigamos sus pasos.

Nota: "Como también sin nuestras peticiones, se santificará su nombre y vendrá su reino, así se hará también su voluntad y se impondrá, aunque el diablo con todos sus adictos vociferen fuertemente contra ello, se encolericen y se agiten y traten de extirpar del todo el evangelio. Pero, por nosotros hemos de rogar que, pese al furor de ellos, la voluntad de Dios impere libremente entre nosotros para que nada puedan lograr y para que nosotros nos mantengamos firmes contra toda violencia y persecución y nos sometamos a la voluntad de Dios" (CMa III 68).

Lee **Génesis 50:15–21** y observa cómo Dios obstaculizó la malvada voluntad de los hermanos de José; en **Job 1:1–2:6**, cómo Dios se niega a permitir que el diablo destruya a Job; y en **Hechos 9:1–19**, cómo, de acuerdo con la voluntad de Dios, Pablo es convertido.

264. ¿Cuándo estará completa la derrota de Satanás?

A. Cristo ya venció a Satanás por medio de su vida, muerte, y resurrección.

889   **1 Juan 3:8** El que practica el pecado es del diablo, porque el diablo peca desde el principio. Para esto se ha manifestado el Hijo de Dios: para deshacer las obras del diablo.

B. Dios ha prometido que Satanás será desterrado para siempre y, con eso, la muerte morirá y nuestra naturaleza pecaminosa será eliminada.

890   **Romanos 16:20** Muy pronto el Dios de paz aplastará a Satanás bajo los pies de ustedes. Que la gracia de nuestro Señor Jesucristo sea con ustedes.

891   **1 Juan 3:2** Amados, ahora somos hijos de Dios, y aún no se ha manifestado lo que hemos de ser. Pero sabemos que, cuando él se manifieste, seremos semejantes a él porque lo veremos tal como él es.

892   **1 Corintios 15:50–53** Pero una cosa les digo, hermanos: ni la carne ni la sangre pueden heredar el reino de Dios, y tampoco la corrupción puede heredar la incorrupción. Presten atención, que les voy a contar un misterio: No todos moriremos, pero todos seremos transformados en un instante, en un abrir y cerrar de ojos, cuando suene la trompeta final. Pues la trompeta sonará, y los muertos serán resucitados incorruptibles, y nosotros seremos transformados. Porque es necesario que lo corruptible se vista de incorrupción, y lo mortal se vista de inmortalidad.

Relaciones y aplicaciones

265. ¿Cuál es la voluntad de Dios para mi vida?

Dios quiere que yo:

A. me convierta en su hijo, y siga siéndolo, mediante la fe en Jesús;

B. que viva como su hijo adoptivo de acuerdo con su Palabra y dé testimonio de Cristo;

C. que resista al diablo y todo lo que impediría lo anterior.

266. ¿Debería preocuparme por discernir la voluntad precisa de Dios en mis decisiones diarias?

Dios ha dado órdenes claras sobre muchos asuntos de la vida diaria (los Diez Mandamientos). Sin embargo, Dios también nos deja muchas otras decisiones a nosotros (qué comer, a qué escuela asistir, qué tipo de automóvil comprar, etc.). No debemos preocuparnos por tratar de discernir la voluntad precisa de Dios cuando tomamos ese tipo de decisiones, porque sabemos que vivimos bajo su cuidado paternal.

267. ¿Cómo puedo tomar decisiones como cristiano con respecto a los asuntos cotidianos?

A. Dios me da la libertad de tomar mis propias decisiones en los asuntos cotidianos. Él me ha dado los Diez Mandamientos para orientar mi toma de decisiones. También me invita a orar para pedir sabiduría para escoger el mejor curso de acción de acuerdo con su Palabra.

B. Al tomar decisiones, también puedo considerar los muchos dones que Dios me ha dado en mi vida cotidiana: mis llamados específicos (ver Tabla de deberes), mis habilidades e intereses, las necesidades de quienes me rodean, las oportunidades que él ha puesto delante de mí, y el consejo y la sabiduría de otros.

C. Finalmente, puedo orar para que Dios bendiga mis decisiones, sabiendo bien que peco mucho diariamente y nunca puedo evitar completamente el pecado en esta vida. Vivo cada día en el perdón de los pecados en Jesús, sabiendo que mi Dios es un Dios de bendición que promete hacer que todas las cosas obren finalmente para mi bien.

Salmo 19

Oración – Padre misericordioso, gobernador de todas las cosas en el cielo y en la tierra, reconocemos que tu buena y misericordiosa voluntad se cumple sin nuestra oración. Pedimos que tú derrotes todo lo que se opone a tu voluntad: al diablo, al mundo y a nuestra propia naturaleza pecaminosa. En tu misericordia, te imploramos que nos fortalezcas y nos mantengas firmas en tu Palabra y en tu fe todos los días de nuestra vida y nos lleves finalmente a la herencia que has preparado para nosotros en Cristo Jesús, quien vive y reina contigo y con el Espíritu Santo, un solo Dios, ahora y por siempre. Amén.

La Cuarta Petición

El pan nuestro de cada día, dánoslo hoy.

¿Qué significa esto?

Dios les da diariamente el pan, también sin nuestra súplica, aún a todos los malos; pero le rogamos con esta petición que él nos haga reconocer esto y así recibamos el pan nuestro de cada día con gratitud.

¿Qué es el "pan nuestro de cada día"?

El pan nuestro de cada día incluye todo aquello que se necesita como alimento y para satisfacción de las necesidades de esta vida, como comida, bebida, vestido, calzado, casa, hogar, tierras, ganado, dinero, bienes; piadoso cónyuge, hijos piadosos, piadosos criados, autoridades piadosas y fieles; buen gobierno, buen tiempo; paz, salud, buen orden, buena reputación, buenos amigos, vecinos fieles, y cosas semejantes a estas.

La idea central

Eliminemos nuestro "pan de cada día" —es decir, el aire que respiramos, el agua que bebemos, el alimento que comemos, el techo que nos da protección, el gobierno que nos protege—, y moriremos.

Ya que estas cosas son tan importantes, ¿por qué las damos por sentadas y no expresamos gratitud por ellas?

Lee **Éxodo 16:1–21**. ¿Qué fue desafiante para los israelitas con respecto a la forma como Dios proveía?

✠ *Como cristianos, oramos para que podamos estar agradecidos por todo (aunque sea ordinario) lo que Dios nos provee todos los días para nuestra vida física.*

¿Qué hábitos y prácticas pueden ayudarme a reconocer mejor la forma como Dios sostiene mi vida todos los días?

Una lectura más cercana del Catecismo Menor

268. ¿En qué se centra esta petición?

Se centra en reconocer a Dios como el dador de todas las cosas buenas y en dar gracias por todos sus dones de la creación que sustentan nuestra vida física (en otras palabras, pedimos todos los dones mencionados en el Primer Artículo del Credo).

269. ¿Por qué Dios satisface las necesidades físicas de todo el mundo, incluso sin oración?

Como nuestro Creador amoroso, Dios cuida de toda su creación y provee tanto para los cristianos como para los no cristianos, para la gente y los animales.

893   **Mateo 5:45** Para que sean ustedes hijos de su Padre que está en los cielos, que hace salir su sol sobre malos y buenos, y que hace llover sobre justos e injustos.

894   **Hechos 14:16–17** En el pasado, Dios permitió que la gente anduviera por sus propios caminos, aunque no dejó de manifestar su poder al enviarnos toda clase de bienes, pues del cielo nos viene la lluvia, que hace fructificar la tierra para nuestro sustento y alegría.

895   **Salmo 104:21** Rugen los leones que van tras su presa, y reclaman la comida que Dios les provee.

896   **Salmo 145:15–16** Todos fijan en ti su mirada, y tú les das su comida a su tiempo. Cuando abres tus manos, colmas de bendiciones a todos los seres vivos.

270. ¿Qué queremos decir con "pan de cada día"?

El "pan" es una expresión bíblica para resumir todo lo que necesitamos para sustentar nuestra vida sobre la tierra.

897   **Isaías 55:2** ¿Por qué gastan su dinero en lo que no alimenta, y su sueldo en lo que no les sacia? Escúchenme bien, y coman lo que es bueno; deléitense con la mejor comida.

Nota: "Esta petición comprende cuanto corresponde a toda esta vida en el mundo" (CMa III 73).

271. ¿Por qué especificamos pan "de cada día" en esta petición?

"De cada día" enfatiza cómo cada momento y cada día de nuestra vida dependen de la provisión de Dios.

898   **Hechos 17:28** En él vivimos, y nos movemos, y somos.
899   **Santiago 4:15** Lo que deben decir es: "Si el Señor quiere, viviremos y haremos esto o aquello."
900   **Salmo 104:27-29** Todos los seres esperan de ti que a su tiempo les des de comer. Si abres tu mano y les das su pan, ellos lo toman y quedan satisfechos. Si te escondes de ellos, se desconciertan; si les retiras su espíritu, mueren y vuelven al polvo.

272. Entonces, ¿qué pedimos en esta petición?

Pedimos que, en humildad:

A. busquemos a Dios para lo que necesitamos todos los días para no preocuparnos por el futuro;

901   **Mateo 6:26** Miren las aves del cielo, que no siembran, ni cosechan, ni recogen en graneros, y el Padre celestial las alimenta. ¿Acaso no valen ustedes mucho más que ellas?
902   **Mateo 6:34** Así que, no se preocupen por el día de mañana, porque el día de mañana traerá sus propias preocupaciones. ¡Ya bastante tiene cada día con su propio mal!
903   **1 Pedro 5:6-7** Por lo tanto, muestren humildad bajo la poderosa mano de Dios... Descarguen en él todas sus angustias, porque él tiene cuidado de ustedes.

Nota: En **Éxodo 16:17-26**, el pueblo de Israel recibía maná a diario, y una doble porción el día anterior al sábado.

B. recibamos todas las bendiciones físicas con acción de gracias;

904   **Salmo 106:1** ¡Aleluya! ¡Alabemos al Señor, porque él es bueno, porque su misericordia permanece para siempre!
905   **Efesios 5:19-20** Hablen entre ustedes con salmos, himnos y cánticos espirituales; canten y alaben al Señor

con el corazón, y den siempre gracias por todo al Dios y Padre, en el nombre de nuestro Señor Jesucristo.

906   **1 Timoteo 4:4–5** Porque todo lo que Dios creó es bueno, y nada es desechable, si se toma con acción de gracias, pues por la palabra de Dios y por la oración es santificado.

Lee **Marcos 10:46–52**, sobre cuando Jesús sanó al ciego Bartimeo y **Lucas 17:11–19**, sobre los diez leprosos.

C. nos sintamos satisfechos con lo que hemos recibido.

907   **1 Timoteo 6:8** Así que, si tenemos sustento y abrigo, contentémonos con eso.

908   **Juan 6:12** Cuando quedaron saciados, les dijo a sus discípulos: "Recojan los pedazos que sobraron, para que no se pierda nada."

909   **Proverbios 30:8–9** Aparta de mí la vanidad y la mentira, y no me des pobreza ni riquezas. Dame sólo el pan necesario, no sea que, una vez satisfecho, te niegue y diga: "¿Y quién es el Señor?" O que, por ser pobre, llegue yo a robar y ofenda el nombre de mi Dios.

Lee **Lucas 12:15–21**, sobre la parábola del rico necio.

Relaciones y aplicaciones

273. ¿Cómo provee Dios nuestro pan de cada día?

A. Él hace que la tierra produzca todo lo que necesitamos.

910   **Salmo 104:14** Haces crecer la hierba para los ganados, y las plantas que el hombre cultiva para sacar de la tierra el pan que come.

911   **Salmo 145:15–16** Todos fijan en ti su mirada, y tú les das su comida a su tiempo. Cuando abres tus manos, colmas de bendiciones a todos los seres vivos.

B. Él nos bendice con la habilidad de trabajar y que así disfrutemos de la productividad de la tierra.

912   **2 Tesalonicenses 3:10–12** Cuando estábamos con ustedes, también les ordenamos esto: "Si alguno no

quiere trabajar, que tampoco coma." Y es que nos hemos enterado de que algunos de ustedes viven desordenadamente, y no trabajan en nada, y se entrometen en lo ajeno. A tales personas les ordenamos y exhortamos, por nuestro Señor Jesucristo, que simplemente se pongan a trabajar y se ganen su propio pan.

C. Él nos bendice con autoridades y estructuras terrenales (un gobierno y una economía estables), que brindan ámbitos donde podemos trabajar y recibir nuestro pan de cada día.

913   **1 Timoteo 2:1-2** Ante todo, exhorto a que se hagan rogativas, oraciones, peticiones y acciones de gracias por todos los hombres; por los reyes y por todos los que ocupan altos puestos, para que vivamos con tranquilidad y reposo, y en toda piedad y honestidad.

274. ¿Dios me da pan diario solo para mis propias necesidades?
No. Dios quiere que compartamos con los que tienen necesidad y que los incluyamos en nuestras oraciones.

914   **1 Timoteo 5:8** Porque si alguno no provee para los suyos, y especialmente para los de su casa, niega la fe y es peor que un incrédulo.

915   **Hebreos 13:16** No se olviden de hacer bien ni de la ayuda mutua, porque éstos son los sacrificios que agradan a Dios.

916   **1 Juan 3:17-18** Pero ¿cómo puede habitar el amor de Dios en aquel que tiene bienes de este mundo y ve a su hermano pasar necesidad, y le cierra su corazón? Hijitos míos, no amemos de palabra ni de lengua, sino de hecho y en verdad.

275. Si Dios provee para todos de esas formas, ¿por qué a algunos les falta el pan de cada día?
La hambruna, la escasez y la necesidad son el resultado de una creación caída. Pecados humanos como la codicia, la insensibilidad, y la pereza muchas veces contribuyen con esos problemas. En un mundo pecaminoso, los sistemas gubernamentales y

económicos injustos o incompetentes también pueden dar como resultado la falta del pan de cada día, o contribuir a ello.

"Por cierto, lo más necesario es orar por las autoridades y el gobierno seculares, por los cuales principalmente Dios nos conserva el pan de cada día" (CMa III 74).

Salmo 103

Oración – Padre misericordioso, tú abres tus manos y satisfaces el deseo de toda criatura viva. Enséñanos a reconocerte como el Señor que provee para todas nuestras necesidades en cuerpo y alma, y que así te demos gracias por todos tus abundantes dones. Por Jesucristo, nuestro Señor. Amén.

La Quinta Petición

Y perdónanos nuestras deudas, así como nosotros perdonamos a nuestros deudores.

¿Qué significa esto?

Con esta petición rogamos al Padre celestial que no tome en cuenta nuestros pecados, ni por causa de ellos nos niegue lo que pedimos. En efecto, nosotros no somos dignos de recibir nada de lo que imploramos, ni tampoco lo hemos merecido, pero quiera Dios dárnoslo todo por su gracia, pues diariamente pecamos mucho y solo merecemos el castigo. Así, por cierto, también por nuestra parte perdonemos de corazón, y con agrado hagamos bien a los que contra nosotros pecaren.

La idea central

Las personas no pueden vivir en paz unas con otras por mucho tiempo a menos que se perdonen mutuamente.

¿Cómo nos agobia el no perdonar y el no recibir perdón?

Lee **Mateo 18:21–35**. Reflexiona sobre cuán rica y completamente Dios nos ha perdonado y cómo quiere que su perdón cambie la forma como vivimos juntos con los demás.

✠ *Como cristianos, pedimos que por amor de Cristo podamos conocer la alegría y la paz de ser perdonados y de perdonar a los demás.*

¿Existen personas en mi vida con quienes no estoy en paz porque no las he perdonado?

Una lectura más cercana del Catecismo Menor

276. ¿Qué pedimos en esta petición?

Pedimos que nuestro Padre que está en los cielos nos perdone misericordiosamente nuestros pecados por amor a Cristo.

917   **Salmo 51:1–2** Dios mío, por tu gran misericordia, ¡ten piedad de mí!; por tu infinita bondad, ¡borra mis

rebeliones! Lávame más y más de mi maldad; ¡límpiame de mi pecado!

918   **Salmo 130:3–4** Señor, si te fijaras en nuestros pecados, ¿quién podría sostenerse en tu presencia? Pero en ti hallamos perdón, para que seas reverenciado.

919   **Lucas 18:13** Dios mío, ten misericordia de mí, porque soy un pecador.

277. *¿Por qué necesitamos pedir el perdón de Dios?*

A. Pecamos todos los días y no merecemos nada más que el castigo de Dios.

920   **Proverbios 28:13** El que encubre sus pecados no prospera; el que los confiesa y se aparta de ellos alcanza la misericordia divina.

921   **Salmo 19:12** ¿Acaso hay quien reconozca sus propios errores? ¡Perdóname por los que no puedo recordar!

922   **Génesis 32:10** Yo soy menor que todas las misericordias y que toda la verdad con que has tratado a este siervo tuyo.

B. Pedimos el perdón de Dios porque sin este, no podemos pedirle nada a Dios y esperar que él misericordiosamente escuche y responda.

923   **Isaías 59:2** Son las iniquidades de ustedes las que han creado una división entre ustedes y su Dios. Son sus pecados los que le han llevado a volverles la espalda para no escucharlos.

924   **Proverbios 28:13** El que encubre sus pecados no prospera; el que los confiesa y se aparta de ellos alcanza la misericordia divina.

925   **Efesios 6:16–18** Además de todo esto, protéjanse con el escudo de la fe, para que puedan apagar todas las flechas incendiarias del maligno. Cúbranse con el casco de la salvación, y esgriman la espada del Espíritu, que es la palabra de Dios. Oren en todo tiempo con toda oración y súplica en el Espíritu, y manténganse atentos, siempre orando por todos los santos.

C. El perdón nos libera dándonos paz con Dios.

926 **Salmo 32:1–5** Dichoso aquél cuyo pecado es perdonado, y cuya maldad queda absuelta. Dichoso aquél a quien el Señor ya no acusa de impiedad, y en el que no hay engaño. Mientras callé, mis huesos envejecieron, pues todo el día me quejaba. De día y de noche me hiciste padecer; mi lozanía se volvió aridez de verano. Te confesé mi pecado; no oculté mi maldad. Me dije: "Confesaré al Señor mi rebeldía", y tú perdonaste la maldad de mi pecado.

Nota: "Si Dios no perdona incesantemente, estamos perdidos... Cuando el corazón no está en la recta relación con Dios, ni puede lograr tal confianza, ni jamás se atreverá a orar. Semejante confianza y tal corazón feliz no pueden venir de ninguna parte, a menos que se sepa que nuestros pecados nos han sido perdonados" (CMa III 91–92).

278. ¿Por qué es importante el perdón para mi propia vida en Cristo?
A. Mi necesidad del perdón de Dios me recuerda que no soy mejor que nadie.

927 **Salmo 130:3–4** Señor, si te fijaras en nuestros pecados, ¿quién podría sostenerse en tu presencia? Pero en ti hallamos perdón, para que seas reverenciado.

928 **Romanos 3:23–24** Por cuanto todos pecaron y están destituidos de la gloria de Dios; pero son justificados gratuitamente por su gracia, mediante la redención que proveyó Cristo Jesús.

929 **1 Juan 1:8–10** Si decimos que no tenemos pecado, nos engañamos a nosotros mismos, y la verdad no está en nosotros. Si confesamos nuestros pecados, él es fiel y justo para perdonar nuestros pecados y limpiarnos de toda maldad. Si decimos que no hemos pecado, lo hacemos a él mentiroso, y su palabra no está en nosotros.

B. El perdón de Dios me capacita para perdonar a otros, liberándome del odio y el resentimiento hacia ellos.

930 **Mateo 6:14–15** Si ustedes perdonan a los otros sus ofensas, también su Padre celestial los perdonará a ustedes. Pero si ustedes no perdonan a los otros sus ofensas, tampoco el Padre de ustedes les perdonará sus ofensas.

931 **Mateo 18:21–22** Entonces se le acercó Pedro y le dijo: "Señor, si mi hermano peca contra mí, ¿cuántas veces debo perdonarlo? ¿Hasta siete veces?" Jesús le dijo: "No te digo que hasta siete veces, sino hasta setenta veces siete."

932 **Efesios 4:32** En vez de eso, sean bondadosos y misericordiosos, y perdónense unos a otros, así como también Dios los perdonó a ustedes en Cristo.

Lee **Génesis 50:15–21**, sobre cuando José perdonó a sus hermanos; **Mateo 18:23–35**, sobre el siervo que no perdonó; y **1 Timoteo 1:15**, donde Pablo dice que él es el primer pecador.

Nota: "Todos los días nos endeudamos mucho con Dios y, no obstante, nos remite todo por gracia. En la misma forma debemos perdonar siempre también a nuestro prójimo que nos inflige daño, violencia e injusticia y nos muestra una malignidad pérfida, etc. Si tú no perdonas, no pienses que Dios te perdonará." (CMa III 94–95).

279. ¿Qué Dios nos perdone depende de nuestra capacidad para perdonar a los demás?

No. Puede parecer que Jesús haga pensar que el ser perdonados dependa de que nosotros perdonemos a otros cuando dice: "Perdónanos… como también nosotros perdonamos a nuestros deudores." (**Mateo 6:12**). Con respecto a esto, las Escrituras enseñan dos verdades complementarias. Primero, Dios ha perdonado los pecados del mundo solamente por amor a Cristo; por eso, no puedo ganarme el perdón perdonando a otros. Segundo, si nos negamos tercamente a perdonar a los demás, rechazamos el perdón de Dios hacia ellos y hacia nosotros.

933 **Romanos 5:2, 10** Por quien tenemos también, por la fe, acceso a esta gracia en la cual estamos firmes, y nos regocijamos en la esperanza de la gloria de Dios… Porque, si

cuando éramos enemigos de Dios fuimos reconciliados con él mediante la muerte de su Hijo, mucho más ahora, que estamos reconciliados, seremos salvados por su vida.

934   **Colosenses 3:13** Sean mutuamente tolerantes. Si alguno tiene una queja contra otro, perdónense de la misma manera que Cristo los perdonó.

935   **Mateo 6:15** Pero si ustedes no perdonan a los otros sus ofensas, tampoco el Padre de ustedes les perdonará sus ofensas.

936   **Mateo 18:35** Así también mi Padre celestial hará con ustedes, si no perdonan de todo corazón a sus hermanos.

Nota: El perdón que reciben "no será por tu perdonar, puesto que Dios lo hace por completo gratuitamente, de mera gracia, por haberlo prometido, como enseña el evangelio" (LC III 96). Ver Catecismo Mayor, Parte III, párrafos 93–98 para una explicación más completa de cómo nuestro perdón puede ser una señal de la misericordia más amplia y el perdón más amplio de Dios.

Relaciones y aplicaciones

280. ¿Perdón significa que debo "perdonar y olvidar"?

El perdón no significa olvidar los males pasados. Pero le pedimos a nuestro Padre celestial que nos libere de la ira y el resentimiento que pueden acompañar a esos recuerdos. Nosotros los entregamos en sus manos misericordiosas y confiamos en que él los sanará con el tiempo.

937   **1 Corintios 13:4–5** El amor es paciente y bondadoso; no es envidioso ni jactancioso, no se envanece; no hace nada impropio; no es egoísta ni se irrita; no es rencoroso.

Salmo 32

Oración – Padre misericordioso, nuestros pecados nos hacen indignos de pedirte cualquier cosa. Por amor a tu amado Hijo, no nos condenes por nuestros pecados, sino escucha nuestro clamor de misericordia y perdónanos nuestras ofensas. Animados con tu perdón, nosotros también nos comprometemos a perdonar sinceramente y a hacer con agrado el bien a quienes pecan contra nosotros. Por Jesucristo, nuestro Señor. Amén.

La Sexta Petición

Y no nos dejes caer en la tentación.

¿Qué significa esto?

Dios, en verdad, no tienta a nadie; pero con esta petición le rogamos que nos guarde y preserve, a fin de que el diablo, el mundo, y nuestra carne, no nos engañen ni seduzcan, llevándonos a una fe errónea, a la desesperación, y a otras grandes vergüenzas y vicios. Y aun cuando fuéremos tentados a ello, que al fin logremos vencer y retener la victoria.

La idea central

Muchos se alejan gradualmente de la fe cristiana, hasta que su fe se marchita y muere.

¿Cómo pueden las personas alejarse de Cristo sin darse cuenta?

Lee **Marcos 4:1–20**. ¿Cuáles son los diversos peligros de la fe mencionados en la parábola del sembrador?

✠ *Como cristianos, pedimos que nuestro Padre nos mantenga fuertes en su Palabra, ya que nuestra fe está bajo constante amenaza.*

¿Qué personas o cosas podrían alejarte de Jesús?

Una lectura más cercana del Catecismo Menor

281. ¿En qué se centra esta petición particular?

Se centra en los intentos constantes de nuestros enemigos espirituales de alejarnos de Dios y atraernos a la cautividad del pecado y, finalmente, a la incredulidad y la desesperación.

938 **1 Pedro 5:8–9** Sean prudentes y manténganse atentos, porque su enemigo es el diablo, y él anda como un león rugiente, buscando a quien devorar. Pero ustedes, manténganse firmes y háganle frente. Sepan que en todo el mundo sus hermanos están enfrentando los mismos sufrimientos.

939 **Santiago 1:13–14** Cuando alguien sea tentado, no diga que ha sido tentado por Dios, porque Dios no tienta a nadie, ni tampoco el mal puede tentar a Dios. Al contrario, cada uno es tentado cuando se deja llevar y seducir por sus propios malos deseos.

940 **2 Timoteo 3:1–4** También debes saber que en los últimos días vendrán tiempos peligrosos, y que habrá hombres amantes de sí mismos, avaros, vanagloriosos, soberbios, blasfemos, desobedientes a los padres, ingratos, impíos, sin afecto natural, implacables, calumniadores, intemperantes, crueles, aborrecedores de lo bueno, traidores, impetuosos, envanecidos, que amarán los deleites más que a Dios.

Lee **Génesis 3**, donde el diablo tentó a Eva para que dudara de Dios y le desobedeciera; **Juan 13:2** y **Mateo 27:4–5**, donde Satanás tentó a Judas para que traicionara a Cristo y lo llevó a la desesperación; **Lucas 22:54–60**, sobre cuando Pedro negó a Jesús; y **2 Samuel 12:9**, donde la naturaleza pecaminosa de David lo llevó a cometer adulterio y homicidio.

282. ¿Qué le pedimos a Dios que haga por nosotros cuando hacemos esta petición?

Le pedimos que:

A. nuestra fe en Jesús y nuestro amor por él no se enfríen con la incredulidad;

941 **Mateo 24:9–14** Entonces los entregarán a ustedes para ser torturados, y los matarán, y todos los odiarán por causa de mi nombre. En aquel tiempo muchos tropezarán, y unos a otros se traicionarán y odiarán. Muchos falsos profetas se levantarán, y engañarán a muchos; y tanto aumentará la maldad que el amor de muchos se enfriará. Pero el que resista hasta el fin, será salvo. Y este evangelio del reino será predicado en todo el mundo para testimonio a todas las naciones, y entonces vendrá el fin.

942 **Marcos 9:24** Al instante, el padre del muchacho exclamó: "¡Creo! ¡Ayúdame en mi incredulidad!"

B. permanezcamos alerta y en guardia contra las amenazas a nuestra fe;

943	**1 Corintios 10:12–13** Así que, el que crea estar firme, tenga cuidado de no caer. A ustedes no les ha sobrevenido ninguna tentación que no sea humana; pero Dios es fiel y no permitirá que ustedes sean sometidos a una prueba más allá de lo que puedan resistir, sino que junto con la prueba les dará la salida, para que puedan sobrellevarla.

944	**Marcos 14:38** Manténganse despiertos, y oren, para que no caigan en tentación. A decir verdad, el espíritu está dispuesto, pero la carne es débil.

C. nuestro Padre nos proteja de todos los pecados que vienen de Satanás, el mundo, y nuestra carne pecaminosa.

945	**Gálatas 5:19–21** Las obras de la carne se manifiestan en adulterio, fornicación, inmundicia, lascivia, idolatría, hechicerías, enemistades, pleitos, celos, iras, contiendas, disensiones, herejías, envidias, homicidios, borracheras, orgías, y cosas semejantes a éstas. Acerca de ellas les advierto, como ya antes les he dicho, que los que practican tales cosas no heredarán el reino de Dios.

946	**Apocalipsis 3:10** Por cuanto has obedecido mi mandamiento de ser perseverante, yo también te protegeré a la hora de la prueba, la cual vendrá sobre el mundo entero para poner a prueba a cuantos habitan en la tierra.

947	**Proverbios 1:10** Hijo mío, si los pecadores quisieran engañarte, no te dejes llevar por ellos.

Lee **Génesis 39:1–20**, donde José soportó la tentación de la esposa de Potifar, y **Hebreos 6:4–6**, sobre el peligro de alejarse de la fe.

283. ¿Cómo nos ayuda Dios para que resistamos a esas amenazas?

Él nos da la palabra de Cristo, el Espíritu Santo, el Bautismo, la Absolución, la Santa Cena, y el don de la oración como armadura y arma.

948   **Romanos 13:14** Más bien, revistámonos del Señor
        Jesucristo, y no busquemos satisfacer los deseos de la
        carne.

949   **1 Corintios 10:13** A ustedes no les ha sobrevenido
        ninguna tentación que no sea humana; pero Dios es fiel
        y no permitirá que ustedes sean sometidos a una prueba
        más allá de lo que puedan resistir, sino que junto con la
        prueba les dará la salida, para que puedan sobrellevarla.

950   **Efesios 6:11, 17–18** Revístanse de toda la armadura
        de Dios, para que puedan hacer frente a las asechanzas
        del diablo... Cúbranse con el casco de la salvación, y
        esgriman la espada del Espíritu, que es la palabra de Dios.
        Oren en todo tiempo con toda oración y súplica en el
        Espíritu.

        Lee **Mateo 4:1–11**, donde Jesús resistió a Satanás con la
        palabra de Dios, y **2 Corintios 4:7–12**, sobre cómo el poder de
        Dios puede derrotar nuestros pecados y nuestras debilidades.

Nota: "No hay más consejo, ni consuelo que acudir y tomar el Padrenuestro y de corazón hablar a Dios: 'Amado Padre,
tú me mandaste orar; no me dejes recaer por la tentación'"
(CMa III 110).

Relaciones y aplicaciones

284. ¿Alguna vez Dios nos tienta?

Dios no nos tienta para que pequemos. Sin embargo, a veces pone a prueba nuestra fe para acercarnos a él y fortalecer
nuestra fe.

951   **Santiago 1:13** Cuando alguien sea tentado, no diga que
        ha sido tentado por Dios, porque Dios no tienta a nadie,
        ni tampoco el mal puede tentar a Dios.

952   **Juan 6:5–6** Cuando Jesús alzó la vista y vio que una gran
        multitud se acercaba a él, le dijo a Felipe: "¿Dónde compra-
        remos pan, para que éstos coman?" Pero decía esto para
        ponerlo a prueba, pues él ya sabía lo que estaba por hacer.

953 **Santiago 1:2-3** Hermanos míos, considérense muy dichosos cuando estén pasando por diversas pruebas. Bien saben que, cuando su fe es puesta a prueba, produce paciencia.

Lee **Génesis 22:1-19**, acerca de cómo el Señor puso a prueba a Abrahán ordenándole que sacrificara a Isaac; **Jueces 2:22**, donde Dios puso a prueba a Israel para ver si caminarían en la senda del Señor; y **Mateo 15:21-28**, sobre cómo Jesús puso a prueba la fe de la mujer cananea.

Salmo 91

Oración – Padre celestial, guárdanos y protégenos de los ataques del diablo, el engaño del mundo y los deseos de nuestra naturaleza pecaminosa. Protégenos para que no seamos engañados o confundidos por mentiras sobre ti, seamos vencidos por no esperar en tu misericordia, o seamos seducidos a andar en un camino de vida que solo lleve a la muerte. Protégenos con tu gracia y fortalécenos con tu Palabra y tu Espíritu para que podamos resistir todo ataque y finalmente ganemos la victoria. Por Jesucristo, nuestro Señor. Amén.

La Séptima Petición

Mas líbranos del mal.

¿Qué significa esto?

Con esta petición rogamos, como en resumen, que el Padre celestial nos libre de todo lo que pueda perjudicar nuestro cuerpo y nuestra alma, nuestros bienes y honra, y que al fin, cuando llegue nuestra última hora, nos conceda un fin bienaventurado, y, por su gracia, nos lleve de este valle de lágrimas al cielo, para morar con él.

La idea central

Cada siglo ha tenido sus propios males: enfermedades, masacres y horribles abusos infligidos a los seres humanos.

¿Qué causas del mal en el mundo identifican las personas?

Lee **Génesis 3:1–19**. ¿Qué dice este relato de Adán y Eva sobre la causa del mal en este mundo?

✠ *Como cristianos, pedimos que Dios nos rescate del maligno ahora y por siempre.*

¿Qué males veo en el mundo por los cuales deba pedir "¡Señor, líbranos!"?

Una lectura más cercana del Catecismo Menor

285. ¿Cómo se relaciona la Séptima Petición con las anteriores peticiones?

Sirve como resumen de las anteriores seis peticiones, en las cuales le pedimos a nuestro Padre celestial que nos rescate de todo mal (incluyendo al maligno: Satanás).

954   **Salmo 121:7–8** El Señor te librará de todo mal; el Señor protegerá tu vida. El Señor te estará vigilando cuando salgas y cuando regreses, desde ahora y hasta siempre.

955   **2 Tesalonicenses 3:3** Pero el Señor es fiel, y él los fortalecerá y guardará del mal.

286. ¿Qué le pedimos a Dios, nuestro Padre, que haga por nosotros en esta petición?
Le pedimos que:

A. nos libre de los muchos males de esta vida, como la pobreza, la enfermedad, las heridas, la angustia, y las miserias;

956   **Salmo 20:1–2** Que el Señor te oiga en momentos de angustia; que te defienda el Nombre, el Dios de Jacob. Que desde su templo te envíe su ayuda; que desde Sión te brinde su apoyo.

957   **Salmo 59:1** Dios mío, ¡líbrame de mis enemigos! ¡Ponme a salvo de los que me atacan!

B. nos ayude a resistir los problemas que encontremos y nos mantenga fieles hasta la muerte;

958   **Hechos 14:22** Para entrar en el reino de Dios nos es necesario pasar por muchas tribulaciones.

959   **Salmo 91:9–10** Por haber puesto al Señor por tu esperanza, por poner al Altísimo como tu protector, no te sobrevendrá ningún mal, ni plaga alguna tocará tu casa.

960   **Proverbios 3:11–12** Hijo mío, no desdeñes la corrección del Señor; no te sientas mal cuando te reprenda. El Señor corrige al que ama como lo hace el padre con su hijo amado.

Lee **Daniel 3**, acerca de los tres hombres en el horno de fuego y **Daniel 6**, sobre Daniel en el foso de los leones.

C. nos mantenga fieles a él, nos libere de la actual época maligna y nos lleve a él cuando muramos.

961   **Gálatas 1:4–5** [Cristo] se dio a sí mismo por nuestros pecados para librarnos del presente siglo malo, conforme a la voluntad de nuestro Dios y Padre, a quien sea dada la gloria por los siglos de los siglos. Amén.

962   **2 Tesalonicenses 3:3** Pero el Señor es fiel, y él los fortalecerá y guardará del mal.

963   **2 Timoteo 4:18** Y el Señor me librará de toda obra mala, y me preservará para su reino celestial. A él sea la gloria por los siglos de los siglos. Amén.

964   **Apocalipsis 14:13** Bienaventurados sean los que mueren en el Señor.

965   **Apocalipsis 21:4** Dios enjugará las lágrimas de los ojos de ellos, y ya no habrá muerte, ni más llanto, ni lamento ni dolor; porque las primeras cosas habrán dejado de existir.

Relaciones y aplicaciones

287. ¿Qué tipo de ser es Satanás?

Es el enemigo de Dios, el maligno, quien originalmente fue un ángel santo pero lideró una rebelión contra Dios y sigue oponiéndose a Dios y a todo lo bueno.

966   **Isaías 14:12–15** ¡Cómo caíste del cielo, lucero de la mañana! ¡Cómo caíste por tierra, tú que derrotabas a las naciones! Tú, que en tu corazón decías: "Subiré al cielo, por encima de las estrellas de Dios, y allí pondré mi trono. En el monte del concilio me sentaré, en lo más remoto del norte; subiré hasta las altas nubes, y seré semejante al Altísimo." Pero ¡ay!, has caído a lo más profundo del sepulcro, a lo más remoto del abismo.

967   **2 Corintios 11:14** Hasta Satanás mismo se disfraza de ángel de luz.

968   **1 Pedro 5:8** Sean prudentes y manténganse atentos, porque su enemigo es el diablo, y él anda como un león rugiente, buscando a quien devorar.

969   **Apocalipsis 12:9** Así fue expulsado el gran dragón, que es la serpiente antigua que se llama Diablo y Satanás, y que engaña a todo el mundo. Él y sus ángeles fueron arrojados a la tierra.

Lee **Mateo 13:24–30, 38–39**, una parábola sobre cómo Satanás busca obrar el mal en la Iglesia.

288. ¿Por qué Satanás se preocupa por nosotros?

Por arrogancia, rabia, y rencor, Satanás buscó reclamar la buena creación de Dios como su propio reino. Su objetivo es engañar y destruir a la raza humana. Con ese fin, sedujo a Adán y Eva (junto con todos sus descendientes) a la cautividad y los convirtió en sus aliados, sujetos a la condenación eterna en el infierno.

970   **Juan 8:44** Ustedes son de su padre el diablo, y quieren cumplir con los deseos de su padre, quien desde el principio ha sido un homicida. No se mantiene en la verdad, porque no hay verdad en él. Cuando habla mentira, habla de lo que le es propio; porque es mentiroso y padre de la mentira.

971   **Efesios 2:1–2** Aún estaban muertos en sus delitos y pecados, los cuales en otro tiempo practicaron, pues vivían de acuerdo a la corriente de este mundo y en conformidad con el príncipe del poder del aire, que es el espíritu que ahora opera en los hijos de desobediencia.

972   **Mateo 4:8–10** De nuevo el diablo lo llevó a un monte muy alto. Allí le mostró todos los reinos del mundo y sus riquezas, y le dijo: "Todo esto te daré, si te arrodillas delante de mí y me adoras." Entonces Jesús le dijo: "Vete, Satanás."

Lee **Ezequiel 28:11–19**, que relaciona el juicio de Dios contra la arrogancia del rey de Tiro con la creación de Satanás como un ángel y su arrogante rebelión y pecado. Ver también Pregunta 129 más arriba.

289. ¿Dónde encontramos nuestra esperanza en la batalla contra Satanás?

Encontramos nuestra esperanza y nuestro refugio en el Señor Jesucristo, quien con su muerte y resurrección nos libera de la tiranía de Satanás.

973   **Salmo 46:1–3** Dios es nuestro amparo y fortaleza, nuestro pronto auxilio en todos los problemas. Por eso no tenemos ningún temor. Aunque la tierra se estremezca, y los montes

se hundan en el fondo del mar; aunque sus aguas bramen y se agiten, y los montes tiemblen ante su furia.

974 **2 Tesalonicenses 3:3** Pero el Señor es fiel, y él los fortalecerá y guardará del mal.

975 **Colosenses 1:11–14** Todo esto, fortalecidos con todo poder, conforme al dominio de su gloria, para que puedan soportarlo todo con mucha paciencia. Así, con gran gozo, darán las gracias al Padre, que nos hizo aptos para participar de la herencia de los santos en luz; y que también nos ha librado del poder de la oscuridad y nos ha trasladado al reino de su amado Hijo, en quien tenemos redención por su sangre, el perdón de los pecados.

Nota: Cantamos sobre el poder de nuestro misericordioso Padre sobre el mal en "Castillo fuerte es nuestro Dios" (Culto Cristiano 129, estrofa 3):

Aún si están demonios mil
   Prontos a devorarnos
No temeremos porque Dios
   Sabrá aún prosperarnos
Que muestre su vigor
   Satán y su furor
Dañarnos no podrá,
   Pues condenado es ya
Por la Palabra santa.

Salmo 90

Oración – Padre celestial, mira nuestra necesidad con tus ojos de misericordia y compasión. Rescátanos de todo lo que pueda causarnos daño y destrucción tanto física como espiritual. Mantennos en la verdadera fe y haz que finalmente pasemos por las decepciones y tristezas de esta vida para que vivamos contigo para siempre. Por Jesucristo, nuestro Señor. Amén.

La Conclusión

Porque tuyo es el reino y el poder y la gloria por los siglos de los siglos. Amén.

¿Qué significa esto?

Que debo tener la certeza de que el Padre celestial acepta estas peticiones y las atiende; pues él mismo nos ha ordenado orar así y ha prometido atendernos. Amén, amén, quiere decir: Sí, sí, que así sea.

---

290. ¿Por qué la iglesia primitiva incluyó estas palabras al final del Padrenuestro?

Estas palabras confiesan con alegría que nuestro Padre puede hacer todo lo que pedimos en estas peticiones.

976 **1 Crónicas 29:11** Tuya es, Señor, la magnificencia y el poder, la gloria, la victoria y el honor; pues tuyas son todas las cosas que están en los cielos y en la tierra. Tuyo es, Señor, el reino. ¡Tú eres excelso sobre todas las cosas!

Dios, nuestro Padre:

A. es el rey que otorga todo don bueno;

977 **Santiago 1:17** Toda buena dádiva y todo don perfecto descienden de lo alto, del Padre de las luces, en quien no hay cambio ni sombra de variación.

978 **Salmo 103:2–3** ¡Bendice, alma mía, al Señor, y no olvides ninguna de sus bendiciones! El Señor perdona todas tus maldades, y sana todas tus dolencias.

B. tiene el poder de concedernos nuestras peticiones;

979 **Salmo 33:6** Con su palabra, el Señor hizo los cielos; todo lo creado lo hizo con un soplo de su boca.

980 **Efesios 3:20–21** Y a Aquel que es poderoso para hacer que todas las cosas excedan a lo que pedimos o entendemos, según el poder que actúa en nosotros, a él sea dada la gloria en la iglesia en Cristo Jesús por todas las generaciones, por los siglos de los siglos. Amén.

C. es exaltado como el único Dios verdadero.

981   **Salmo 113:4–5** El Señor está por encima de todas las naciones; ¡su gloria sobrepasa las alturas de los cielos! ¿Quién como el Señor nuestro Dios? El Señor tiene su trono en las alturas.

982   **1 Timoteo 1:17** Por tanto, al Rey de los siglos, al inmortal e invisible, al único y sabio Dios, sean el honor y la gloria por los siglos de los siglos. Amén.

291. ¿Por qué terminamos el Padrenuestro con la palabra "amén"?

"Amén" es una palabra del Antiguo Testamento que significa "que así sea". Hace énfasis en que Dios escuchará nuestras oraciones, las cuales él ha ordenado, y responderá nuestras oraciones, tal y como ha prometido.

983   **Proverbios 15:8** El Señor aborrece las ofrendas de los impíos, pero recibe con agrado la oración de los rectos.

984   **Proverbios 15:29** El Señor está lejos de los impíos, pero oye la oración de los justos.

Salmo 99

Oración – Padrenuestro que estás en los cielos, concédenos certeza para que oremos de acuerdo con tu mandato, con la confianza de que has prometido escucharnos. Por Jesucristo, nuestro Señor. Amén.

LOS MEDIOS DE GRACIA

292. ¿Por qué el catecismo incluye el Bautismo, la Confesión y el Oficio de las Llaves y el Sacramento del Altar?

Como confesamos en el Tercer Artículo, el Espíritu Santo "llama, congrega, ilumina y santifica a toda la cristiandad en la tierra" mediante el evangelio —es decir, el perdón de los pecados en Cristo— el cual es ofrecido por estos medios.

A. El evangelio nos es dado en la palabra de Dios escrita o hablada, especialmente en la Absolución.

B. La palabra del evangelio también se une con elementos terrenales en actos sagrados que Dios nos ha dado, concretamente, el Bautismo y la Santa Cena.

El Oficio de las Llaves es la autoridad que Cristo le da a su iglesia para perdonar a través de estos medios (ver la explicación más amplia más adelante).

Nota: El Bautismo, la Santa Cena y la santa Absolución —junto con la palabra de Dios escrita, predicada y compartida— a veces se llaman los "Medios de Gracia", porque mediante ellos, y mediante elementos terrenales, el Dios trino da sus dones de perdón de los pecados, vida, y salvación. Estos Medios de Gracia no son simplemente información que se nos presenta para consideración, sino son la palabra de Dios haciendo lo que dice y realmente dando y cumpliendo lo que nos promete.

293. ¿Qué es un sacramento?

La Iglesia Luterana generalmente se refiere a un sacramento como un acto sagrado

A. instituido por orden de Cristo;

B. en el cual Cristo une su Palabra de promesa con un elemento visible;

C. por medio del cual ofrece y concede el perdón de los pecados que él ha ganado para nosotros con su sufrimiento, muerte, y resurrección.

Nota: La palabra *sacramento* nos viene de la traducción latina de la Biblia, donde la palabra griega *misterio* se traduce *sacramento*. Originalmente, *misterio/sacramento* describían las verdades salvíficas de la fe cristiana, como la Trinidad, la encarnación de Cristo, la redención y la iglesia (por ejemplo, **1 Corintios 4:1**; **Efesios 5:32**; y **1 Timoteo 3:16**). Más tarde, *sacramento* llegó a referirse a los ritos instituidos por Dios, como el Bautismo y la Santa Cena, a los cuales el Señor ligó la promesa de su gracia. Debido a que son establecidos por orden de Dios y transmiten su gracia, distinguimos los sacramentos de las ceremonias y los ritos establecidos por los seres humanos.

294. ¿Cuántos sacramentos existen?

Las Confesiones Luteranas dejan abierto el número exacto de sacramentos. El Santo Bautismo y la Santa Cena ciertamente deben considerarse sacramentos. También, aunque no tiene un "elemento visible" (como agua o pan y vino), la santa Absolución a veces (y de forma correcta) se cuenta como "tercer sacramento", como Lutero hace en el Catecismo Mayor: "Aquí puedes ver que el Bautismo, tanto por lo que respecta a su poder como a su significación, comprende también el tercer sacramento llamado el arrepentimiento" (CMa IV 74). La Apología de la Confesión de Augsburgo también dice: "Así, pues, los verdaderos sacramentos son el Bautismo, la Cena del Señor y la absolución, que es el sacramento del arrepentimiento. Estos ritos sí tienen mandamiento de Dios y la promesa de gracia que es propia del Nuevo Testamento" (Apl XIII 4).

985 **Mateo 28:19** Por tanto, vayan y hagan discípulos en todas las naciones, y bautícenlos en el nombre del Padre, y del Hijo, y del Espíritu Santo.

986 **Marcos 14:22–25** Mientras comían, Jesús tomó el pan y lo bendijo; luego lo partió y se lo dio, al tiempo que decía: "Tomen, esto es mi cuerpo." Después tomó la copa, y luego de dar gracias, se la dio, y todos bebieron de ella. Les dijo entonces: "Esto es mi sangre del pacto, que por muchos es derramada. De cierto les digo que no volveré a beber del fruto de la vid, hasta el día en que beba el vino nuevo en el reino de Dios."

987 **Juan 20:22–23** Y habiendo dicho esto, sopló y les dijo: "Reciban el Espíritu Santo. A quienes ustedes perdonen los pecados, les serán perdonados; y a quienes no se los perdonen, no les serán perdonados."

Nota: La palabra *sacramento* no solo se usa para referirse a los Medios de Gracia del Nuevo Testamento, como la Santa Cena y el Bautismo, sino en ocasiones también puede usarse para referirse a hechos sagrados del Antiguo Testamento que transmitían gracia, como la circuncisión (ver **Génesis 17:10–14**, donde la circuncisión es signo de participación en el pacto misericordioso de Dios, y **Colosenses 2:11–12**, donde se comparan la circuncisión y el Bautismo).

295. ¿Por qué debemos atesorar los sacramentos, si agua, pan, y vino son elementos tan ordinarios?

Dios se deleita en utilizar cosas ordinarias para hacer obras extraordinarias. "Siempre hemos enseñado que no se debe considerar los sacramentos y todas las cosas externas, ordenados e instituidos por Dios conforme a su apariencia basta y externa, tal como se ve solamente la cáscara de la nuez; sino que, al contrario, hay que ver cómo la palabra de Dios está encerrada en ellas" (CMa IV 19).

988 **1 Corintios 1:28** También Dios escogió lo vil del mundo y lo menospreciado, y lo que no es, para deshacer lo que es.

Lee **2 Reyes 5:1–14**. Por la promesa de Dios, la simple agua del Jordán tuvo el poder para curar la lepra de Namán.

296. ¿Cómo se deben usar los sacramentos?

Los sacramentos se usan correctamente cuando nosotros, con fe, confiamos en las promesas que Cristo ofrece y otorga mediante ellos. "Fueron instituidos no solo como distintivos para conocer exteriormente a los cristianos, sino que son señales y testimonios de la voluntad divina hacia nosotros para despertar y fortalecer nuestra fe. Por esta razón los sacramentos exigen fe y se emplean debidamente cuando se reciben con fe y se fortalece de ese modo la fe" (CA XIII 1 y 2). La fe no hace el sacramento, pero es solo mediante la fe que recibimos el beneficio que Dios promete para el sacramento.

EL SACRAMENTO DEL SANTO BAUTISMO

La naturaleza del Bautismo

Primero

¿Qué es el Bautismo?

El Bautismo no es simple agua solamente, sino que es agua comprendida en el mandato divino y ligada con la palabra de Dios.

¿Qué palabra de Dios es esta?

Es la palabra que nuestro Señor Jesucristo dice en el último capítulo del Evangelio según San Mateo: "Por tanto, vayan y hagan discípulos en todas las naciones, y bautícenlos en el nombre del Padre, y del Hijo, y del Espíritu Santo" (**Mateo 28:19**)

La idea central

El Bautismo es de Dios, ya que nuestro Señor Jesús instituyó el Bautismo (**Mateo 28:19**; ver también CMa IV 6), uniendo el agua con la palabra de Dios y su nombre trino. Así Dios nos convierte en hijos y discípulos amados.

¿Qué significa tener un apellido? ¿Qué significa que Dios nos ponga su nombre en el Bautismo?

Lee **Mateo 3:13–17**. ¿Cómo están las tres personas de la Trinidad presentes y activas en el Bautismo de Jesús? ¿Cómo su Bautismo nos ayuda a entender la obra del Padre, el Hijo, y el Espíritu Santo en nuestro Bautismo?

✠ *Como cristianos, ¡somos el pueblo bautizado de Dios! Somos sus hijos adoptivos, junto con todos los creyentes, y vivimos y morimos con la confianza de que él nos ha redimido y de que somos suyos.*

¿Cómo responden las personas la pregunta "¿Quién soy?"? ¿Cómo me ayuda el Bautismo a responder a esa pregunta?

Una lectura más cercana del Catecismo Menor

297. ¿Qué significa la palabra bautizar?

Bautizar generalmente significa "lavar con agua", bien sea por inmersión, derramamiento o aspersión. El Bautismo cristiano se refiere a lavar con agua en el nombre del Padre, el Hijo, y el Espíritu Santo, de acuerdo con la institución de Cristo.

989   **Marcos 7:4** Cuando vuelven del mercado, no comen si antes no se lavan. Y conservan también muchas otras tradiciones, como el lavar los vasos en que beben, los jarros, los utensilios de metal, y las camas.).

298. ¿Qué tiene de diferente el agua del Bautismo?

El agua en sí misma no es diferente ni más santa que cualquier otra agua, "sino porque la palabra y el mandamiento de Dios se le agregan", es un agua "santificada" CMa IV 14).

990   **Efesios 5:25–26** Cristo amó a la iglesia, y se entregó a sí mismo por ella, para santificarla. Él la purificó en el lavamiento del agua por la palabra.

299. ¿Quién instituyó el Santo Bautismo?

Nuestro Señor Jesucristo, después de su muerte y resurrección le ordenó a su iglesia que bautizara a todas las naciones.

991   **Mateo 28:19–20** Por tanto, vayan y hagan discípulos en todas las naciones, y bautícenlos en el nombre del Padre, y del Hijo, y del Espíritu Santo. Enséñenles a cumplir todas las cosas que les he mandado. Y yo estaré con ustedes todos los días, hasta el fin del mundo. Amén.

300. ¿Qué significa bautizar "en el nombre del Padre, y del Hijo, y del Espíritu Santo"?

"Ser bautizado en nombre de Dios significa ser bautizado por Dios mismo y no por hombre. Por lo tanto, aun cuando el bautismo se realice por mando de hombre, se trata, en realidad, de una obra de Dios mismo" (CMa IV 10). En el Bautismo, Dios nos pone su nombre salvador y está verdaderamente presente para bendecirnos con todos sus dones, como sus hijos y herederos.

992   **Números 6:23–27** "De esta manera bendecirán a los hijos de Israel. Les dirán: '¡Que el Señor te bendiga, y te cuide! ¡Que el Señor haga resplandecer su rostro sobre ti, y tenga de ti misericordia! ¡Que el Señor alce su rostro sobre ti, y ponga en ti paz!' De esta manera invocarán ellos mi nombre sobre los hijos de Israel, y yo los bendeciré."

993   **Éxodo 20:24** Yo vendré y los bendeciré en todo lugar donde yo haga que mi nombre sea recordado.

Lee **1 Reyes 8:27–30; 9:3**. ¿Dónde pone su nombre el Señor? ¿Con qué propósito?

301. ¿Quién debe bautizar?

Normalmente, los pastores —los ministros llamados de Cristo— deben bautizar, pero en una emergencia, cuando no haya un pastor disponible, cualquier cristiano debería bautizar.

994   **1 Corintios 4:1** Todos deben considerarnos servidores de Cristo y administradores de los misterios de Dios.

Nota: Para una forma corta de Bautismo en caso de emergencia (es decir, cuando la muerte sea inminente), ver la última página.

302. *¿A quién se refiere Jesús cuando dice que "todas las naciones" deben ser bautizadas?*

"Todas las naciones" se refiere a todas las personas que están fuera de la iglesia, sin importar edad, sexo, origen étnico, etc.

Relaciones y aplicaciones

303. *¿Por qué deben ser bautizados también los bebés?*

A. Los bebés están incluidos en las palabras "todas las naciones" (**Mateo 28:19**).

995   **Hechos 2:38–39** Arrepiéntanse, y bautícense todos ustedes en el nombre de Jesucristo, para que sus pecados les sean perdonados. Entonces recibirán el don del Espíritu Santo. Porque la promesa es para ustedes y para sus hijos, para todos los que están lejos, y para todos aquellos a quienes el Señor nuestro Dios llame.

Lee **Hechos 16:13–15, 25–34** y **1 Corintios 1:16**. Los apóstoles bautizaban casas enteras, lo cual, probablemente incluía a los hijos.

B. Los bebés son pecadores y necesitan lo que el Bautismo promete: el perdón de los pecados y el don del Espíritu Santo.

996   **Salmo 51:5** ¡Mírame! ¡Yo fui formado en la maldad! ¡Mi madre me concibió en pecado!

997   **Romanos 5:12, 18–19** Por tanto, como el pecado entró en el mundo por un solo hombre, y por medio del pecado entró la muerte, así la muerte pasó a todos los hombres, por cuanto todos pecaron... Así que, como por la transgresión de uno solo vino la condenación a todos los hombres, de la misma manera por la justicia de uno solo vino la justificación de vida a todos los hombres. Porque así como por la desobediencia de un solo hombre muchos fueron constituidos pecadores, así también por la obediencia de uno solo muchos serán constituidos justos.

998 **Juan 3:5–6** De cierto, de cierto te digo, que el que no nace de agua y del Espíritu, no puede entrar en el reino de Dios. Lo que nace de la carne, carne es; y lo que nace del Espíritu, espíritu es.

C. El Espíritu Santo puede obrar fe en los bebés.

999 **Salmo 22:9–10** Eres tú quien me infundió confianza desde que era un niño de pecho. Antes de nacer fui puesto a tu cuidado; aun estaba yo en el vientre de mi madre, y tú eras ya mi Dios.

1000 **Salmo 71:5–6** Tú, Señor mi Dios, eres mi esperanza; tú me has dado seguridad desde mi juventud. Desde el vientre de mi madre me has sostenido; ¡tú me sacaste de las entrañas de mi madre, y para ti será siempre mi alabanza!

1001 **Mateo 18:6** A cualquiera que haga tropezar a alguno de estos pequeños que creen en mí, más le valdría que le colgaran al cuello una piedra de molino, y que lo hundieran en el fondo del mar.

1002 **Mateo 21:16** Y Jesús les dijo: "Lo oigo. ¿Acaso ustedes nunca leyeron: 'De la boca de los niños y de los que maman perfeccionaste la alabanza?'"

Lee **Lucas 1:13–17, 39–45; 10:21**; y **18:16**. Como niño no nacido, Juan fue lleno del Espíritu Santo y creyó. Las palabras griegas usadas en **Lucas 10** y **18** son inequívocamente claras; Jesús se regocija en que el Espíritu Santo dé a conocer el conocimiento salvífico a los bebés lactantes (**Lucas 10:21**), e invita a los "niños", incluyendo a los bebés, a que se acerquen para ser bendecidos por él (**Lucas 18:16**).

La fe no se debe confundir con la capacidad intelectual. Quienes argumentan a favor del "bautismo del creyente" y rechazan el Bautismo de bebés (o de quienes tienen graves discapacidades cognitivas) muchas veces sostienen equivocadamente que (1) los bebés no son culpables (ni responsables) del pecado o no pueden cometer acciones pecaminosas; (2) la fe es una decisión humana que los niños no pueden tomar; y (3) el Bautismo es principalmente nuestra promesa a Dios, y no la promesa de Dios hacia nosotros. Ninguna de esas opiniones está basada en la Escritura.

Los padres no les deben negar el Bautismo a sus hijos, así como no les niegan sus otras necesidades vitales. La necesidad del Bautismo, sin embargo, no significa que los niños mortinatos o los que mueren antes de llegar al Bautismo están perdidos. Encomendamos esos niños al misericordioso cuidado de su Creador y Redentor, confiando en su misericordia y amor incluso cuando no entendamos su voluntad o su obra.

304. ¿Qué debo hacer si no tengo certeza de haber sido bautizado?

Si no tienes registro ni conocimiento certero con respecto a tu Bautismo, habla con tu pastor sobre ser bautizado. Él estará encantado de ayudarte porque Dios quiere que tengas la seguridad de las promesas que él te concede mediante el Bautismo.

305. ¿Cuál es la relación entre el Bautismo y la enseñanza?

Jesús relaciona inseparablemente el Bautismo y la enseñanza (**Mateo 28:19–20**).

A. Quienes pueden recibir instrucción normalmente son bautizados después de que se les han enseñado los principales artículos de la fe cristiana.

Lee **Hechos 2:38–41; 8:26–39; 16:25–33**.

B. Los bebés y los niños pequeños deben ser bautizados lo más pronto posible y luego instruidos en la fe cristiana en la medida en que puedan recibir instrucción.

Lee **Lucas 18:15–17; Marcos 10:13–15; y 2 Corintios 6:2**.

306. ¿Por qué la iglesia anima a que haya padrinos de Bautismo?

Los padrinos deben confesar la fe expresada en el Credo Apostólico y enseñada en el Catecismo Menor, ser testigos del Bautismo de los apadrinados (cuando sea posible), orar por ellos, apoyarlos en su continua instrucción y alimentar la fe cristiana, y animarlos a la recepción fiel de la Santa Cena. También deben ser ejemplo para ellos de una vida de fe y amor hacia el prójimo.

307. ¿Todos los "bautismos" deben ser reconocidos como válidos?

A. No. Cuando las palabras y órdenes de Cristo se niegan, se cambian o se ignoran, tal bautismo no puede reconocerse como obra de Cristo. Ningún otro nombre ni título debe ser sustituido por el nombre y las palabras que Cristo nos da (el Padre, el Hijo, y el Espíritu Santo). El bautismo de grupos que no confiesan la fe en el Dios Trino tampoco puede ser reconocido como Bautismo cristiano, sin importar qué palabras usen en el bautismo.

B. En las iglesias cristianas, donde el Bautismo es administrado de acuerdo con la institución de Cristo (usando el agua y sus palabras "en el nombre del Padre y del Hijo y del Espíritu Santo"), allí Cristo cumple su promesa. Dicho Bautismo debe ser reconocido.

Salmo 138

Oración – Misericordioso Padre, gracias por el don del Bautismo que tu Hijo ha establecido con su Palabra y su promesa. Enséñanos a atesorar todo lo que Jesús ha hecho por nosotros en su cruz y resurrección. Danos confianza en que mediante nuestro Bautismo llevamos tu santo nombre y por lo tanto somos tus hijos santos ahora y por la eternidad. Por el mismo Jesucristo, nuestro Señor. Amén.

Las bendiciones del Bautismo

Segundo

¿Qué dones o beneficios confiere el Bautismo?

El Bautismo confiere perdón de los pecados, redime de la muerte y del diablo, y da la salvación eterna a todos los que lo creen, tal como se expresa en las palabras y promesas de Dios.

¿Qué palabras y promesas de Dios son estas?

Son las que nuestro Señor Jesucristo dice en el último capítulo de Marcos: "El que crea y sea bautizado, será salvo; pero el que no crea, será condenado." (**Marcos 16:16**)

La idea central

El Bautismo es mucho más que una ceremonia religiosa humana. El Bautismo "no es una obra, sino un tesoro que, contenido y ofrecido a nosotros en la Palabra, es recibido por la fe (CMa IV 37).

¿Cuál es el "tesoro" que Dios promete darnos en el Bautismo?

Lee **Hechos 2:1–14, 29–41**. ¿Qué nos dice el día de Pentecostés y el sermón de Pedro en particular sobre Jesús y las bendiciones del Bautismo?

✠ *Como cristianos, confesamos: "¡Soy bautizado! Dios promete que, porque he sido lavado con agua, él me ha perdonado y me ha salvado. Puedo confiar en sus promesas."*

Dios promete que el Bautismo otorga dones maravillosos: el Espíritu de Dios, su perdón y aceptación hoy, y la resurrección y la vida eterna para siempre (**Hechos 2:38–39** y **Gálatas 5:5**).

Una lectura más cercana del Catecismo Menor

308. ¿Qué grandes cosas hace Dios mediante el Bautismo?

A. Dios obra perdón de los pecados.

1003   **Hechos 2:38** Y Pedro les dijo: "Arrepiéntanse, y bautícense todos ustedes en el nombre de Jesucristo, para que sus pecados les sean perdonados. Entonces recibirán el don del Espíritu Santo."

1004   **Hechos 22:16** [Ananías le dijo a Pablo:] ¿Qué esperas, entonces? ¡Levántate y bautízate, e invoca su nombre, para que quedes limpio de tus pecados!

B. Dios rescata de la muerte y el diablo.

1005   **Romanos 6:3-5** ¿No saben ustedes que todos los que fuimos bautizados en Cristo Jesús, fuimos bautizados en su muerte? Porque por el bautismo fuimos sepultados con él en su muerte, para que así como Cristo resucitó de los muertos por la gloria del Padre, así también nosotros vivamos una vida nueva. Porque si nos hemos unido a Cristo en su muerte, así también nos uniremos a él en su resurrección.

1006   **Colosenses 1:13-14** Y que también nos ha librado del poder de la oscuridad y nos ha trasladado al reino de su amado Hijo, en quien tenemos redención por su sangre, el perdón de los pecados.

1007   **Colosenses 2:11-12** En él ustedes fueron también circuncidados. Pero no me refiero a la circuncisión física, sino a la circuncisión que nos hace Cristo, y que consiste en despojarnos de la naturaleza pecaminosa. Cuando ustedes fueron bautizados, fueron también sepultados con él, pero al mismo tiempo resucitaron con él, por la fe en el poder de Dios, que lo levantó de los muertos.

C. Dios da salvación eterna.

1008   **1 Pedro 3:21** Todo esto es símbolo del bautismo (el cual no consiste en lavar las impurezas del cuerpo sino en el compromiso ante Dios de tener una buena conciencia) que ahora nos salva por la resurrección de Jesucristo.

1009   **Tito 3:5-7** [Dios] nos salvó, y no por obras de justicia que nosotros hubiéramos hecho, sino por su misericordia, por el lavamiento de la regeneración y por la renovación en el Espíritu Santo, el cual derramó en nosotros abundantemente por Jesucristo, nuestro Salvador, para que al ser justificados por su gracia viniéramos a ser herederos conforme a la esperanza de la vida eterna.

Relaciones y aplicaciones

309. Si Cristo ya ha ganado perdón completo y salvación para nosotros, ¿por qué necesitamos el Bautismo?
Cristo, en efecto, expió los pecados de todo el mundo (**1 Juan 2:2**), reconciliando al mundo consigo mismo (**2 Corintios 5:18–19**). Mediante el Bautismo, él nos da personalmente el perdón de los pecados que adquirió para toda la humanidad. Como tal, el Bautismo es un Medio de Gracia (**Tito 3:5–7**).

1010   **1 Corintios 6:11** Pero ya han sido lavados, ya han sido santificados, ya han sido justificados en el nombre del Señor Jesús, y por el Espíritu de nuestro Dios.

310. ¿A quién le da esas bendiciones el Bautismo?
El Bautismo les da esas bendiciones a todos los que creen en las promesas salvadoras de Dios. La fe no convierte al Bautismo en lo que es, pero es solo mediante la fe que recibimos las bendiciones del Bautismo.

1011   **Hechos 2:39** Porque la promesa es para ustedes y para sus hijos, para todos los que están lejos, y para todos aquellos a quienes el Señor nuestro Dios llame.

Lee **Hechos 16:25–34**. La fe y el Bautismo son puestos juntos en el relato del carcelero y su familia.

311. ¿Dónde se reciben las bendiciones del Bautismo?
En el Bautismo somos adoptados como hijos de Dios y hechos uno con Cristo e incorporados a su cuerpo, donde continuamos recibiendo todo lo que nuestro Señor le ha prometido a su pueblo santo.

1012   **Gálatas 3:27–29** Porque todos ustedes, los que han sido bautizados en Cristo, están revestidos de Cristo. Ya no hay judío ni griego; no hay esclavo ni libre; no hay varón ni mujer, sino que todos ustedes son uno en Cristo Jesús. Y si ustedes son de Cristo, ciertamente son linaje de Abrahán y, según la promesa, herederos.

1013 **1 Corintios 12:12–13** Porque así como el cuerpo es uno solo, y tiene muchos miembros, pero todos ellos, siendo muchos, conforman un solo cuerpo, así también Cristo es uno solo. Por un solo Espíritu todos fuimos bautizados en un solo cuerpo, tanto los judíos como los no judíos, lo mismo los esclavos que los libres, y a todos se nos dio a beber de un mismo Espíritu.

Lee **Hechos 2:41–47**, donde vemos cómo los nuevos creyentes bautizados fueron incluidos en la vida de la iglesia en la enseñanza del compañerismo, el partimiento del pan y la oración, y **Efesios 2:19–22**, que describe a los creyentes bautizados como conciudadanos y miembros de la casa de Dios.

312. ¿Es posible que una persona no bautizada sea salva?

Sí. Solo la incredulidad condena. Antes de la institución del Bautismo, los creyentes del Antiguo Testamento eran salvados mediante la fe en la promesa de Cristo. Los que creen en el evangelio y, sin embargo, mueren antes del Bautismo no son condenados, porque "han nacido de nuevo, no de una simiente perecedera, sino de una simiente imperecedera, por la palabra de Dios que vive y permanece para siempre" (**1 Pedro 1:23**). No obstante, la fe no menosprecia lo que el Señor promete y otorga en el Bautismo. Los no bautizados no deben demorarse para recibir el Bautismo.

Lee **Lucas 23:39–43**. Aunque Cristo todavía no había instituido el Bautismo, el ladrón en la cruz fue salvo mediante la palabra de Cristo.

313. ¿Es posible que un bautizado se aparte de la fe y se pierda eternamente?

Sí. Es cierto que las promesas de Dios en el Bautismo permanecen incluso si no las creemos. Sin embargo, todo el que rechace las promesas de Dios y muera en la incredulidad ha abandonado el Bautismo y no recibe lo que Dios ha prometido. Ellos se perderán.

1014   **1 Corintios 10:12** Así que, el que crea estar firme, tenga cuidado de no caer.

1015   **Lucas 8:13** Las que cayeron sobre las piedras son los que, al oír la palabra, la reciben con gozo, pero como no tienen raíces, creen por algún tiempo, pero al llegar la prueba se apartan.

1016   **1 Timoteo 4:1** Pero el Espíritu dice claramente que, en los últimos tiempos, algunos apostatarán de la fe y escucharán a espíritus engañadores y a doctrinas de demonios.

314. ¿Cómo me ayuda el Bautismo en mi vida y en mi muerte?

El Bautismo es la obra de Dios, y lo que él hace es seguro y cierto. Nada es más cierto en todo el universo que el nombre que Dios nos ha puesto en el Bautismo: el nombre por el cual Dios se nos revela. Bautizados en el nombre del Padre y del Hijo y del Espíritu Santo, tenemos el compromiso y la promesa de Dios en el Bautismo de que él ha perdonado nuestros pecados y nos ha librado de la muerte, el infierno y el diablo. En épocas de duda, tentación o fracaso —y especialmente frente a la muerte— podemos con valentía decir: "Soy bautizado en Cristo", y estar seguro de que las consoladoras palabras de **Romanos 8:1** son ciertas: "No hay ninguna condenación para los que están unidos a Cristo Jesús."

Salmo 41

Oración – Señor Jesucristo, tú has perdonado nuestros pecados por tu sangre, nos has rescatado de Satanás, y has ganado para nosotros vida y salvación eternas en tu resurrección. Al otorgarnos esos dones en nuestro Bautismo, concédenos que en la vida y en la muerte siempre nos aferremos a nuestro Bautismo, confiando en tus promesas, y, finalmente, lleguemos a tu reino celestial. Amén.

El poder del Bautismo

Tercero

¿Cómo puede el agua hacer cosas tan grandes?

El agua en verdad no las hace, sino la palabra de Dios que está con el agua y unida a ella, y la fe que confía en dicha palabra de Dios ligada con el agua, porque, sin la palabra de Dios, el agua es simple agua, y no es Bautismo; pero, con la palabra de Dios, sí es Bautismo, es decir, es un agua de vida, llena de gracia, y un lavamiento de la regeneración en el Espíritu Santo, como San Pablo dice a Tito en el tercer capítulo:

"Nos salvó, y no por obras de justicia que nosotros hubiéramos hecho, sino por su misericordia, por el lavamiento de la regeneración y por la renovación en el Espíritu Santo, el cual derramó en nosotros abundantemente por Jesucristo, nuestro Salvador, para que al ser justificados por su gracia viniéramos a ser herederos conforme a la esperanza de la vida eterna. Estas cosas son buenas y útiles para todos." (**Tito 3:5–8**)

La idea central

¿Escogiste nacer? Cuando la Biblia llama "nacimiento" al Bautismo, ¿cómo te ayuda eso a entender que tu relación con Dios no es algo que escoges por ti mismo, sino un don que él te da?

El Espíritu, la Palabra y el nombre de Dios convierten al Bautismo en más que agua. Es un "baño de regeneración" (CMa IV 27) en el cual nuestro Padre celestial nos adopta y nos da la herencia de la vida eterna mediante la fe en su Hijo.

Lee **Juan 3:1–15**. ¿Por qué las palabras de Jesús son confusas para Nicodemo? ¿Qué significa "nacer de nuevo" (es decir, nacer de lo alto)? De acuerdo con los versículos 3 y 5, ¿qué da el nuevo nacimiento?

✠ *Como cristianos, podemos decir: "soy bautizado —soy lavado— soy hijo y heredero de Dios y heredero del cielo. Mi confianza en estos grandes dones se basa totalmente en la Palabra de Dios y sus promesas."*

Tengo tantas fallas y problemas que puedo perder la esperanza. Pero "Dios no miente... la palabra de Dios no puede fallar" (CMa IV 57). Él me ha lavado y me ha dejado limpio. Puedo confiar en él. Él me ayudará en todos mis problemas.

Una lectura más cercana del Catecismo Menor

315. Solo vemos agua en el Bautismo. ¿Cómo el agua obra el perdón de los pecados, el rescate de la muerte y el diablo, y da salvación eterna?

La institución del Bautismo por parte de nuestro Señor pone esas bendiciones en el agua bautismal, y la fe las recibe.

Nota: En el Antiguo Testamento, las palabras de Dios le prometieron sanidad a Namán en el agua del Jordán. Cuando Namán creyó en la palabra de Dios y se lavó en el Jordán, fue limpio de la lepra (**2 Reyes 5:1–15**). Ahora, en el Nuevo Testamento, Dios une su Palabra con el agua para que sea instrumento de la obra salvadora de Dios.

Lee **Efesios 5:25–26**; **Gálatas 3:26–27**; **Colosenses 2:11–15**; y **Hechos 22:16**.

316. ¿Por qué el Bautismo es llamado "el lavamiento de la regeneración y renovación del Espíritu Santo"?

El Espíritu Santo obra en el Bautismo, y por medio de él, para crear fe en Cristo Jesús, adoptándonos como hijos del Padre y convirtiéndonos en nuevas criaturas en Cristo, que ahora viven no de acuerdo con la carne, sino por el Espíritu.

1017 **Tito 3:5–8** Nos salvó, y no por obras de justicia que nosotros hubiéramos hecho, sino por su misericordia, por el lavamiento de la regeneración y por la renovación en el Espíritu Santo, el cual derramó en nosotros abundantemente por Jesucristo, nuestro Salvador, para que al ser justificados por su gracia viniéramos a ser herederos conforme a la esperanza de la vida eterna. Ésta es palabra fiel, y en esto quiero que insistas con firmeza, para que los que creen en Dios procuren ocuparse en las buenas obras. Estas cosas son buenas y útiles a los hombres.

1018 **2 Corintios 5:17** De modo que si alguno está en Cristo, ya es una nueva creación; atrás ha quedado lo viejo: ¡ahora ya todo es nuevo!

Lee **Romanos 8:11–17**, notando que hace énfasis en la vida de acuerdo al Espíritu y no de acuerdo a la carne (nuestra naturaleza pecaminosa).

Relaciones y aplicaciones

317. ¿La fe de un cristiano está en el Bautismo o en Jesús?

Esa es una alternativa falsa; el Bautismo y Jesús no se pueden separar. La fe cristiana es en Jesús y en el Bautismo, porque Jesús ha puesto su Palabra de promesa en el agua. La fe se aferra a Cristo donde él ha prometido estar por nosotros. Confiar en el Bautismo es confiar en Cristo, quien nos salva mediante el lavamiento que ha unido con su Palabra. Como explica Lutero: "El agua en verdad no las hace, sino la palabra de Dios que está con el agua y unida a ella, y la fe que confía en dicha palabra de Dios ligada con el agua.

1019 **1 Pedro 3:21** Todo esto [el diluvio de Noé] es símbolo del bautismo (el cual no consiste en lavar las impurezas del cuerpo sino en el compromiso ante Dios de tener una buena conciencia) que ahora nos salva por la resurrección de Jesucristo.

Nota: En la época de la Reforma, había varias opiniones falsas del Bautismo. Los católicos romanos enseñaban que el Bautismo obraba simplemente por la realización del rito, aparte de la fe. Otros (Lutero los llama "nuevos espíritus") enseñaban que el Bautismo era una ceremonia vacía sin poder para otorgar la salvación prometida por la palabra de Dios. Esas dos falsas enseñanzas están también presentes hoy en día. La respuesta de Lutero en el catecismo hace énfasis tanto en el poder del Bautismo para crear fe como en la necesidad de recibir el Bautismo con fe (Ver CMa IV 28–29.)

318. ¿Debemos buscar un "bautismo del Espíritu Santo"
además del Santo Bautismo?

No. El Espíritu Santo obra mediante el único Bautismo instituido por Cristo.

A. Hay "un solo Bautismo para la remisión de los pecados"
(Credo Niceno).

1020   **Efesios 4:5** Un Señor, una fe, un bautismo.

1021   **1 Corintios 12:13** Por un solo Espíritu todos fuimos
bautizados en un solo cuerpo.

Nota: "Las enseñanzas acerca del bautismo" (**Hebreos 6:2**)
no significa que existan varios bautismos cristianos, sino que el
único Bautismo debe distinguirse claramente de los muchos la-
vamientos religiosos que eran comunes en el mundo antiguo (ver
Marcos 7:4). Además, esas iglesias cometen el error de volver a
bautizar a una persona que antes fue bautizada adecuadamente
cuando era bebé o a una persona que se ha alejado de Cristo y la
iglesia y luego regresa. El Bautismo es un acontecimiento singular
y Dios nunca anula sus promesas, así que no necesita repetirse.

B. El Bautismo cristiano no es un bautismo solo de agua ni solo
del Espíritu, sino un Bautismo de agua y el Espíritu Santo.

1022   **Juan 3:5** Jesús le respondió: "De cierto, de cierto te digo,
que el que no nace de agua y del Espíritu, no puede entrar
en el reino de Dios."

1023   **Tito 3:5** Nos salvó, y no por obras de justicia que nosotros hubiéramos hecho, sino por su misericordia, por el
lavamiento de la regeneración y por la renovación en el
Espíritu Santo.

1024   **1 Corintios 6:11** Pero ya han sido lavados, ya han sido
santificados, ya han sido justificados en el nombre del
Señor Jesús, y por el Espíritu de nuestro Dios.

Nota: **Mateo 3:11** y **Hechos 1:4–5** hablan de cuando Juan
bautizaba con agua, y Jesús con el Espíritu. Aquí, la diferencia
no es entre un "bautismo con agua" y un "bautismo del Espíritu".
El Bautismo de Juan daba el perdón de los pecados, pero era en

anticipación de la obra salvadora de Jesús y del Bautismo que Cristo instituiría, el cual se recibe hasta el fin de los tiempos. El Bautismo de Cristo es con agua y con el Espíritu Santo, a quien él derramó después de su resurrección (Ver **Juan 7:39** y **Hechos 2**).

C. Las señales especiales otorgadas por el Espíritu Santo no eran otro bautismo, sino que daban testimonio de la verdad y el poder de la predicación de los apóstoles.

1025 **Hechos 2:42–43** Las [personas] se mantenían fieles a las enseñanzas de los apóstoles y en el mutuo compañerismo, en el partimiento del pan y en las oraciones. Al ver las muchas maravillas y señales que los apóstoles hacían, todos se llenaban de temor.

Salmo 43

Oración – Oh Dios nuestro Padre, tú nos has salvado mediante el lavamiento de la regeneración y la renovación que has derramado sobre nosotros en nuestro Bautismo en tu Hijo. Te agradecemos por esa agua que da vida, rica en gracia por tu promesa confiable. Siempre danos fe para que confiemos en tu Palabra en el agua de que, justificados por gracia, seguimos siendo herederos de vida eterna. Mediante el mismo Jesucristo, tu Hijo, nuestro Señor. Amén.

Lo que indica el Bautismo

Cuarto

¿Qué significa este bautizar con agua?

Significa que el viejo Adán en nosotros debe ser ahogado por pesar y arrepentimiento diarios, y que debe morir con todos sus pecados y malos deseos; asimismo, también cada día debe surgir y resucitar la nueva persona, que ha de vivir eternamente delante de Dios en justicia y pureza.

¿Dónde está escrito esto?

San Pablo dice en Romanos, capítulo seis: "Porque por el bautismo fuimos sepultados con él en su muerte, para que así como Cristo resucitó de los muertos por la gloria del Padre, así también nosotros vivamos una vida nueva." **(Romanos 6:4)**

La idea central

¿Cómo tratan de renovarse las personas hoy en día?

El Bautismo abarca la totalidad de nuestra vida como creyentes. Significa morir a todo nuestro egoísmo y pecado y que Dios está convirtiéndonos en personas nuevas.

Lee **Romanos 6:1–14**. ¿Qué nos pasó en el Bautismo? ¿Qué significa el Bautismo para nuestra vida?

✠ *Como cristianos, confesamos: "Soy bautizado, y ahora tengo una batalla diaria, confesando mis pecados y ahogándolos, y también viviendo una vida nueva de acuerdo con la bondad y el amor de Dios."*

El Bautismo le pone el ritmo a nuestra vida diaria como cristianos.

¿Cómo ahogamos nuestros pecados y deseos perversos? ¿En qué tipo de nueva persona ("nuevo hombre") me está convirtiendo Dios?

Una lectura más cercana del Catecismo Menor

319. ¿Qué es el viejo Adán?

El viejo Adán (a veces llamado el "viejo hombre" o el "viejo ser") se refiere a nosotros como criaturas caídas. Hemos heredado total y completa corrupción de nuestra naturaleza creada de Adán, que da como resultado la incredulidad y la rebelión contra el Creador.

1026   **Efesios 4:22** En cuanto a su pasada manera de vivir, despójense de su vieja naturaleza, la cual está corrompida por los deseos engañosos.

320. ¿Qué es el nuevo hombre?

El nuevo hombre se refiere a nosotros como criaturas restauradas de Dios en Cristo. Hemos sido unidos con Cristo por el lavamiento de la regeneración, que da como resultado nuevas actitudes, nuevos deseos y nuevas acciones, todo creado por el Espíritu.

1027   **2 Corintios 5:17** De modo que si alguno está en Cristo, ya es una nueva creación; atrás ha quedado lo viejo: ¡ahora ya todo es nuevo!

321. ¿Cómo interactúan el viejo Adán y el nuevo hombre?

Están inmersos en una continua lucha mutua a vida o muerte.

1028   **Gálatas 5:17** Porque el deseo de la carne se opone al Espíritu, y el del Espíritu se opone a la carne; y éstos se oponen entre sí para que ustedes no hagan lo que quisieran hacer.

322. ¿Cómo el Bautismo representa cómo debe ser la vida diaria del cristiano?

En las aguas del Bautismo, hemos sido sepultados y resucitados con Cristo. Por lo tanto, debemos resistir continuamente todo impulso del viejo Adán hasta que se ahogue una vez y para siempre cuando muramos. Al mismo tiempo, continuamente debemos darle rienda suelta al nuevo hombre hasta que resucite en victoria final el último día.

1029   **Romanos 6:3–4** ¿No saben ustedes que todos los que fuimos bautizados en Cristo Jesús, fuimos bautizados en su muerte? Porque por el bautismo fuimos sepultados con él en su muerte, para que así como Cristo resucitó de los muertos por la gloria del Padre, así también nosotros vivamos una vida nueva.

1030   **Efesios 4:24** Y revístanse de la nueva naturaleza, creada en conformidad con Dios en la justicia y santidad de la verdad.

1031   **Gálatas 2:20** Pero con Cristo estoy juntamente crucificado, y ya no vivo yo, sino que Cristo vive en mí; y lo que ahora vivo en la carne, lo vivo en la fe del Hijo de Dios, el cual me amó y se entregó a sí mismo por mí.

Nota: Cuando se bautizaba a los niños en la época de Lutero, se los sumergía en el agua y luego se los sacaba, lo cual daba una viva imagen del diario ahogamiento del pecado y la resurrección a la nueva vida que significa (y realmente es) el Bautismo. Lee **Colosenses 3:1–10** y nota cómo describe nuestra vida nueva en Cristo. Lutero escribe: "Cuando los cristianos son bautizados, prestan atención al evangelio, leen la Santa Escritura, participan en la Santa Comunión y aman a su prójimo" (LW 22:197).

Relaciones y aplicaciones

323. ¿Qué palabras usamos para recordar nuestro Bautismo?

Recordamos nuestro Bautismo con las palabras "en el nombre del Padre, y del Hijo, y del Espíritu Santo" (**Mateo 28:19**): la invocación trinitaria. Cuando usamos esas palabras en el Servicio Divino o en nuestras oraciones (por ejemplo, en las oraciones de Lutero de la mañana y de la noche), recordamos y confesamos ante el cielo, la tierra y el infierno todo lo que Dios nos ha dado en nuestro Bautismo: "la victoria sobre el demonio y la muerte [**Romanos 6:3–6**], el perdón de los pecados [**Hechos 2:38**], la gracia divina [**Tito 3:5–6**], el Cristo íntegro y el Espíritu Santo con sus dones" [**1 Corintios 6:11**] (CMa IV 41).

Nota: La invocación trinitaria puede estar acompañada por la señal de la cruz, hecha en nuestro Bautismo sobre nuestra frente y nuestro corazón para marcarnos como "redimidos por Cristo el crucificado".

324. ¿Cómo usamos nuestro Bautismo de forma correcta?

Usamos nuestro Bautismo de forma correcta cuando vivimos en arrepentimiento y fe en el Dios trino, quien nos ha convertido en sus hijos amados. "Así se ve qué cosa tan elevada y excelente es el Bautismo que nos arranca del pescuezo del diablo, nos da en propiedad a Dios, amortigua y nos quita el pecado, fortalece diariamente al nuevo hombre, siempre queda y permanece hasta que pasemos de esta miseria hacia la gloria eterna" (CMa IV 83).

Salmo 18

Oración – Padre celestial, tú has perdonado nuestros pecados, nos has rescatado de la muerte y el diablo, y nos has dado vida eterna mediante el Bautismo en la muerte y resurrección de tu Hijo amado. Fortalece nuestra fe para que diariamente matemos nuestros pecados y deseos perversos y, confiando en tus promesas seguras, resucitemos a la vida ante ti en justicia y pureza. Finalmente, llévanos al cumplimiento de nuestro Bautismo en la resurrección del cuerpo a la vida eterna. Por tu Hijo, Jesucristo, nuestro Señor. Amén.

LA CONFESIÓN

¿Qué es la confesión?

La confesión contiene dos partes.

La primera, es la confesión de los pecados, y,

la segunda, el recibir la absolución del confesor como de Dios mismo, no dudando de ella en lo más mínimo, sino creyendo firmemente que por ella los pecados son perdonados ante Dios en el cielo.

¿Qué pecados hay que confesar?

Ante Dios uno debe declararse culpable de todos los pecados, aún de aquellos que ignoramos, tal como lo hacemos en el Padrenuestro. Pero, ante el confesor, debemos confesar solamente los pecados que conocemos y sentimos en nuestro corazón.

¿Cuáles son tales pecados?

Considera tu estado basándote en los Diez Mandamientos, seas padre, madre, hijo o hija, señor o señora o servidor, para saber si has sido desobediente, infiel, perezoso, violento, insolente, reñidor; si hiciste un mal a alguno con palabras u obras; si hurtaste, fuiste negligente o derrochador, o causaste algún otro daño.

La idea central

¿De qué maneras las personas intentan lidiar en la vida con el pecado y sus consecuencias?

La vida cristiana es de arrepentimiento cuando miramos nuestras responsabilidades e infracciones diarias. Sin embargo, no nos desesperamos a causa de la seguridad del perdón por amor a Jesús que Dios da mediante sus siervos.

Lee **2 Samuel 11:1–12:15**. ¿Cómo intenta David lidiar con el pecado de adulterio? ¿Cómo llega David a confesar sus pecados? ¿Qué hace la absolución que pronuncia Natán?

✠ *Como cristianos, cuando confesamos nuestros pecados, reconocemos la verdad de que no hemos temido, amado ni confiado en Dios por sobre todas las cosas. La absolución de Cristo me declara libre de mi pecado mediante su Palabra puesta en la boca de un hombre (BEC 15).*

¿Cómo cambia la vida cuando reconozco que cada día es un día para el arrepentimiento?

Una lectura más cercana del Catecismo Menor

325. ¿Cuál es la primera parte de la Confesión?

Primero confesamos —es decir, reconocemos— nuestros pecados. En la confesión admitimos que nuestros pecados han ofendido a Dios y merecemos su castigo eterno.

1032   **Salmo 32:3, 5** Mientras callé, mis huesos envejecieron, pues todo el día me quejaba… Te confesé mi pecado; no oculté mi maldad. Me dije: "Confesaré al Señor mi rebeldía", y tú perdonaste la maldad de mi pecado.

1033   **Salmo 51:1–4** Dios mío, por tu gran misericordia, ¡ten piedad de mí!; por tu infinita bondad, ¡borra mis rebeliones! Lávame más y más de mi maldad; ¡límpiame de mi pecado! Reconozco que he sido rebelde; ¡mi pecado está siempre ante mis ojos! Contra ti, y sólo contra ti, he pecado; ¡ante tus propios ojos he hecho lo malo! Eso justifica plenamente tu sentencia, y demuestra que tu juicio es impecable.

326. ¿Qué pecados debemos confesar ante Dios?

Debemos confesar todos los pecados. Cuando decimos "perdónanos nuestras deudas", como Jesús nos enseña, confesamos todos nuestros pecados, conocidos y desconocidos, intencionales y no intencionales. Al hacer esa petición, los cristianos recordamos que toda nuestra vida es una vida de arrepentimiento.

1034   **1 Juan 1:8–9** Si decimos que no tenemos pecado, nos engañamos a nosotros mismos, y la verdad no está en nosotros. Si confesamos nuestros pecados, él es fiel y justo para perdonar nuestros pecados y limpiarnos de toda maldad.

1035   **Salmo 19:12** ¿Acaso hay quien reconozca sus propios errores? ¡Perdóname por los que no puedo recordar!

  Lee **Jeremías 17:9** y **Lucas 15:11–32**.

Nota: "La desgraciada naturaleza humana se ha sumido tan hondamente en los pecados que no los puede ver ni conocer todos. Si fuéramos absueltos solamente de aquellos pecados que podemos enumerar, poca ayuda recibiríamos" (CA XXV 9).

327. ¿Qué pecados debemos confesar ante nuestro prójimo?

Debemos confesarle a nuestro prójimo nuestros pecados contra él. Reconocemos el daño que nuestro pecado le ha hecho a nuestro prójimo y buscamos su perdón y la reconciliación.

1036   **Santiago 5:16** Confiesen sus pecados unos a otros, y oren unos por otros, para que sean sanados. La oración del justo es muy poderosa y efectiva.

1037   **Mateo 5:23–24** Por tanto, si traes tu ofrenda al altar, y allí te acuerdas de que tu hermano tiene algo contra ti, deja allí tu ofrenda delante del altar, y ve y reconcíliate primero con tu hermano, y después de eso vuelve y presenta tu ofrenda.

  Lee **Génesis 50:15–21**; **Colosenses 3:12–15**; **Filipenses 4:2**; y **Lucas 19:1–10**.

328. ¿Qué pecados debemos confesarle a nuestro pastor?

Cuando estamos particularmente preocupados por nuestros pecados y sus consecuencias en nuestra vida, tenemos la oportunidad de ir a donde nuestro pastor en busca de confesión y absolución individual (o privada).

1038   **2 Samuel 12:13** David le respondió a Natán: "Reconozco que he pecado contra el Señor." Y Natán le dijo: "El Señor ha perdonado tu pecado, y no vas a morir."

1039   **Proverbios 28:13** El que encubre sus pecados no prospera; el que los confiesa y se aparta de ellos alcanza la misericordia divina.

Nota: La confesión individual ante el pastor no es un requisito bíblico para recibir el don del perdón. Sin embargo, es un don precioso que no debe despreciarse ni ignorarse, porque en él, al pecador atribulado se le da la oportunidad de escuchar la absolución personalmente. En el Servicio Divino, hacemos una confesión general de nuestros pecados y recibimos la absolución de Cristo por medio del pastor.

329. ¿Cuál es la segunda parte de la Confesión ante el pastor?

Después de que hemos confesado nuestros pecados, el pastor dice las palabras de la absolución de Cristo. Mediante ella, nuestros pecados son perdonados totalmente ante Dios.

1040   **2 Corintios 5:18** Y todo esto proviene de Dios, quien nos reconcilió consigo mismo a través de Cristo y nos dio el ministerio de la reconciliación.

1041   **Colosenses 1:13–14** Y que también nos ha librado del poder de la oscuridad y nos ha trasladado al reino de su amado Hijo, en quien tenemos redención por su sangre, el perdón de los pecados.

Relaciones y aplicaciones

330. ¿Cómo debemos considerar la Absolución que pronuncia el pastor?

"Se enseña diligentemente al pueblo que la palabra de la absolución es consoladora y que ha de tenerse en gran estima. No es la voz o la palabra del hombre que la pronuncia, sino la palabra de Dios, quien perdona el pecado, ya que la absolución se pronuncia en lugar de Dios y por mandato de él" (AC XXV 2 y 3).

Cuando el pastor nos absuelve —es decir, dice: "perdono todos tus pecados"—, él habla con la autoridad de Cristo y en su nombre. Por lo tanto, podemos creer firmemente que Dios mismo ha perdonado totalmente nuestros pecados.

1042   **Juan 20:23** A quienes ustedes perdonen los pecados, les serán perdonados; y a quienes no se los perdonen, no les serán perdonados.

1043   **Lucas 10:16** El que los escucha a ustedes, me escucha a mí. El que los rechaza a ustedes, me rechaza a mí; y el que me rechaza a mí, rechaza al que me envió.

1044   **Mateo 18:18** De cierto les digo que todo lo que aten en la tierra, será atado en el cielo; y todo lo que desaten en la tierra, será desatado en el cielo.

331. ¿Puedo estar seguro de que mi Confesión privada al pastor será confidencial?

En el rito de la Ordenación, el pastor promete ante Dios no divulgar nunca los pecados que le han sido confesados. Nunca significa nunca, porque el mismo Dios, en Cristo, ha eliminado esos pecados.

1045   **Salmo 103:12** Tan lejos como está el oriente del occidente, alejó de nosotros nuestras rebeliones.

Nota: Ver el Rito de la Ordenación en el libro *Acompañamiento Pastoral*.

332. ¿Cuál es el beneficio de la Confesión y Absolución individual (privada)?

En la Confesión individual, el cristiano tiene un lugar seguro para verbalizar sus pecados para no seguir llevándolos solo. La Absolución se le dice específicamente a la persona que confiesa. No puede haber error en el destinatario de esas palabras de Jesús: "Te perdono todos tus pecados."

Con base en la palabra de perdón, el pastor puede dar consejo y ayuda en la lucha contra la tentación y la esclavitud del pecado. Así la Confesión y la Absolución privadas equipan al cristiano para que permanezca firme frente a "una fe errónea, a la desesperación, y a otras grandes vergüenzas y vicios" (Sexta Petición). "Cuando te exhorto a que te confieses, no hago nada más que exhortarte a ser cristiano" (BEC 32).

1046 **Mateo 9:2** Allí le llevaron un paralítico, tendido sobre una camilla. Cuando Jesús vio la fe de ellos, le dijo al paralítico: "Ten ánimo, hijo; los pecados te son perdonados."

1047 **2 Samuel 12:13** David le respondió a Natán: "Reconozco que he pecado contra el Señor." Y Natán le dijo: "El Señor ha perdonado tu pecado, y no vas a morir."

1048 **Salmo 32:2** Dichoso aquél a quien el Señor ya no acusa de impiedad, y en el que no hay engaño.

1049 **Salmo 130:3-4** Señor, si te fijaras en nuestros pecados, ¿quién podría sostenerse en tu presencia? Pero en ti hallamos perdón, para que seas reverenciado.

Lee **Lucas 7:36-50**, sobre el perdón que Jesús le da a una mujer arrepentida.

333. ¿Cómo me preparo para la Confesión?

Considera cómo los Diez Mandamientos actúan como espejo, mostrándonos cuándo hemos pecado en nuestros diversos lugares en la vida. ¿De qué manera tú —como esposo, esposa, madre, padre, hija, hijo, profesor, estudiante, empleador, empleado, etc.— no has temido, amado ni confiado en Dios ni amado a tu prójimo?

1050 **2 Corintios 13:5** Examínense ustedes mismos y vean si permanecen en la fe; pónganse a prueba ustedes mismos. ¿O acaso ustedes mismos no se conocen? ¿Acaso no saben que Jesucristo está en ustedes? ¡A menos que no hayan pasado la prueba!

Nota: "Así que cualquier corazón que sienta su pecado y desee consuelo tiene aquí un refugio seguro cuando escucha la palabra de Dios y descubre que Dios, mediante un ser humano, se flexibiliza y lo absuelve de sus pecados" (BEC 14).

Nota: Al prepararte para la confesión, también puedes leer y meditar en los Salmos penitenciales (**Salmo 6**; **32**; **38**; **51**; **102**; **130**; **143**).

──────── **Breve forma de confesión** ────────

[La intención de Lutero con esta forma fue que sirviera sólo como un ejemplo de confesión privada para los cristianos de su tiempo.]

El penitente dice:

Honorable y estimado señor: le pido que tenga a bien escuchar mi confesión y declarar el perdón de mis pecados por Dios.

Yo, pobre pecador, me confieso ante Dios que soy culpable de todos los pecados; especialmente me confieso ante su presencia que siendo sirviente, sirvienta, etc., sirvo lamentablemente en forma infiel a mi amo, pues aquí y allí no he hecho lo que me ha sido encomendado, habiéndolo movido a encolerizarse o a maldecir; he descuidado algunas cosas y he permitido que ocurran daños. He sido también impúdico en palabras y obras; me he irritado con mis semejantes y he murmurado y maldecido contra mi amo, etc. Todo esto lo lamento y solicito su gracia; quiero corregirme.

Un amo o ama debe decir así:

En especial confieso ante su presencia que no eduqué fielmente para gloria de Dios a mi hijo, sirviente, mujer. He maldecido; he dado malos ejemplos con palabras y obras impúdicas; he hecho mal a mi vecino, hablando mal de él, vendiéndole muy caro, dándole mala mercadería y no toda la cantidad que corresponde.

[En general, deberá confesarse todo lo que uno ha hecho en contra de los Diez Mandamientos, lo que corresponde según su estado, etc.]

Si alguien no se siente cargado de tales o aún mayores pecados, entonces no debe preocuparse o buscar más pecados ni inventarlos, haciendo con ello un martirio de la confesión, sino que debe contar uno o dos, tal como él lo sabe, de esta manera: En especial confieso que he maldecido una vez; del mismo modo, que he sido desconsiderado una vez con palabras, que he descuidado esto, etc. Considera esto como suficiente.

Si no sientes ninguno (lo que no debería ser posible), entonces no debes decir nada en particular, sino recibir el perdón de la confesión general, así como lo haces ante Dios en presencia del confesor.

A ello debe responder el confesor:
Dios sea contigo misericordioso y fortalezca tu fe. Amén.

Dime:
¿Crees tú también que mi perdón sea el perdón de Dios?
Sí, venerable señor.

Entonces dirá:
Así como has creído, de la misma forma acontezca en ti. Y yo, por mandato de nuestro Señor Jesucristo, te perdono tus pecados en el nombre del Padre y del Hijo y del Espíritu Santo. Amén. Ve en paz.

Aquellos que tengan gran carga de conciencia o estén afligidos o atribulados los sabrá consolar e impulsar hacia la fe un confesor con más pasajes bíblicos.

Esta debe ser sólo una manera usual de confesión.

Salmo 51

Oración – Señor Jesucristo, te doy gracias porque mis pecados son perdonados ante tu Padre en el cielo. Por el Espíritu Santo, dame la gracia de confiar en tus promesas y que así viva en la libertad y paz que has ganado para mí con tu muerte y resurrección. Amén.

——— El Oficio de las Llaves ———

¿Qué es el Oficio de las Llaves?

El Oficio de las Llaves es el poder especial que nuestro Señor Jesucristo ha dado a su iglesia en la tierra de perdonar los pecados a los penitentes, y de no perdonar los pecados a los impenitentes mientras no se arrepientan.

¿Dónde está escrito esto?

Así escribe el evangelista San Juan en el capítulo veinte: "Y sopló sobre ellos, y les dijo: —Reciban el Espíritu Santo. A quienes ustedes perdonen los pecados, les quedarán perdonados; y a quienes no se los perdonen, les quedarán sin perdonar." (**Juan 20:22–23**)

¿Qué crees según estas palabras?

Cuando los ministros debidamente llamados de Cristo, por su mandato divino, tratan con nosotros, especialmente cuando excluyen a los pecadores manifiestos e impenitentes de la congregación cristiana, y cuando absuelven a los que se arrepienten de sus pecados y prometen enmendarse, creo que esto es tan válido y cierto, también en el cielo, como si nuestro Señor Jesucristo mismo tratase con nosotros.

La idea central

Con su muerte en la cruz, Cristo logró la salvación, brindando perdón de los pecados para todo el mundo. A menos que sus buenas noticias me sean dadas a conocer, no me beneficiarán.

¿Cómo sé que mis pecados son perdonados ante Dios en el cielo?

Lee **Juan 20:19–23**. ¿De qué manera da a conocer Jesús su perdón?

✠ *Como cristianos, confesamos que Jesús envía a sus siervos a proclamar las buenas nuevas, perdonando los pecados de todos los que se arrepienten y no perdonando a quienes insisten en permanecer en su pecado.*

¿Qué consuelo me da el perdón mediante un pastor cuando tengo la tentación de dudar de mi identidad como hijo de Dios?

Una lectura más cercana del Catecismo Menor

334. ¿Qué autoridad especial le ha dado Cristo a su iglesia sobre la tierra?

Solo Dios perdona los pecados mediante Cristo Jesús. Cristo le ha dado a su iglesia —y solo a su iglesia, es decir, a todo el pueblo redimido de Dios— la autoridad de perdonar los pecados de todos los que se arrepienten y de no perdonar a quienes no se arrepienten.

"Por esta razón, en la cristiandad ha sido todo ordenado, de manera que se busque cada día pura y simplemente la remisión de los pecados por la palabra y los signos para consolar y animar nuestra conciencia mientras vivamos" (CMa II 55).

1051 **Mateo 18:18** De cierto les digo que todo lo que aten en la tierra, será atado en el cielo; y todo lo que desaten en la tierra, será desatado en el cielo.

1052 **Juan 20:22–23** Y habiendo dicho esto, sopló y les dijo: "Reciban el Espíritu Santo. A quienes ustedes perdonen los pecados, les serán perdonados; y a quienes no se los perdonen, no les serán perdonados."

335. ¿Por qué nos referimos a esta autoridad como "el poder de las llaves"?

Así como las llaves abren y cierran, la autoridad para perdonar y retener pecados abre y cierra el cielo. Jesús le da a su iglesia dos llaves: una llave absuelve del pecado y abre el cielo. La otra llave retiene los pecados y les cierra el cielo a los impenitentes.

1053 **Mateo 16:19** A ti te daré las llaves del reino de los cielos. Todo lo que ates en la tierra será atado en los cielos, y todo lo que desates en la tierra será desatado en los cielos.

336. ¿Quién debe ser perdonado?

Todos los que se arrepientan y pidan perdón de sus pecados deben ser absueltos.

1054   **Hechos 3:19** Por lo tanto, arrepiéntanse y vuélvanse a Dios, para que sus pecados les sean perdonados.

1055   **Salmo 32:5** Te confesé mi pecado; no oculté mi maldad. Me dije: "Confesaré al Señor mi rebeldía", y tú perdonaste la maldad de mi pecado.

337. ¿Quién no debe ser perdonado?

Quienes no se arrepienten ni creen en Jesús no deben ser perdonados mientras continúen en su incredulidad impenitente.

1056   **Mateo 18:17** Si tampoco a ellos les hace caso, hazlo saber a la iglesia; y si tampoco a la iglesia le hace caso, ténganlo entonces por gentil y cobrador de impuestos.

338. ¿Quién recibe el perdón dado en la Absolución?

Todos los pecadores que están arrepentidos por sus pecados (contrición) y confían en Cristo como su Salvador (fe) reciben este perdón.

1057   **Salmo 32:5** Te confesé mi pecado; no oculté mi maldad. Me dije: "Confesaré al Señor mi rebeldía", y tú perdonaste la maldad de mi pecado.

1058   **Marcos 1:15** El tiempo se ha cumplido, y el reino de Dios se ha acercado. ¡Arrepiéntanse, y crean en el evangelio!"

Lee sobre Zaqueo, el cobrador de impuestos arrepentido, en **Lucas 19:1–10**.

339. ¿De qué manera está relacionado el Oficio de las Llaves con la proclamación del Evangelio?

El Oficio de las Llaves es una manera especial, dada por Dios, de aplicarle el evangelio al individuo. "Dios es superabundante en dar su gracia: Primero, por la palabra oral, en la cual es predicada la remisión de los pecados en todo el mundo [**Lucas 24:45–47**], lo cual constituye el oficio propio del evangelio. En segundo término, mediante el Bautismo. En tercer lugar, por medio del santo Sacramento del Altar. En cuarto, por medio del poder de las llaves y también por medio de la conversación y consolación mutua entre los hermanos, según lo que se lee en el capítulo 18 de Mateo: "Donde dos estuviesen reunidos", etcétera (Mt 18:20) [especialmente **Romanos 1:12**] (AEs III Sobre el evangelio).

1059   **Mateo 18:20** Porque donde dos o tres se reúnen en mi nombre, allí estoy yo, en medio de ellos.

1060   **Mateo 28:18–20** Jesús se acercó y les dijo: "Toda autoridad me ha sido dada en el cielo y en la tierra. Por tanto, vayan y hagan discípulos en todas las naciones, y bautícenlos en el nombre del Padre, y del Hijo, y del Espíritu Santo. Enséñenles a cumplir todas las cosas que les he mandado. Y yo estaré con ustedes todos los días, hasta el fin del mundo." Amén.

1061   **1 Pedro 2:9** Pero ustedes son linaje escogido, real sacerdocio, nación santa, pueblo adquirido por Dios, para que anuncien los hechos maravillosos de aquel que los llamó de las tinieblas a su luz admirable.

Relaciones y aplicaciones

340. ¿Qué es excomunión?

La excomunión es el ejercicio de la llave que ata. En ella, la iglesia les anuncia a los pecadores impenitentes que sus pecados no son perdonados ante Dios y que son excluidos de la Santa Cena, y cualquier otro privilegio de compañerismo en la iglesia cristiana, excepto escuchar la palabra de Dios.

"Se amenaza con la excomunión a los que viven en pecados groseros y a los que desprecian los sacramentos" (Apl XI 4).

1062   **Mateo 18:15–18** Por tanto, si tu hermano peca contra ti, ve y repréndelo cuando él y tú estén solos. Si te hace caso, habrás ganado a tu hermano. Pero si no te hace caso, haz que te acompañen uno o dos más, para que todo lo que se diga conste en labios de dos o tres testigos. Si tampoco a ellos les hace caso, hazlo saber a la iglesia; y si tampoco a la iglesia le hace caso, ténganlo entonces por gentil y cobrador de impuestos. De cierto les digo que todo lo que aten en la tierra, será atado en el cielo; y todo lo que desaten en la tierra, será desatado en el cielo.

341. ¿Cuál es el propósito de la excomunión?

La excomunión pretende mostrarles a las personas que se niegan a arrepentirse la gravedad de su pecado y, finalmente, rescatar a esas personas de la condenación eterna y hacer que regresen a Cristo. Así, siempre son bienvenidos y se les anima a escuchar la palabra de Dios.

1063   **1 Corintios 5:4–5** Cuando ustedes se reúnan, y en espíritu yo esté con ustedes, en el nombre de nuestro Señor Jesucristo, y con su poder, entreguen a ese hombre a Satanás para que lo destruya, a fin de que su espíritu sea salvado en el día del Señor Jesús.

1064   **1 Corintios 5:13** A los de afuera, ya Dios los juzgará. Así que, ¡saquen de entre ustedes a ese perverso!

1065   **Gálatas 6:1–2** Hermanos, si alguno es sorprendido en alguna falta, ustedes, que son espirituales, restáurenlo con espíritu de mansedumbre. Piensa en ti mismo, no sea que también tú seas tentado. Sobrelleven los unos las cargas de los otros, y cumplan así la ley de Cristo.

342. ¿Cuál es la responsabilidad de la congregación hacia un pecador excomulgado que se arrepiente?

La congregación ora por el impenitente, perdona con alegría a todos los que se arrepientan y los recibe de nuevo en la comunión del altar de Cristo.

1066   **2 Corintios 2:7–8** Ahora deben perdonarlo y consolarlo, pues de lo contrario podría consumirlo la tristeza. Por tanto, les ruego que confirmen su amor hacia él.

1067   **Lucas 15:7** Les digo que así también será en el cielo: habrá más gozo por un pecador que se arrepiente, que por noventa y nueve justos que no necesitan arrepentirse.

343. ¿De qué manera ejerce públicamente la iglesia el Oficio de las Llaves?

Cristo ha instituido el oficio pastoral mediante el cual se ejerce públicamente el Oficio de las Llaves, es decir, en nombre de la iglesia. La congregación cristiana, actuando de acuerdo con la voluntad de Cristo, llama a hombres calificados para que sirvan como sus ministros, perdonando y remitiendo pecados de acuerdo con su mandamiento.

1068   **Efesios 4:11** Y él mismo constituyó a unos, apóstoles; a otros, profetas; a otros, evangelistas; a otros, pastores y maestros.

1069   **Hechos 20:28** Yo les ruego que piensen en ustedes mismos, y que velen por el rebaño sobre el cual el Espíritu Santo los ha puesto como obispos, para que cuiden de la iglesia del Señor, que el ganó por su propia sangre.

1070   **1 Corintios 4:1** Todos deben considerarnos servidores de Cristo y administradores de los misterios de Dios.

344. ¿Todo cristiano puede, sin un llamado, ejercer el Oficio de las Llaves públicamente?

No. Aunque el Oficio de las Llaves le es dado a toda la iglesia, solo a quienes son pastores llamados se les da la responsabilidad de ejercerla públicamente, es decir, en nombre de la iglesia.

"Respecto al gobierno eclesiástico se enseña que nadie debe enseñar públicamente en la iglesia ni predicar ni administrar los sacramentos sin llamamiento legítimo" (CA XIV).

1071   **Romanos 10:15** ¿Y cómo predicarán si no son enviados? Como está escrito: "¡Cuán hermosa es la llegada de los que anuncian la paz, de los que anuncian buenas nuevas!"

1072   **1 Corintios 12:29** ¿Son todos apóstoles? ¿Son todos profetas? ¿Son todos maestros?

1073   **Santiago 3:1** Hermanos míos, no se convierta la mayoría de ustedes en maestros. Bien saben que el juicio que recibiremos será mayor.

345. Entonces, ¿solo los pastores pueden perdonar pecados?

No. A todos los cristianos se les da la palabra de perdón de Cristo para que la proclamen en sus vocaciones diarias.

1074   **1 Pedro 2:9–10** Pero ustedes son linaje escogido, real sacerdocio, nación santa, pueblo adquirido por Dios, para que anuncien los hechos maravillosos de aquel que los llamó de las tinieblas a su luz admirable. Antes, ustedes no eran un pueblo; ¡pero ahora son el pueblo de Dios!; antes no habían sido compadecidos, pero ahora ya han sido compadecidos.

1075   **Colosenses 3:12–13** Por lo tanto, como escogidos de Dios, santos y amados, revístanse de entrañable misericordia, de benignidad, de humildad, de mansedumbre y de paciencia. Sean mutuamente tolerantes. Si alguno tiene una queja contra otro, perdónense de la misma manera que Cristo los perdonó.

1076   **Lucas 11:4** Perdónanos nuestros pecados, porque también nosotros perdonamos a todos los que nos deben.

346. ¿Quién debería ser considerado para el oficio de pastor?

Las congregaciones deben llamar a los hombres que estén calificados en la vida y la doctrina para servir como pastores.

1077   **1 Timoteo 3:1–2** Ésta es palabra fiel: Si alguno anhela ser obispo, desea una buena obra. Pero es necesario que el obispo sea irreprensible y que tenga una sola esposa; que sea sobrio, prudente, decoroso, hospedador, apto para enseñar.

Lee **Tito 1:5–9**, donde Pablo le dice a Tito que nombre ancianos (otra palabra para pastores) y describe los requisitos que deben llenar.

347. ¿Las mujeres pueden servir en el oficio pastoral?

No. La palabra de Dios prohíbe que las mujeres sirvan en el oficio pastoral. Todos los cristianos, tanto hombres como mujeres, están dotados para el servicio en la iglesia de Cristo, pero cada uno de acuerdo con la orden, Palabra y voluntad de Dios.

1078   **1 Corintios 14:33–36** Pues Dios no es Dios de confusión,
        sino de paz. Como en todas las iglesias de los santos, en la
        congregación las esposas deben guardar silencio, porque
        no les está permitido hablar, sino que estén sujetas, como
        también la ley lo dice. Si la esposa quiere aprender algo,
        que le pregunte a su esposo en su casa, porque no es apro-
        piado que una mujer hable en la congregación. La palabra
        de Dios, ¿se originó entre ustedes, o más bien solamente
        llegó a ustedes?

1079   **1 Timoteo 2:11–14** Que la mujer aprenda en silencio y
        con toda sujeción, pues no permito que la mujer enseñe
        ni ejerza dominio sobre el hombre, sino que guarde
        silencio. Porque primero fue formado Adán, y después
        Eva; y el engañado no fue Adán, sino que la mujer, al ser
        engañada, incurrió en transgresión.

1080   **1 Pedro 4:10** Ponga cada uno al servicio de los demás el
        don que haya recibido, y sea un buen administrador de la
        gracia de Dios en sus diferentes manifestaciones.

Nota: Las mujeres siempre han servido y siguen sirviendo a la
iglesia en muchas vocaciones laicas y profesionales. Como maes-
tras o diaconisas, por ejemplo, muchas veces traen dones que los
hombres no pueden.

Salmo 40

Oración – Padre celestial, tú entregaste a tu Hijo
por nuestras ofensas y lo resucitaste para nuestra justificación. Concédenos que también podamos confiar en la
palabra de perdón que les has dado a tus pastores para que
proclamen: que aferrándonos a tus buenas y misericordiosas promesas, podamos llegar a la vida eterna. Mediante
Jesucristo, nuestro Señor. Amén.

EL SACRAMENTO DEL ALTAR

La naturaleza del Sacramento del Altar

Primero

¿Qué es el Sacramento del Altar?

Es el verdadero cuerpo y la verdadera sangre de nuestro Señor Jesucristo bajo el pan y el vino, instituido por Cristo mismo para que los cristianos lo comamos y bebamos.

¿Dónde está escrito esto?

Así escriben los santos evangelistas Mateo, Marcos y Lucas, y también San Pablo: "Nuestro Señor Jesucristo, la noche en que fue entregado, tomó el pan; y habiendo dado gracias, lo partió y dio a sus discípulos, diciendo: Tomen, coman; esto es mi cuerpo que por ustedes es dado. Hagan esto en memoria de mí.

Asimismo tomó también la copa, después de haber cenado, y habiendo dado gracias, la dio a ellos, diciendo: Tomen, y beban de ella todos; esta copa es el nuevo pacto en mi sangre, que es derramada por ustedes para remisión de los pecados. Hagan esto, todas las veces que beban, en memoria de mí."

La idea central

Justo antes de morir, Jesús les dio a los cristianos una comida santa para que comieran y bebieran: "El verdadero cuerpo y la verdadera sangre de nuestro Señor Jesucristo, en y bajo el pan y el vino" (CMa V 8).

¿Qué pueden pensar las personas cuando escuchan a los cristianos decir que están comiendo el cuerpo de Cristo y bebiendo su sangre en la Santa Cena?

Lee **Mateo 26:17–30**. ¿Por qué Jesús estableció la Santa Cena? ¿Cómo está relacionado este sacramento con la muerte de Jesús?

✠ *Como cristianos, confesamos que recibimos el verdadero cuerpo y la verdadera sangre de Cristo —en, con, y bajo el pan y el vino— en nuestras manos y nuestra boca. Esa es una profunda maravilla y un misterio inexplicable.*

Jesús quiere estar conmigo y dentro de mí (**Juan 17:26**). En el sacramento del Altar, él se me entrega y promete no dejarme ni desampararme nunca.

Una lectura más cercana del Catecismo Menor

348. ¿Quién instituyó el Sacramento del Altar?

Jesucristo, quien es verdadero Dios y verdadero hombre, instituyó este sacramento.

1081   **1 Corintios 11:23–24** Yo recibí del Señor lo mismo que les he enseñado a ustedes: Que la noche que fue entregado, el Señor Jesús tomó pan, y que luego de dar gracias, lo partió y dijo: "Tomen y coman. Esto es mi cuerpo, que por ustedes es partido; hagan esto en mi memoria."

349. ¿Qué nos da Cristo en este sacramento?

Cristo nos da su propio y verdadero cuerpo y su propia y verdadera sangre para el perdón de los pecados.

1082   **Mateo 26:26–28** Mientras comían, Jesús tomó el pan y lo bendijo; luego lo partió y se lo dio a sus discípulos, y les dijo: "Tomen, coman; esto es mi cuerpo." Después tomó la copa, y luego de dar gracias, la entregó a sus discípulos y les dijo: "Beban de ella todos, porque esto es mi sangre del nuevo pacto, que es derramada por muchos, para perdón de los pecados."

350. ¿Por qué entendemos literalmente las palabras "esto es mi cuerpo" y "esto es mi sangre"?

Solo las palabras de nuestro Señor establecen el sacramento. Estas deben entenderse literalmente (es decir, que significan lo que dicen) debido a lo siguiente:

A. Estas palabras las dice Cristo, nuestro Señor, la Palabra a quien le es dada toda autoridad en el cielo y en la tierra y mediante quien el universo fue creado.

1083   **Juan 1:1–3** En el principio ya existía la Palabra. La Palabra estaba con Dios, y Dios mismo era la Palabra. La Palabra estaba en el principio con Dios. Por ella fueron hechas todas las cosas. Sin ella nada fue hecho de lo que ha sido hecho.

1084   **Hebreos 11:3** Por la fe entendemos que Dios creó el universo por medio de su palabra, de modo que lo que ahora vemos fue hecho de lo que no se veía.

B. Estas son las palabras de un pacto especial, o testamento, que se pronunció en la víspera de su muerte, y no se puede cambiar la última voluntad de una persona ni su testamento cuando esa persona ha muerto.

1085   **1 Corintios 11:25** Asimismo, después de cenar tomó la copa y dijo: "Esta copa es el nuevo pacto en mi sangre; hagan esto, cada vez que la beban, en mi memoria."

1086   **Gálatas 3:15** Hermanos, hablo en términos humanos: Un pacto nadie puede invalidarlo, ni tampoco se le puede añadir nada, aunque sea un pacto humano.

Lee **Hebreos 9:15–22**, sobre la importancia de un pacto testamentario que entra en vigor en el momento que muere quien lo hace (la "última voluntad y el testamento").

C. Estas palabras de Jesús recuerdan el pacto de Dios con Israel en **Éxodo 24:1–11**. Luego, la sangre del pacto fue esparcida sobre el altar y rociada sobre el pueblo, dándoles acceso a Dios, para que los ancianos del pueblo de Israel contemplaran a Dios y comieran y bebieran en su presencia. En la Santa Cena, recibimos la verdadera sangre de Cristo del nuevo pacto (o testamento) y, en ella, el perdón de los pecados y la comunión con nuestro Dios.

1087   **Éxodo 24:8** Luego, Moisés tomó la sangre y la roció sobre el pueblo, mientras decía:
"Ésta es la sangre del pacto que el Señor hace con ustedes al darles todas estas cosas."

D. La palabra de Dios claramente enseña que, en el sacramento, el pan y el vino son una comunión, o participación, en el cuerpo y la sangre de Cristo.

1088   **1 Corintios 10:16** La copa de bendición por la cual damos gracias, ¿no es la comunión de la sangre de Cristo? Y el pan que partimos, ¿no es la comunión del cuerpo de Cristo?

E. La palabra de Dios claramente enseña que quienes usan mal el sacramento pecan no contra el pan y el vino, sino contra el cuerpo y la sangre de Cristo.

1089   **1 Corintios 11:27, 29** Así que cualquiera que coma este pan o beba esta copa del Señor de manera indigna, será culpado del cuerpo y de la sangre del Señor... Porque el que come y bebe de manera indigna, y sin discernir el cuerpo del Señor, come y bebe para su propio castigo.

351. ¿Cuáles son los elementos terrenales que Jesús usa en este sacramento?
Jesús usa el pan y el vino.

1090   **Mateo 26:26–27** Mientras comían, Jesús tomó el pan y lo bendijo; luego lo partió y se lo dio a sus discípulos, y les dijo: "Tomen, coman; esto es mi cuerpo." Después tomó la copa, y luego de dar gracias, la entregó a sus discípulos y les dijo: "Beban de ella todos."

1091   **1 Corintios 11:27, 29** Así que cualquiera que coma este pan o beba esta copa del Señor de manera indigna, será culpado del cuerpo y de la sangre del Señor... Porque el que come y bebe de manera indigna, y sin discernir el cuerpo del Señor, come y bebe para su propio castigo.

Nota: La expresión "el fruto de la vid" (**Lucas 22:18**) en la Biblia se refiere al vino, no simplemente a jugo de uva. Ver también **1 Corintios 11:21**.

352. Entonces, ¿de qué manera el pan y el vino del sacramento son el cuerpo y la sangre de Cristo?

Por el poder de la Palabra todopoderosa de Cristo, él nos da su verdadero cuerpo y su verdadera sangre en, con, y bajo el pan y el vino consagrados. A esa unión del pan con su cuerpo y del vino con su sangre se llama unión sacramental.

1092   **1 Corintios 10:16** La copa de bendición por la cual damos gracias, ¿no es la comunión de la sangre de Cristo? Y el pan que partimos, ¿no es la comunión del cuerpo de Cristo?

Nota: El misterio de la presencia del cuerpo y la sangre de Cristo en la Santa Cena muchas veces se expresa utilizado las palabras "en, con, y bajo" el pan y el vino. La palabra *en* nos recuerda que donde estén el pan y el vino, está el cuerpo y la sangre de Cristo; la palabra *con* nos recuerda que con el pan y el vino recibimos el cuerpo y la sangre de Cristo; y la palabra *bajo* nos recuerda que el cuerpo y la sangre de Cristo están ocultos y, sin embargo, presentes bajo el pan y el vino, ya que el pan y el vino siguen existiendo.

353. ¿Todos los comulgantes reciben el cuerpo y la sangre en el sacramento, crean o no crean?

Sí, porque la Palabra de Cristo, no nuestra fe, establece su presencia física en el sacramento. Sin embargo, solo los que creen los reciben para su bendición.

1093   **1 Corintios 11:27** Así que cualquiera que coma este pan o beba esta copa del Señor de manera indigna, será culpado del cuerpo y de la sangre del Señor.

354. ¿Qué ordena Cristo cuando dice: "hagan esto mi memoria"?

Con esas palabras Jesús ordena que este sacramento sea administrado en su iglesia hasta el último día. En este sacramento, se proclama su muerte salvadora y se distribuyen los frutos de su expiación para el perdón de nuestros pecados. Esto se hace cuando el pan y el vino se consagran con las palabras de nuestro Señor (las palabras de institución), se distribuyen a los comulgantes y ellos los comen y los beben. La orden de Jesús de hacer "esto" incluye todos estos aspectos de la Santa Cena: "En una asamblea de cristianos, el pan y el vino se toman, consagran, distribuyen, reciben, comen y beben, y al mismo tiempo se anuncia la muerte del Señor" (FC DS VII 84).

1094   **1 Corintios 11:26** Por lo tanto, siempre que coman este pan, y beban esta copa, proclaman la muerte del Señor, hasta que él venga.

Relaciones y aplicaciones

355. ¿Por qué este sacramento se llama el Sacramento del Altar?

Hablamos del Sacramento del Altar porque el altar es un lugar de sacrificio. Jesús sacrificó su cuerpo y su sangre en la cruz por los pecados de todo el mundo. La mesa desde donde los frutos del sacrificio de Jesús se distribuyen en la iglesia se llama altar. En el altar, no estamos repetidamente *ofreciendo* el cuerpo y la sangre de Jesús, sino más bien *recibiendo* su cuerpo y su sangre como el sacrificio por el perdón de nuestros pecados una vez y para siempre.

1095   **Hebreos 10:12–13** Pero Cristo, después de ofrecer una sola vez un solo sacrificio por los pecados, para siempre se sentó a la derecha de Dios, y de ahí en adelante está en espera de que sus enemigos sean puestos por estrado de sus pies.

Nota: Jesús dio la Santa Cena mientras comía la Pascua con sus discípulos. Su selección de la Pascua para la primera Santa Cena la conecta con la historia de Israel, mostrando que ahora se cumple el propósito redentor de Dios para Israel. La sangre del nuevo pacto, o "testamento", remplaza el pacto del sacrificio de sangre del Antiguo Testamento (**Mateo 26:28**; **Jeremías 31:31**; **1 Corintios 11:25**), ya que el sacrificio de Jesús en el Gólgota es el sacrificio completo por los pecados de todo el mundo (**Hebreos 10:12–14**).

356. ¿Por qué el pastor siempre pronuncia las palabras de Jesús sobre el pan y el vino?

Sin las palabras de Jesús no habría sacramento, porque es por el poder de su Palabra que nos da su cuerpo y su sangre. "En la administración de la Santa Cena las palabras de la institución deben pronunciarse públicamente o cantarse clara e inteligiblemente y de ningún modo deben omitirse…[para que] los elementos, el pan y el vino, sean consagrados o bendecidos para este santo uso, a fin de que con ellos se distribuyan el cuerpo y la sangre de Cristo, para comer y beber… lo que por cierto no puede suceder de ningún otro modo sino mediante la repetición y recitación de las palabras de la institución" (FC DS VII 79, 82).

1096 **1 Corintios 10:16** La copa de bendición por la cual damos gracias, ¿no es la comunión de la sangre de Cristo? Y el pan que partimos, ¿no es la comunión del cuerpo de Cristo?

1097 **Lucas 21:33** El cielo y la tierra pasarán, pero mis palabras no pasarán.

357. ¿Los comulgantes deben recibir tanto el cuerpo como la sangre de Cristo en el sacramento?

Sí; todos los comulgantes deben recibir tanto el pan como la copa consagrados, ya que Cristo dijo: "Tomen, coman; esto es mi cuerpo… Beban de ella todos."

1098 **Mateo 26:26–27** Mientras comían, Jesús tomó el pan y lo bendijo; luego lo partió y se lo dio a sus discípulos, y les dijo: "Tomen, coman; esto es mi cuerpo." Después tomó la copa, y luego de dar gracias, la entregó a sus discípulos y les dijo: "Beban de ella todos."

358. ¿Con qué frecuencia debemos recibir el sacramento?

Cristo no ha especificado un cronograma específico, pero nos invita a tomar este sacramento con frecuencia, dados los dones que otorga en él y dada nuestra gran necesidad. En el Nuevo Testamento, el sacramento era una característica regular e importante del culto divino congregacional, no una adición ocasional (**Hechos 2:42; 20:7; 1 Corintios 11:20, 33**). Esa práctica continuó en la iglesia, y en la época de la Reforma nuestra iglesia celebraba el sacramento "cada Día del Señor y en las otras festividades" (Apl XXIV 1).

359. ¿El pan y el vino simplemente simbolizan el cuerpo y la sangre de Cristo?

No. Aunque esa es la enseñanza de muchas iglesias protestantes, las palabras de Jesús claramente identifican al pan como su cuerpo y al vino como su sangre. Creemos que las palabras de Jesús: "Este es mi cuerpo... mi sangre" significan lo que dicen (ver Preguntas 350 y 353).

1099 **1 Corintios 11:24–25** Luego de dar gracias, lo partió y dijo: "Tomen y coman. Esto es mi cuerpo, que por ustedes es partido; hagan esto en mi memoria." Asimismo, después de cenar tomó la copa y dijo: "Esta copa es el nuevo pacto en mi sangre; hagan esto, cada vez que la beban, en mi memoria."

360. ¿El cuerpo y la sangre de Cristo en el sacramento remplazan el pan y el vino, de tal manera que el pan y el vino solo parecen estar ahí?

No. Las Escrituras dan testimonio de que el pan y el vino permanecen en el sacramento. Los comulgantes comen y beben tanto el pan y el vino como el verdadero cuerpo y la verdadera sangre del Señor en la Santa Cena.

1100 **1 Corintios 11:26** Por lo tanto, siempre que coman este pan, y beban esta copa, proclaman la muerte del Señor, hasta que él venga.

Nota: La Iglesia Católica Romana enseña que el cuerpo y la sangre de Cristo remplazan el pan y el vino (la teoría de la transubstanciación). Muchas iglesias protestantes o evangélicas enseñan que el pan y el vino de la Santa Cena no son el verdadero cuerpo ni la verdadera sangre de Cristo, sino solo símbolos. La Iglesia Luterana simplemente acepta lo que dice Cristo: que el pan y el vino consagrados son su cuerpo y su sangre para el perdón de los pecados. "Creemos, enseñamos y confesamos que en la Santa Cena el cuerpo y la sangre de Cristo están presentes real y esencialmente, y realmente se distribuyen y se reciben con el pan y el vino" (FC Ep VII 6).

361. ¿El cuerpo y la sangre de Cristo en el sacramento son sacrificados otra vez a Dios por el perdón de los vivos y los muertos?

No. El cuerpo y la sangre de Cristo en el sacramento son el sacrificio completo ofrecido a Dios una vez y para siempre en la cruz y ahora se nos distribuyen en el sacramento, junto con todas las bendiciones y los beneficios que su sacrificio ganó para nosotros.

1101   **1 Corintios 5:7** Límpiense de la vieja levadura, para que sean una nueva masa, sin levadura, como en realidad lo son. Nuestra pascua, que es Cristo, ya ha sido sacrificada por nosotros.

1102   **Hebreos 10:14, 17–18** Él, por medio de una sola ofrenda, hizo perfectos para siempre a los santificados... Y luego añade: "Y nunca más me acordaré de sus pecados y transgresiones." Cuando los pecados ya han sido perdonados, no hay más necesidad de presentar ofrendas por el pecado.

Salmo 111

Oración – Señor Jesucristo, la noche que te traicionaron, estableciste la Cena de tu cuerpo y tu sangre para que nosotros, los cristianos, comamos y bebamos. Danos fe para confiar en las palabras de tu testamento y así recibamos correctamente los frutos de tu sufrimiento y tu muerte y mediante tus méritos finalmente lleguemos al gozo en la fiesta de las bodas del Cordero, donde tú vives y reinas con el Padre y el Espíritu para siempre. Amén.

El beneficio del Sacramento del Altar

Segundo

¿Qué beneficios confiere el comer y beber así?

Los beneficios los indican estas palabras: "por ustedes dado" y "por ustedes derramada para perdón de los pecados". O sea, por estas palabras se nos da en el sacramento perdón de pecados, vida y salvación; porque donde hay perdón de pecados, hay también vida y salvación.

La idea central

En el sacramento recibimos un gran tesoro: el perdón de los pecados. Las palabras de nuestro Señor nos aseguran que este tesoro "no nos es ofrecido y otorgado sino en las palabras: '... Por ustedes dado y derramada'" cuando recibimos su cuerpo y su sangre (CMa V 29).

¿Por qué el perdón es semejante tesoro y algo que debemos desear de todo corazón?

Lee **Éxodo 12:1–14**. ¿Cómo la Pascua y la sangre del cordero beneficiaron a Israel? ¿Cómo nos beneficia la comida del cuerpo y la sangre de Cristo?

✠ *Como cristianos, confesamos que el perdón de los pecados ganado con la muerte de Jesús en la cruz, se nos entrega ahora en el cuerpo y la sangre de Cristo. Ese es el don más importante que podemos recibir.*

Este perdón me libera de mi pasado pecaminoso, en el cual la muerte y la tiranía de Satanás eran mi único futuro. El cuerpo y la sangre de Cristo me dan una nueva vida y un nuevo futuro todos los días.

Una lectura más cercana del Catecismo Menor

362. ¿Cuál es el beneficio prometido en el sacramento?

A. El perdón de los pecados, el cual Cristo ganó cuando sufrió en su cuerpo en la cruz y derramó su sangre para redimirnos, es ahora prometido en su cuerpo y su sangre dados para que nosotros comamos y bebamos.

1103 **Hebreos 10:10** Por esa voluntad somos santificados, mediante la ofrenda del cuerpo de Jesucristo, hecha una sola vez y para siempre.

1104 **1 Pedro 2:24** Él mismo llevó en su cuerpo nuestros pecados al madero, para que nosotros, muertos ya al pecado, vivamos para la justicia. Por sus heridas fueron ustedes sanados.

1105 **Mateo 26:28** Porque esto es mi sangre del nuevo pacto, que es derramada por muchos, para perdón de los pecados.

1106 **1 Juan 1:7** La sangre de Jesús, su Hijo, nos limpia de todo pecado.

Nota: Lee **Levítico 17:10–14**. Es significativo que, en el Antiguo Testamento, Dios prohíba estrictamente el comer sangre bajo pena de muerte porque "la vida de todo ser está en la sangre" (v 11). No obstante, al establecer la Santa Cena, el Hijo de Dios nos da su sangre para que la bebamos para el perdón de nuestro pecado. Esa es otra indicación de que el Señor que instituye el sacramento es el verdadero Dios. También demuestra que en la sangre de Cristo somos perdonados y ahora participamos en su vida. Ver también **1 Pedro 1:18–19** y **Hebreos 9:11–14, 22**.

B. Cuando el pecado es perdonado, hay vida con Dios ahora y salvación eterna.

1107 **Juan 6:32–33** Y Jesús les dijo: "De cierto, de cierto les digo, que no fue Moisés quien les dio el pan del cielo, sino que es mi Padre quien les da el verdadero pan del cielo. Y el pan de Dios es aquel que descendió del cielo y da vida al mundo."

1108 **Juan 6:40** Y ésta es la voluntad de mi Padre: Que todo aquel que ve al Hijo, y cree en él, tenga vida eterna; y yo lo resucitaré en el día final.

1109 **Hebreos 12:22–24** Ustedes, por el contrario, se han acercado al monte de Sión, a la celestial Jerusalén, ciudad del

Dios vivo, y a una incontable muchedumbre de ángeles, a la congregación de los primogénitos que están inscritos en los cielos, a Dios, el Juez de todos, a los espíritus de los justos que han sido hechos perfectos, a Jesús, el Mediador del nuevo pacto, y a la sangre rociada que habla mejor que la de Abel.

Nota: "Pues en el sacramento debes recibir por boca de Cristo el perdón de los pecados, con todos sus dones: Defensa, amparo y poder contra la muerte, el diablo y todo género de calamidades" (CMa V 70).

C. Cuando Cristo nos da la victoria sobre el pecado y Satanás en el sacramento, nos fortalece para una vida nueva en él.

1110 **Romanos 8:10** Pero si Cristo está en ustedes, el cuerpo está en verdad muerto a causa del pecado, pero el espíritu vive a causa de la justicia.

1111 **1 Pedro 2:24** Él mismo llevó en su cuerpo nuestros pecados al madero, para que nosotros, muertos ya al pecado, vivamos para la justicia. Por sus heridas fueron ustedes sanados.

1112 **1 Juan 3:8** Para esto se ha manifestado el Hijo de Dios: para deshacer las obras del diablo.

Relaciones y aplicaciones

363. ¿Por qué los cristianos deben ser animados a recibir el sacramento con frecuencia?

A. Jesús nos invita y nos exhorta a hacerlo.

1113 **Mateo 26:26** Tomen, coman; esto es mi cuerpo.

B. Necesitamos el consuelo y la fortaleza del perdón de Cristo para tener vida nueva aunque seamos acosados por el diablo y luchemos con nuestra naturaleza pecaminosa.

1114 **Mateo 26:28** Porque esto es mi sangre del nuevo pacto, que es derramada por muchos, para perdón de los pecados.

C. En este sacramento somos unidos a Cristo y a nuestros hermanos creyentes.

1115   **1 Corintios 10:17** Hay un solo pan, del cual todos participamos; por eso, aunque somos muchos, conformamos un solo cuerpo.

D. Así como Cristo se nos ha entregado completamente con su cuerpo y su sangre, el sacramento también nos fortalece para entregarnos a nosotros mismos en amor sacrificial y servicio a nuestro prójimo.

1116   **Juan 15:12** Éste es mi mandamiento: Que se amen unos a otros, como yo los he amado.

Nota: El sacramento es "medicina saludable y consoladora, que te ayudará y te vivificará tanto en el alma como en el cuerpo. Porque donde el alma está sanada, también está socorrido el cuerpo" (CMa V 68).

Salmo 50

Oración – Señor Jesucristo, tú sufriste en tu santo cuerpo y derramaste tu preciosa sangre para redimir a tus caídas criaturas. Otórganos que vayamos con frecuencia a tu Cena, confiando en tu promesa, y así recibamos para nuestro beneficio eterno los dones que das en tu cuerpo y tu sangre: el perdón de nuestros pecados, la vida contigo, y la salvación eterna. Porque vives y reinas con el Padre y el Espíritu Santo, un solo Dios, ahora y para siempre. Amén.

El poder del Sacramento del Altar

Tercero

¿Cómo puede el comer y beber corporal hacer una cosa tan grande?

Ciertamente, el comer y beber no es lo que la hace, sino las palabras que están aquí escritas: "Por ustedes dado" y "por ustedes derramada para perdón de los pecados." Estas palabras son, junto con el comer y beber corporal, lo principal en el sacramento. Y el que cree dichas palabras, tiene lo que ellas dicen y expresan; eso es: "el perdón de los pecados."

La idea central

Las palabras de Jesús hacen que comer un trozo de pan y beber un sorbo de vino sean una fiesta grande y misericordiosa en lugar de una ceremonia vacía.

¿Por qué debemos creer en la palabra de Jesús?

Lee **Marcos 4:35–41**. ¿Qué revela este milagro sobre el poder de las palabras de Jesús?

✠ *Como cristianos, confesamos que las palabras de nuestro Señor Jesús hacen lo que dicen. "Como ha hablado y dicho la boca de Cristo, así es" (CMa V 14).*

Debido a que estas palabras hacen lo que dicen, no debe haber ninguna duda en mi mente de que el pan y el vino son el cuerpo y la sangre de Jesús para mi perdón.

Una lectura más cercana del Catecismo Menor

364. ¿De qué manera puede el comer y el beber físicamente darnos beneficios espirituales tan grandes como el perdón, la vida, y la salvación?

No es simplemente el comer y el beber, sino las palabras de Cristo —junto con su cuerpo y su sangre bajo el pan y el vino— que son los medios a través de los cuales se otorga el perdón.

"Esto, decimos, y ninguna otra cosa es el tesoro mediante el cual se adquiere tal perdón de los pecados. Esto no nos es ofrecido y otorgado sino en las palabras "…Por ustedes dado y derramada…". En esto tienes dos cosas: El cuerpo y la sangre de Cristo, y que ambos te pertenecen como un tesoro y don" (CMa V 29).

Relaciones y aplicaciones

365. ¿Todo el que come y bebe el sacramento también recibe perdón de los pecados, vida y salvación?

No. Todo el que come y bebe en el sacramento recibe el cuerpo y la sangre de Cristo y también se ofrecen los beneficios que él ha prometido. Sin embargo, es solo mediante la fe en las palabras de Cristo que recibimos los beneficios ofrecidos en el testamento de nuestro Señor.

1117   **Romanos 1:17** Porque en el evangelio se revela la justicia de Dios, que de principio a fin es por medio de la fe, tal como está escrito: "El justo por la fe vivirá."

1118   **Juan 20:29** Jesús le dijo: "Tomás, has creído porque me has visto. Bienaventurados los que no vieron y creyeron."

Nota: En el sacramento Jesús une el comer y el beber físicos con la fe en su promesa. Esa conexión entre la acción corporal y la fe también se puede ver en los milagros sanadores de Jesús, donde hay bendición al tocar a Jesús o ser tocado por él, y fe al recibir la bendición (ver **Mateo 9:20–22, 27–29**).

366. Entonces, ¿de qué manera debemos comer y beber la Santa Cena?

Debemos comer el cuerpo de Cristo y beber su sangre con confianza, creyendo que él fue entregado por nuestras ofensas y resucitado para nuestra justificación. Al confiar en su obra salvadora, recibimos su cuerpo y su sangre, que nos fueron dados bajo el pan y el vino, como garantía de nuestro perdón.

1119   **Romanos 4:23–25** Y no solamente con respecto a él se escribió que se le tomó en cuenta, sino también con respecto a nosotros, pues Dios tomará en cuenta nuestra fe, si creemos en el que levantó de los muertos a Jesús, nuestro Señor, el cual fue entregado por nuestros pecados, y resucitó para nuestra justificación.

1120 **1 Corintios 10:16** La copa de bendición por la cual damos gracias, ¿no es la comunión de la sangre de Cristo? Y el pan que partimos, ¿no es la comunión del cuerpo de Cristo?

1121 **1 Corintios 11:26** Por lo tanto, siempre que coman este pan, y beban esta copa, proclaman la muerte del Señor, hasta que él venga.

Salmo 23

Oración – Señor Jesucristo, tú nos das tu cuerpo y tu sangre en forma de pan y vino para que podamos saber con certeza que nuestros pecados son perdonados por tu sacrificio expiatorio en la cruz. Concédenos que comamos tu cuerpo y bebamos tu sangre confiando en tus palabras para que podamos recibir lo que tú declaras —el perdón de los pecados— y así vivamos en ti así como tú vives y reinas con el Padre y el Espíritu Santo, un solo Dios, ahora y para siempre. Amén.

Cómo recibir
dignamente este sacramento

Cuarto

¿Quién recibe este sacramento dignamente?

El ayunar y prepararse corporalmente es, por cierto, una buena disciplina externa; pero verdaderamente digno y bien preparado es aquél que tiene fe en las palabras: "por ustedes dado" y "por ustedes derramada para perdón de los pecados".

Mas el que no cree estas palabras, o duda de ellas, no es digno, ni está preparado; porque las palabras "por ustedes" exigen corazones enteramente creyentes.

La idea central

La forma esencial para prepararse para la Santa Cena es creer en la promesa de Jesús de que su cuerpo es "por ustedes dado" y su sangre "por ustedes derramada para perdón de los pecados." "Por lo tanto, piensa y colócate también bajo este "**ustedes**", a fin de que no te hable en vano" (CMa V 65).

¿Cuáles son algunas de las razones por las que las personas piensan que no deben tomar la Comunión?

Lee **Mateo 22:1–14**. Nota que la parábola de Jesús es tanto una bienvenida como una advertencia. ¿Por qué es importante estar bien preparados antes de comulgar?

✠ *Como cristianos, confesamos que nosotros, los pecadores, somos "dignos" de comulgar porque Jesús acoge a los pecadores que se arrepienten de sus pecados y creen en su promesa de que él dio su vida y derramó su sangre por su perdón.*

¿Cómo puedo prepararme para la Santa Cena para poder recibirla como una bendición?

Una lectura más cercana del Catecismo Menor

367. ¿Quién recibe el sacramento dignamente?

Lo recibimos dignamente cuando tenemos fe en Cristo y en sus palabras: "por ustedes dado" y "por ustedes derramada para perdón de los pecados".

368. ¿Por qué debe preocuparnos el recibir dignamente el sacramento?

El Sacramento del Altar no es nuestra cena, sino la Cena del Señor, donde él nos da su cuerpo y su sangre para el perdón de nuestros pecados. Sin embargo, comer y beber el cuerpo y la sangre del Señor sin confianza en sus palabras es comer y beber juicio sobre nosotros mismos.

1122 **1 Corintios 11:27–28** Así que cualquiera que coma este pan o beba esta copa del Señor de manera indigna, será culpado del cuerpo y de la sangre del Señor. Por tanto, cada uno de ustedes debe examinarse a sí mismo antes de comer el pan y de beber de la copa.

369. ¿Cuándo somos indignos o no estamos preparados?

Somos indignos, y no estamos preparados, cuando no creemos en las palabras de Cristo, o dudamos de ellas, ya que las palabras "por ustedes" exigen que todos los corazones crean.

370. ¿Qué es "ayunar y prepararse corporalmente"?

Ayunar es negarse la comida u otros placeres por un período particular. La preparación corporal puede incluir descanso adecuado, limpieza personal, y vestimenta modesta y reverente. Esas expresiones externas de reverencia pueden enfocar nuestra atención en nuestro Señor y sus dones. Sin embargo, en sí mismas, no nos hacen dignos ni estar bien preparados para recibir el sacramento.

1123 **1 Timoteo 4:8** Porque el ejercicio corporal es poco provechoso, pero la piedad es provechosa para todo, pues cuenta con promesa para esta vida presente, y para la venidera.

Nota: En la época de Lutero, la Iglesia Católica Romana exigía el ayuno antes de permitirle comulgar a una persona. Sin embargo, eso no se exige en la Biblia, aunque muchas veces se asocia con el arrepentimiento y la oración. "El ayuno, la oración, etc., son, sin duda, una preparación externa y un ejercicio… de modo que el cuerpo se comporte y se mueva decente y respetuosamente ante el cuerpo y la sangre de Cristo. Pero lo que en el sacramento y con él se da no puede ser tomado y apropiado sólo físicamente por el cuerpo. La fe del corazón, sin embargo, lo hace, de manera que reconoce el tesoro y anhela poseerlo" (CMa V 37).

Relaciones y aplicaciones

371. ¿Cómo debemos auto examinarnos antes de recibir el sacramento?

Debemos examinarnos a la luz de la palabra de Dios para ver si
A. estamos conscientes de nuestros pecados y nos pesan;

1124   **Salmo 38:18** Por eso, voy a confesar mi maldad; pues me pesa haber pecado.

1125   **2 Corintios 7:10–11** La tristeza que proviene de Dios produce arrepentimiento para salvación, y de ésta no hay que arrepentirse, pero la tristeza que proviene del mundo produce muerte. ¡Fíjense! Esta tristeza que provino de Dios, ¡produjo en ustedes preocupación, el deseo de disculparse, indignación, temor, vehemencia, celo, y deseos de hacer justicia! Es evidente que en este asunto ustedes no tuvieron la culpa.

B. creemos en nuestro Salvador, Jesucristo, y en sus palabras en el sacramento;

1126   **Lucas 22:19–20** Luego tomó el pan, lo partió, dio gracias y les dio, al tiempo que decía: "Esto es mi cuerpo, que por ustedes es entregado; hagan esto en memoria de mí." De igual manera, después de haber cenado tomó la copa y les dijo: "Esta copa es el nuevo pacto en mi sangre, que por ustedes va a ser derramada."

C. tenemos la intención, con la ayuda del Espíritu Santo, de vivir como pecadores perdonados resistiendo al diablo, diciendo no a los deseos pecaminosos, y caminando en una vida nueva.

1127   **Efesios 4:22–24** En cuanto a su pasada manera de vivir, despójense de su vieja naturaleza, la cual está corrompida por los deseos engañosos; renuévense en el espíritu de su mente, y revístanse de la nueva naturaleza, creada en conformidad con Dios en la justicia y santidad de la verdad.

1128   **Romanos 6:11–14** Así también ustedes, considérense muertos al pecado pero vivos para Dios en Cristo Jesús, nuestro Señor. Por lo tanto, no permitan ustedes que el pecado reine en su cuerpo mortal, ni lo obedezcan en sus malos deseos. Tampoco presenten sus miembros al pecado como instrumentos de iniquidad, sino preséntense ustedes mismos a Dios como vivos de entre los muertos, y presenten sus miembros a Dios como instrumentos de justicia. El pecado ya no tendrá poder sobre ustedes, pues ya no están bajo la ley sino bajo la gracia.

Nota: Al prepararse para tomar el sacramento, los cristianos también pueden aprovechar la oportunidad para hacer la confesión y obtener la absolución individual con el pastor. Para una reflexión personal antes de tomar el sacramento, puedes usar las Preguntas cristianas con sus respuestas.

372. ¿Pueden tomar el sacramento quienes estén débiles o tengan dificultades con la fe?

Sí. Las palabras "por ustedes" nos muestran que Cristo instituyó este sacramento para los pecadores débiles y que tienen dificultades, como nosotros, para llevarnos a él y fortalecer nuestra fe en él.

1129   **Marcos 9:24** Al instante, el padre del muchacho exclamó: "¡Creo! ¡Ayúdame en mi incredulidad!"

1130   **Juan 6:37** Todo lo que el Padre me da, vendrá a mí; y al que a mí viene, no lo echo fuera.

1131   **Isaías 42:3** No hará pedazos la caña quebrada, ni apagará la mecha humeante. Traerá la justicia por medio de la verdad.

Nota: "Esta gente debe aprender que el mayor arte consiste en saber que nuestro sacramento no se funda en nuestra dignidad… antes al contrario, como pobres y desdichados y precisamente porque somos indignos, excepto que haya alguien que no ansíe ninguna gracia y ninguna absolución, ni pensara tampoco mejorarse" (CMa V 61).

373. ¿Qué debo hacer si no siento necesidad del sacramento?

Quienes no sienten necesidad de tomar el sacramento primero deben "descender en ellos mismos para ver que ellos también tienen carne y sangre" (CMa V 75). Nuestra propia carne batalla contra el Espíritu de Dios (**Gálatas 5:19–21**), lo que demuestra que nada bueno habita en nosotros (**Romanos 7:18**) y que Satanás está constantemente al ataque como mentiroso y asesino (**Juan 8:44**). Así, "cree en la Escritura que no te mentirá, porque conoce tu carne mejor que tú mismo" (CMa V 76).

1132   **Gálatas 5:19–21** Las obras de la carne se manifiestan en adulterio, fornicación, inmundicia, lascivia, idolatría, hechicerías, enemistades, pleitos, celos, iras, contiendas, disensiones, herejías, envidias, homicidios, borracheras, orgías, y cosas semejantes a éstas. Acerca de ellas les advierto, como ya antes les he dicho, que los que practican tales cosas no heredarán el reino de Dios.

1133   **Romanos 7:18** Yo sé que en mí, esto es, en mi naturaleza humana, no habita el bien; porque el desear el bien está en mí, pero no el hacerlo.

374. ¿A quién no se le debe dar el sacramento?

El sacramento no se les debe dar a:

A. Quienes no son cristianos o no han sido bautizados.

Nota: La Santa Cena es para los discípulos de Jesús que son bautizados e instruidos en la fe cristiana (**Mateo 26:17**; **28:19–20**).

B. Aquellos cristianos que no pueden examinarse a sí mismos, como los bebés o los niños muy pequeños, personas que no han recibido instrucción apropiada en la fe cristiana, o quienes están inconscientes.

1134   **1 Corintios 11:28** Por tanto, cada uno de ustedes debe examinarse a sí mismo antes de comer el pan y de beber de la copa.

Nota: Lutero advirtió quién debe recibir la Santa Cena (CMa V 1–2): "Así como hemos tratado del Santo Bautismo, es necesario también que hablemos del segundo sacramento, es decir, de estos tres puntos: ¿En qué consiste? ¿Qué beneficios aporta? ¿Quién puede recibirlo? Y todo esto basado en las palabras por las cuales fue instituido por Cristo, las que debe conocer cada uno que quiera ser cristiano y acercarse al sacramento. Porque no estamos dispuestos a admitir, ni a ofrecerlo a quienes ignoran lo que con ello buscan, ni por qué vienen."

C. Aquellos cristianos de una confesión de fe diferente, ya que la Santa Cena es testimonio de nuestra unidad en fe y doctrina.

1135   **Hechos 2:42** Se mantenían fieles a las enseñanzas de los apóstoles y en el mutuo compañerismo, en el partimiento del pan y en las oraciones.

1136   **1 Corintios 11:26** Por lo tanto, siempre que coman este pan, y beban esta copa, proclaman la muerte del Señor, hasta que él venga.

1137   **1 Corintios 10:17** Hay un solo pan, del cual todos participamos; por eso, aunque somos muchos, conformamos un solo cuerpo.

1138   **Romanos 16:17** Pero les ruego, hermanos, que se cuiden de los que causan divisiones y tropiezos en contra de la enseñanza que ustedes han recibido, y que se aparten de ellos.

1139   **Efesios 4:1–4** Yo, que estoy preso por causa del Señor, les ruego que vivan como es digno del llamamiento que han recibido, y que sean humildes y mansos, y tolerantes y pacientes unos con otros, en amor. Procuren mantener la unidad del Espíritu en el vínculo de la paz. Así como ustedes fueron llamados a una sola esperanza, hay también un cuerpo y un Espíritu.

Nota: La práctica de la Comunión cerrada busca evitar que quienes comen y beben en la Santa Cena pequen contra el cuerpo y la sangre de Cristo o la reciban para su perjuicio. Al mismo tiempo, esta práctica profesa que quienes participan juntos del cuerpo y la sangre de Cristo están unidos en la misma enseñanza y confesión. Sin embargo, de ninguna manera queremos decir que otros que verdaderamente crean en Jesús como Salvador del pecado, pero no son miembros de una iglesia luterana ortodoxa, no son cristianos.

D. Quienes son abiertamente impíos e impenitentes, y viven en contra de la palabra de Dios.

1140   **1 Corintios 5:11, 13** Más bien les escribí que no se junten con los que se dicen hermanos pero son libertinos, avaros, idólatras, insolentes, borrachos y ladrones. Con esa gente, ni siquiera coman juntos… A los de afuera, ya Dios los juzgará. Así que, ¡saquen de entre ustedes a ese perverso!

1141   **1 Corintios 10:20–21** Lo que quiero decir es que los animales que ofrecen los no judíos, se ofrecen a los demonios, y no a Dios; y yo no quiero que ustedes tengan algo que ver con los demonios. Ustedes no pueden beber de la copa del Señor, y también de la copa de los demonios; no pueden participar de la mesa del Señor, y también de la mesa de los demonios.

E. Quienes no perdonan, y se niegan a reconciliarse con su prójimo.

1142   **Mateo 6:15** Pero si ustedes no perdonan a los otros sus ofensas, tampoco el Padre de ustedes les perdonará sus ofensas.

Nota: Cuando recibimos el sacramento, recibimos una señal segura de comunión con Cristo y todos sus santos. "Hay un solo pan, del cual todos participamos; por eso, aunque somos muchos, conformamos un solo cuerpo" (**1 Corintios 10:17**). Todas las posesiones espirituales de Cristo y sus santos se convierten en propiedad común de quienes reciben el sacramento. Asimismo, todos los sufrimientos y pecados se convierten en propiedad común, así que los cristianos son llamados a "[amarse] intensamente los unos a los otros, porque el amor cubre infinidad de pecados" (**1 Pedro 4:8**). Ver el tratado de Lutero "El bendito sacramento del santo y verdadero cuerpo de Cristo y las hermandades" (LW 35:49–51).

En todas estas instancias, los pastores son "administradores de los misterios de Dios" (**1 Corintios 4:1**), lo cual incluye una responsabilidad sagrada de admisión a la Santa Cena. El comulgante debe examinarse a sí mismo, pero eso no releva al pastor de una supervisión fiel y amorosa en el altar del Señor, lo cual incluye el examen de quienes comulgarían. La congregación también tiene la responsabilidad de mantener prácticas fieles en la Comunión "Nadie es admitido al sacramento sin primero ser examinado. A las personas también se les advierte sobre la dignidad y el uso del sacramento, sobre cómo trae gran consolación a las conciencias ansiosas, para que ellas también puedan aprender a creer y a esperar en Dios y a pedirle todo lo bueno" (CA XXIV 6–7 de la versión inglesa).

Salmo 116

Oración – Señor Jesús, no soy digno por mí mismo de merecer comer tu santo cuerpo ni beber tu preciosa sangre. Confiando no en mi propia justicia sino solo en tu promesa de perdón de los pecados, vengo a tu altar implorándote misericordia para que, librado de tu ira y condena, pueda vivir solo por ti, siempre dando gracias por tus beneficios inmerecidos, y finalmente llegue a alabarte por siempre en el banquete celestial. Amén.

ORACIONES DIARIAS Y TABLA DE DEBERES

Oraciones diarias

En la explicación del Primer Artículo, aprendimos que a nuestro Padre celestial "debo darle gracias, ensalzarlo, servirle y obedecerle". El catecismo nos enseña de qué manera debemos agradecerle a Dios y ensalzarlo en las Oraciones diarias y de qué manera debemos servirle y obedecerle a Dios en la Tabla de deberes.

A veces, las oraciones que se dicen de memoria se consideran menos significativas que las oraciones espontáneas. Sin embargo, las palabras de las Oraciones diarias, recitadas todos los días, y grabadas en nuestra memoria, pueden dar forma y guiar toda nuestra vida de oración. Son un modelo útil para llevarle nuestras propias oraciones al Señor.

En las Oraciones diarias, Lutero nos da oraciones para cuando comemos y cuando dormimos, aquellos momentos de nuestra rutina diaria cuando reconocemos más claramente nuestra dependencia de Dios nuestro Creador.

Oraciones de la mañana y de la noche

Le agradecemos a Dios y lo alabamos en la mañana cuando nos levantamos de la cama y encaramos el comienzo de un nuevo día. El catecismo da un breve orden, que comienza con la invocación del nombre del Señor que nos fue dado en el Santo Bautismo: "En el nombre de Dios Padre, Hijo y Espíritu Santo. Amén", pidiéndole que dirija el día.

Al decir el santo nombre del Señor, nos hacemos la señal de la santa cruz, como recordatorio visible de que hemos sido redimidos por Cristo crucificado.

Luego, decimos el Credo Apostólico, porque en esa fe fuimos bautizados y en esa fe vivimos todos los días.

Luego oramos el Padrenuestro, ya que son las palabras de Jesús, palabras que con confianza y osadía hacemos propias.

El orden concluye con una breve oración dándole gracias a nuestro Padre por protegernos del mal y el peligro, pidiéndole que nos guarde de todo pecado y todo mal en el día que comienza. Con palabras que hacen eco el **Salmo 31:5**, encomendamos nuestro cuerpo, nuestra alma, y todas las cosas a la misericordiosa custodia del Señor, pidiéndole que mande a su santo ángel sobre nosotros para que el diablo no pueda tener poder sobre nosotros (ver también **Salmo 91:11**).

Habiendo invocado el nombre del Señor, luego vamos "con gozo" a trabajar con acción de gracias y alabanza, quizás cantando un himno.

La Oración de la noche tiene un patrón similar. El día termina como comenzó: "En el nombre de Dios Padre, Hijo y Espíritu Santo" con la señal de la santa cruz. Se confiesa el Credo y se ora el Padrenuestro. En la breve oración de la noche se dan gracias por la protección misericordiosa de Dios y se busca su perdón por lo malo que hayamos hecho y lo bueno que hayamos dejado de hacer. Le imploramos al Padre que nos proteja mientras dormimos, encomendándonos a su custodia. De esta forma, podemos "irnos a dormir de una vez y con buen ánimo" porque descansamos con una conciencia clara y sabiendo que el Señor es nuestro refugio" (ver **Salmo 4:8**; ver también **Salmos 121; 127**).

Oraciones para las comidas

En la Cuarta Petición, se nos enseña a orar para que nuestro Padre nos guíe a reconocerlo como el dador de nuestro pan de cada día y así lo recibamos con acción de gracias. Cuando nos aproximamos al altar con reverencia, también nos reunimos alrededor de la mesa en nuestra casa con reverencia hacia Dios, quien nos da alimento y bebida. El catecismo nos brinda una corta liturgia para cuando nos reunimos para comer. El **Salmo 145:15–16** dirige nuestra atención hacia Dios, quien abre sus manos para satisfacer los deseos de toda criatura viva. El Padrenuestro se ora tanto antes como después de la comida. Antes de que participemos de la provisión de Dios de pan diario, le imploramos que nos bendiga, al igual que los dones que recibimos de su generosa bondad.

Después de terminar la comida, le damos gracias a nuestro Padre, usando las palabras del **Salmo 136:1, 25** y **147:9–11**. Esos versículos nos recuerdan la bondad de Dios, que se extiende sobre todo lo que ha creado, tanto seres humanos como animales. En la oración final, le agradecemos a nuestro Padre celestial por todos esos beneficios (**Salmo 103:2**) mediante Jesucristo, nuestro Señor. Porque es solo mediante Cristo que reconocemos la bondad de Dios hacia nosotros en las cosas que él creó (Ver **1 Timoteo 4:4–5**).

Tabla de deberes

El catecismo concluye con la Tabla de deberes: una lista de pasajes bíblicos que tratan llamados muy realistas —y, sin embargo, elevados y santos— de los cristianos en su vida diaria. Se basa en las listas de responsabilidades domésticas de **Colosenses 3:8–4:1** y **Efesios 5:22–6:9**. Es la forma como Lutero aplica el catecismo a la vida diaria. La lista de pasajes bíblicos puede organizarse bajo tres títulos generales: (1) vida en la congregación; (2) vida en la comunidad cívica; y (3) vida en el hogar. Lutero dice que esas son porciones de las Sagradas Escrituras por las cuales el cristiano es amonestado "con respecto a su vocación (santas órdenes) y a sus deberes".

En la iglesia medieval "santas órdenes" se refería exclusivamente a las órdenes religiosas (sacerdotes, monjes y monjas). Debido a que Dios estableció la iglesia, el gobierno, y el hogar, y los declaró buenos, esas son las verdaderas "santas órdenes" bendecidas por la palabra de Dios. Esos son los lugares donde vivimos en fe hacia Cristo y en amor mutuo, compartiendo su Palabra con ellos.

Observa la secuencia: de la congregación a la sociedad al hogar. Comenzamos recordando nuestra identidad en Cristo como miembros individuales de su cuerpo, la iglesia. De ahí, pasamos al mundo y al trabajo diario. Luego llegamos a casa, donde nos reunimos nuevamente para el servicio mutuo, las comidas, la oración, y el descanso.

En la congregación, los cristianos se reúnen por la palabra de Dios. Los predicadores de la Palabra son responsables de cuidar la iglesia de Dios con integridad y fidelidad (**1 Timoteo 3:2–4, 6; Tito 1:9**). Quienes escuchan la Palabra tienen la responsabilidad de honrar a sus pastores porque esos hombres llevan a cabo fielmente su trabajo en el nombre del Señor como siervos de su Palabra (**1 Tesalonicenses 5:12–13; Hebreos 13:17**). A los oyentes se les ordena apoyar financieramente a sus pastores (**1 Corintios 9:14; Gálatas 6:6–7; 1 Timoteo 5:17–18**).

En la comunidad cívica, vivimos como ciudadanos con responsabilidad hacia el gobierno. El Cuarto Mandamiento nos pone no solo bajo nuestros padres, sino también bajo otras autoridades, porque su autoridad viene de Dios (**Romanos 13:1–4**). Los ciudadanos les deben respeto a las autoridades regentes y también deben pagar los impuestos (**Mateo 22:21**; **Romanos 13:5–7**), deben orar por su bienestar (**1 Timoteo 2:1–3**), y obedecerles (**Tito 3:1**; **1 Pedro 2:13–14**).

En el hogar, la familia vive unida de acuerdo con el designio de Dios. Los esposos deben tratar a sus esposas con honor y amor (**1 Pedro 3:7**; **Colosenses 3:19**). Las esposas deben someterse a sus esposos y al Señor (**Efesios 5:22**; **1 Pedro 3:5–6**). Los padres deben ser bondadosos con sus hijos, instruyéndolos en la fe cristiana (**Efesios 6:4**). Los hijos deben obedecer el Cuarto Mandamiento (**Efesios 6:1–3**). Los jóvenes deben mostrar humildad ante los más ancianos (**1 Pedro 5:5–6**). Las viudas deben vivir con esperanza en el Señor (**1 Timoteo 5:5–6**).

El lenguaje de Lutero refleja una sociedad en la cual el trabajo se hacía en el contexto del hogar. Por lo tanto, Lutero incluye versículos bíblicos dirigidos a los amos y los siervos. Ahora Podemos aplicarles esos textos bíblicos a los empleadores y los empleados. Los trabajadores deben desempeñar sus labores como "esclavos de Cristo", quienes trabajan no para complacer a la gente, sino para servirle a Cristo (**Efesios 6:5–8**). Los empleadores deben ser justos y bondadosos en su trato con los empleados, con el reconocimiento de que todos estamos bajo un Señor común (**Efesios 6:9**).

Lutero luego resumió las obligaciones del cristiano hacia otros en este mundo en dos textos bíblicos. Se nos ordena amar a nuestro prójimo como a nosotros mismos (**Romanos 13:9**) y orar por todas las personas (**1 Timoteo 2:1**).

En resumen, la Tabla de deberes enseña que todos somos llamados a vivir en "estaciones", o lugares, particulares de la vida en la congregación, la comunidad cívica, y el hogar. Es en esos lugares ordinarios de la vida cotidiana donde le servimos a Dios y le obedecemos, viviendo de acuerdo con sus mandamientos para el bienestar de las personas que él ha puesto en nuestra vida. Dios no nos saca del mundo, sino que usa nuestra vida en el mundo para el bien y la bendición de nuestro prójimo. El evangelio nos llama a una vida de fe en Cristo Jesús, y nuestra fe está activa en amor cuando vivimos en nuestros diversos llamados en la creación.

¿Quién es Jesús?

Cómo los Credos y las Confesiones nos ayudan a responder esta pregunta.

"Y ustedes, ¿quién dicen que soy yo?" (**Mateo 16:15**). Jesús les hizo esa pregunta a sus discípulos en un momento fundamental de su ministerio y de la vida de sus discípulos. La gente de la época de Jesús tenía muchas opiniones. Algunos decían que Jesús era Juan el Bautista. Otros pensaban que era la resurrección de Jeremías o Elías. Pedro confesó en nombre de los otros discípulos: "¡Tú eres el Cristo, el Hijo del Dios viviente!" Jesús respondió: "sobre esta roca [la confesión de Pedro] edificaré mi iglesia" (ver **Mateo 16:13–18**).

Desde ese día, la tarea principal de la iglesia ha sido confesar quién es Jesús y por qué él es importante. Lo hace en respuesta a la palabra de Dios y para reunir a la iglesia alrededor de esa respuesta.

En la iglesia primitiva, muchos opinaban que el Hijo de Dios no era Dios plenamente, sino más bien una criatura poderosa. En respuesta, el Credo Niceno confiesa, con base en **1 Corintios 8:6–8,** que el Hijo de Dios —junto con el Padre y el Espíritu— es el Dios verdadero y el Creador de todas las cosas. Otros opinaban que Jesús era un ser espiritual separado del Padre. El Credo

Apostólico hace énfasis en la realidad histórica y física confesando que Jesús "sufrió" y "fue crucificado, muerto y sepultado". El Credo Atanasiano aborda la identidad de Jesús confesando su relación con el Padre y el Espíritu Santo a la vez que afirma su divinidad y humanidad.

En el siglo XVI, muchos sostenían que, aunque Jesús es Dios, él solo no puede salvarnos. Necesitamos ayudarle haciendo nuestra parte. Y así, los reformadores luteranos fueron obligados a construir sobre la confesión de Pedro y los credos de la iglesia primitiva confesando que Dios nos declara justos y nos adopta como sus hijos solo por gracia, por amor de Cristo, solo por la fe (ver **Romanos 3:21–28**). Esa confesión está en el centro de los catecismos de Lutero, la Confesión de Augsburgo y su Apología, los Artículos de Esmalcalda y el Tratado sobre el Poder y la Supremacía del Papa, y la Fórmula de Concordia. Junto con los tres credos aceptados por los cristianos en todo el mundo, estas confesiones específicamente luteranas están contenidas en el Libro de Concordia.

De este modo, la Iglesia Luterana acepta sin reserva las Escrituras como la palabra de Dios inspirada e inerrante y los credos y las confesiones del Libro de Concordia, como una afirmación y exposición verdadera y pura de la palabra de Dios. La palabra de Dios es la norma máxima para la enseñanza cristiana. Las Confesiones Luteranas son normativas para nuestra enseñanza porque están plenamente de acuerdo con la palabra de Dios. Son aceptadas, no en tanto coincidan con la Palabra, sino porque hemos llegado a saber que explican la Palabra de forma correcta.

La más conocida y más ampliamente usada de estas confesiones es el Catecismo Menor del Doctor Martín Lutero. Nacido el 10 de noviembre de 1483 en Eisleben, Alemania, Lutero asistió a la Universidad de Erfurt, considerada como la mejor escuela, especialmente en derecho y artes liberales. Sin embargo, poco después solicitó ser admitido en la orden agustiniana. En 1507, fue ordenado como sacerdote y más tarde obtuvo un doctorado en teología. Su ruptura con la Iglesia Católica Romana en 1521 ocurrió después de que le exigieron que se retractara de lo que él creía que eran enseñanzas bíblicas, contrarias a las de la Iglesia Romana.

El Catecismo Menor de Lutero y su Catecismo Mayor, ambos culminados en 1529, originalmente tenían la intención de ser manuales útiles para pastores y jefes de familia para enseñar la palabra de Dios a niños y adultos. El Catecismo Mayor no está compuesto de preguntas y respuestas, sino que presenta enseñanzas cristianas básicas en una forma que a menudo se usa en los sermones.

Otra declaración de fe bien conocida, la Confesión de Augsburgo, fue escrita por Felipe Melanchton y leída ante el Emperador Carlos V en Augsburgo, Alemania, en 1530. Aunque de tono amable, fue adoptada como testimonio contra los abusos frecuentes en la iglesia y contra los errores de ciertos reformadores con respecto a doctrinas tan cruciales como el pecado original y los sacramentos.

En 1531, Melanchton escribió la Apología (Defensa) de la Confesión de Augsburgo. Esta también se convirtió en una confesión oficial de fe entre los luteranos por su adopción en Esmalcalda, Alemania, en 1537. Con gran detalle, responde a las críticas a la Confesión de Augsburgo. Prácticamente la mitad de la Apología está dedicada a la doctrina bíblica de la justificación por gracia mediante la fe en Jesucristo.

Los Artículos de Esmalcalda fueron escritos por Lutero en 1536 y firmados por muchos clérigos presentes en Esmalcalda en 1537. Los Artículos son un resumen de los principales desacuerdos de Lutero con la Iglesia Romana. El Tratado sobre el Poder y la Supremacía del Papa de Melanchton también fue adoptado oficialmente en Esmalcalda.

La Fórmula de Concordia, finalizada en 1577, sirvió para resolver diferencias doctrinales entre los luteranos y fue aprobada por ocho mil teólogos, pastores y profesores en 1580. No era una nueva confesión sino una exposición y defensa de los escritos previamente adoptados. Citas de esos escritos están incluidas en la Explicación del Catecismo Menor para que podamos aprender de nuestros antepasados cómo confesar la fe en nuestros días.

Actualmente, las personas muchas veces piensan en Jesús simplemente como el fundador de una religión mundial junto a los fundadores de otras religiones mundiales. No obstante, la Iglesia hoy en día sigue confesando a Jesús como nuestro Creador (quien hizo que la vida humana funcione de cierta forma) y como nuestro Redentor (quien nos ha redimido y restaurado para sí mismo y para sus propósitos para con nosotros).

Leyendo la palabra de Dios

Leer la Biblia puede parecer desalentador. Sus palabras, sin embargo, son las palabras del mismísimo Dios y las palabras de vida. Dios quiere que escuchemos, comprendamos y creamos en su Palabra, y su Espíritu obra mediante ella para capacitarnos para hacerlo. El primer reto al leer la palabra de Dios es simplemente abrir el libro. El diablo se deleita en distraernos con otras actividades o prioridades que pueden parecer más urgentes, emocionantes o importantes. Así que: ¡resiste y frustra al diablo! Siéntate y abre tu Biblia, teniendo en mente las siguientes verdades.

1. La Biblia trata del perdón y la vida en Jesús.

Para usar e interpretar correctamente la Biblia, es importante saber de qué se trata la Biblia en realidad y por qué Dios nos la dio. El tema principal de las Escrituras es Jesucristo, y el perdón de los pecados y la vida eterna que vienen mediante él. "Éstas se han escrito para que ustedes crean que Jesús es el Cristo, el Hijo de Dios, y para que al creer, tengan vida en su nombre" (**Juan 20:31**).

Algunos ven la Biblia principalmente como una guía para la vida decorosa, que responde a la pregunta: ¿Qué debo hacer? Otros la ven como un libro de instrucciones para resolver diversos problemas o preguntas humanas. No obstante, la Biblia, en sí misma, nos invita a leerla para responder a las siguientes preguntas vitales: ¿Quién es Jesucristo? ¿Qué ha hecho y qué sigue haciendo para rescatarme a mí, y a todo el mundo, de la muerte y del pecado?

2. La Escritura interpreta a la Escritura.

El contexto es esencial para comprender el lenguaje. Cuando se oye por casualidad a uno de los participantes de una conversación telefónica, es difícil entender completamente las palabras que se están escuchando porque se pierde la otra mitad. De la misma forma, la interpretación fiel de la Escritura depende de escuchar totalmente la Biblia. Al leerla, debo preguntar: ¿Cuál es el contexto? ¿De qué manera otros pasajes de la Biblia aclaran mi comprensión de este pasaje?

La Escritura que rodea de forma inmediata un pasaje es un punto de partida clave para la interpretación. ¿Qué situación se aborda o describe? ¿Qué acontecimiento o discusión acabó de suceder? ¿Qué sigue después?

Otra porción de la Biblia escrita por el mismo autor también ayuda para la interpretación. Cada autor humano usaba su propio estilo de escritura y énfasis únicos. Para comprender mejor un pasaje de la epístola de San Pablo a los Romanos, es útil mirar en otros sitios de Romanos y luego otras cartas de Pablo.

Las Escrituras relacionadas de otros sitios de la Biblia también son útiles, ya que toda la Biblia está inspirada por el mismo Espíritu Santo. La verdad de Dios en un libro de la Biblia aclara y profundiza la verdad divina en otra. Cuando nos parece que un versículo o pasaje particular es poco claro, debemos buscar pasajes relacionados en otros sitios de la Biblia, que sean más claros. Como señala Lutero: "La Escritura es su propia luz" (Luthers Werke, vol. 11 [St. Louis: Concordia Publishing House, 1882], 2335).

3. Testamento interpreta a Testamento.

El Antiguo Testamento cuenta de la buena creación de Dios y la trágica caída de nuestros primeros padres en el pecado y la muerte. Revela el cuidado de Dios por su creación, su señorío sobre la historia, su ira y sus acciones devastadoras de castigo provocadas por el pecado humano. Por encima de todo, revela la misericordia, la paciencia, y la fidelidad de Dios hacia generaciones de su pueblo escogido, Israel, y su promesa de enviar, mediante este, un Salvador para todos los pueblos.

Todo el Antiguo Testamento precede al nacimiento de Cristo, algunas porciones más de mil años. Sin embargo, Jesús dice que "dan testimonio de mí" (**Juan 5:39**). Cuando observamos las imágenes de los planes salvíficos de Dios que da el Antiguo Testamento (por ejemplo, animales sacrificados por el pecado, el templo como Dios-con-nosotros; la derrota de David sobre Goliat, el enemigo del pueblo de Dios) no podemos evitar ver a Jesús.

Así como el Antiguo Testamento debe leerse a la luz del Nuevo, muchos pasajes del Nuevo Testamento se comprenden mejor contra el telón de fondo del Antiguo. Por ejemplo, ¿qué quiere decir el ángel cuando dice que Dios "le dará el trono de David, su padre" (**Lucas 1:32**) al Hijo de María? En el Antiguo Testamento, Dios le promete al rey David un descendiente (¡Jesús!) que misericordiosamente gobernará al pueblo de Dios para siempre y llevará rectitud y justicia al mundo.

4. Las palabras hacen cosas.

Las palabras hacen más que simplemente comunicar información. La gente usa las palabras con un propósito: para instruir, animar, advertir o consolar. Los pasajes de la Biblia también tienen diversas metas. Es importante preguntar: ¿Qué está tratando de *hacerles* a sus lectores el autor de este pasaje? ¿Está advirtiendo contra cierto pecado o peligro? ¿Animando a los perseguidos? ¿Humillando a los arrogantes? ¿Asegurándoles a los pecadores la misericordia de Dios? ¿Capacitando a los cristianos en la vida piadosa? ¿Inculcando la esperanza del cielo? La pregunta no es simple o subjetivamente "¿Qué significa este pasaje para mí?" La pregunta es: "¿Qué estaba tratando de decirles —y hacerles— a sus lectores este escritor bíblico?" Y, a la luz de eso, "¿Qué está Dios diciéndome —y haciéndome— aquí?"

En medio de esas diversas metas, no debe perderse la meta principal de la Biblia: proclamar a Jesús como Salvador y llevar a los pecadores a la luz mediante la fe en él. En vista de esto, los luteranos subrayamos los dos énfasis de la ley el evangelio en la interpretación de la Biblia. Con la mayoría de los textos se pueden hacer dos preguntas clave: Primera, ¿cómo señala este texto mi pecado y mi desesperada necesidad de ser rescatado de la muerte y el juicio divino? Eso es ley. Segunda: ¿cómo apunta este pasaje a Jesucristo como mi Salvador divino, quien ha efectuado semejante rescate y me promete la vida eterna? Eso es evangelio.

5. Dios el Espíritu Santo nos ayuda.

Ya que la Biblia es la palabra de Dios, nuestros esfuerzos para entenderla deben comenzar y continuar con la oración humilde. El Espíritu Santo nos llamó por el evangelio, y él iluminará nuestro estudio de la Palabra. En verdad, esa es una obra divina, pero, también, un trabajo progresivo de toda la vida. El **Salmo 1** compara a quienes meditan en la palabra de Dios día y noche con el árbol plantado junto a los arroyos, que, llegado el momento da su fruto. Los árboles no crecen en una semana, ni el froto se forma ni madura de un día para otro. Debemos "beber" regularmente de la palabra de Dios, día tras día, con oración, persistencia, y paciencia, confiando en que el Espíritu de Dios nos ayudará así a crecer en comprensión y fe y a dar su fruto mediante nosotros, en el tiempo de él.

El Espíritu de Dios nos ayuda no solo cuando leemos la Biblia individualmente sino también cuando lo hacemos junto con nuestros hermanos creyentes. Como los primeros cristianos, debemos reunirnos en nuestras congregaciones para dedicarnos a la enseñanza apostólica, a la Santa Cena y a la oración (**Hechos 2:42**). Aquí, el Espíritu Santo llama a hombres para que sean nuestros pastores, es decir, pastores o guardianes del rebaño, quienes anuncian el "plan de Dios" (**Hechos 20:26–32**) leyendo públicamente la Escritura y explicándola (**1 Timoteo 4:13**). De esa manera, el Espíritu de Dios está en acción, dándonos comprensión de la palabra de Dios —dándonos comprensión mediante la palabra de Dios— y fortaleciéndonos "hasta que todos lleguemos a estar unidos por la fe y el conocimiento del Hijo de Dios" (**Efesios 4:13**).

Algunas palabras del Doctor Lutero

A menudo se le pedía a Lutero que dedicara Biblias y otros libros. En una Biblia, esta fue su motivación:

> Por supuesto, debemos leer la Escritura. Porque fue puesta en letras y fue constantemente preservada en la iglesia mediante la dispensa especial de Dios (y también permanecerá en la iglesia hasta el fin del mundo) para que podamos leer, aprender, y constantemente difundir más la Palabra, a los hijos de los hijos... Ocúpate de leer la Escritura fielmente y de separar correctamente la Palabra de verdad, es decir, que *no busques nada en ella para ti excepto a Mí [Cristo]*, sin quien nadie llega al Padre, y de enseñarle eso de la Escritura a otros (*What Luther Says* § 250, énfasis añadido).

——————— ¿Qué es la adoración? ———————

"Con una fe tal es que Dios quiere que se le adore, o sea: que aceptemos de él todo cuanto nos promete y ofrece" (Apl IV 49).

La adoración más elevada hacia Dios es la fe que recibe todo lo que él promete en su Palabra. La fe proviene de oír la palabra de Cristo (**Romanos 10:17**), y la fe le habla de nuevo a Dios, usando las palabras que él nos ha dado. En un sermón predicado en la dedicación de una iglesia nueva, Lutero oró para que "allí no pudiera suceder nada más excepto lo que nuestro amado Señor mismo pueda decirnos mediante su santa Palabra y nosotros le respondamos mediante oración y alabanza" (LW 51:333). El servicio divino está estructurado alrededor de las palabras de Cristo Jesús, quien nos habla mediante su Palabra y el Sacramento del Altar, y nuestra respuesta de confesión, acción de gracias, alabanza y oración.

Todo el servicio divino está centrado en el nombre del Señor cuando los cristianos se reúnen en su nombre (Invocación) y son enviados nuevamente al mundo en su mismo nombre (Bendición). Todo el servicio —en la Palabra y la Cena— está centrado en Jesucristo. Al confesar nuestros pecados y recibir su perdón, glorificamos a nuestro Dios Trino usando palabras que él nos ha dado en las Escrituras: salmos e himnos bíblicos de alabanza. La liturgia (el orden del culto) busca ayudar a los cristianos a escuchar todo el consejo de Dios. El leccionario es un sistema de lecturas de la Escritura del Antiguo Testamento, las Epístolas y los Evangelios, organizadas de acuerdo con el Calendario Cristiano. Habiendo escuchado la palabra de Dios, confesamos la fe con uno de los credos de la iglesia. El pastor proclama la ley y el evangelio de Dios en el sermón. Respondemos a esa proclamación con oraciones por la iglesia, el mundo y nosotros mismos (**1 Timoteo 2:1–5**). Nuestras ofrendas apoyan la vida y la misión de la iglesia en respuesta de gratitud a todos los dones de Dios para nosotros.

Dios nos da sus promesas de perdón, vida, y salvación de varias maneras. Junto con su Palabra predicada, el Señor nos da su cuerpo y su sangre para que comamos y bebamos en su Cena. Nos acercamos a la mesa del Señor alabando al Salvador que viene a nosotros, reconociendo su presencia salvadora en las palabras del himno angélico de **Isaías 6**, y haciendo la oración que Jesús nos enseñó. El pastor pronuncia las palabras de nuestro Señor sobre el pan y el vino, que nos dan el verdadero cuerpo y la verdadera sangre del Cordero de Dios para que comamos y bebamos. Habiendo recibido el cuerpo y la sangre de Jesús con nuestra propia boca, le damos gracias a él, pidiendo que ese santo don fortalezca nuestra fe en él y nuestro amor mutuo. Habiendo sido servidos por Cristo, ahora regresamos al mundo con su nombre sobre nosotros para adorarlo en nuestra vida diaria presentando nuestro cuerpo como sacrificio vivo (**Romanos 12:1–2**).

—————— Oración simple ——————

Lecciones de Lutero* del libro *A Simple Form to Pray*

Martín Lutero establece un método sencillo para orar con las palabras de los Diez Mandamientos, el Padrenuestro, el Credo o cualquier texto de la Biblia. Para ayudarte a recordar, puedes pensar en ellos como "I. A. C. O."

> Instrucción
>
> Acción de gracias
>
> Confesión
>
> Oración

Este método ancla la oración en el catecismo u otros textos bíblicos, pero permite que el Espíritu Santo motive pensamientos mediante la Palabra, que pueden ser seguidos más libremente por la mente en la oración. Orar de la forma descrita por Lutero exige un momento de soledad e intencionalidad. También exige un período de preparación, quizá seguir un breve orden de la oración.

Prepárate para meditar. Busca un lugar silencioso. Un reclinatorio cómodo ayuda a enfocar bien la atención, pero puedes ubicarte en una mesa, un escritorio o en tu sillón favorito. Respira profundo unas cuantas veces para despejarte y continúa respirando profundamente. Recita el Padrenuestro. Despeja tu mente. Pide una mente clara y un corazón receptivo. Ahora lee el texto lentamente. ¿Qué palabras están empezando a llamarte la atención? ¿Qué palabras te inquietan? ¿te animan? ¿te perturban? ¿te consuelan? *¿Qué te enseña ese texto? ¿Por qué debes estar agradecido en el texto? ¿Qué puedes confesar? Llegó el momento de orar.*

Este es un ejemplo de cómo se puede usar el método I.A.C.O. de Lutero para orar, basado en **Hebreos 13:17**, que dice: "Obedezcan a sus pastores, y respétenlos. Ellos cuidan de ustedes porque saben que tienen que rendir cuentas a Dios. Así ellos cuidarán de ustedes con alegría, y sin quejarse; de lo contrario, no será provechoso para ustedes."

---

* Adaptado del libro *A Simple Form to Pray* de Martín Lutero, traducido al inglés por Matthew C. Harrison, copyright © 2012 Concordia Publishing House, pp 3–5.

Instrucción: Señor Jesucristo: Aquí me enseñas que debo escuchar cuidadosamente y prestarle atención a la palabra de mi pastor cuando él dice tu Palabra. El oficio pastoral es profundo: no solo le das a mi pastor la responsabilidad de vigilar mi alma, sino también le pides cuentas por su servicio hacia mí. Finalmente, en este texto me dices que debo causarle alegría a mi pastor y no dolor, y eso por mi propio bien espiritual.

Acción de gracias: Jesús, te agradezco por mi pastor. De hecho, te agradezco por el pastor que me bautizó y todos los pastores que me han servido en mi vida como cristiano. Gracias por todos los sermones que me han mostrado claramente mi pecado y me han dado el perdón gratuito del evangelio debido a tu sacrificio por mí en la cruz.

Confesión: Señor, confieso que muy a menudo no oro por mi pastor. No soy misericordioso con su familia. No le presto atención a su predicación. He divulgado chismes y no lo he amado ni lo he defendido ni "he interpretado todo de la mejor manera". Merezco que me quiten a mi pastor. Perdóname mis muchos pecados, y ayúdame a mejorar. Ayúdame especialmente a darle alegría a mi pastor y a animarlo en su difícil cargo.

Oración: Salvador, bendice a mi pastor con fidelidad hacia tu Palabra. Haz que él crezca en el conocimiento de tu Palabra. Dale ánimo y fortaleza para sus tareas. Te agradezco por (*nombre*) y por todos los pastores fieles. Haz que la obra de nuestros seminarios tenga éxito. Bendice a nuestros profesores y estudiantes. Y dale alegría a mi pastor. Pido todo esto solo por tu amor. Amén.

Ese es el método "I.A.C.O." de Lutero: Instrucción, Acción de Gracias, Confesión, Oración. Puedes usarlo para orar con tu familia en casa, con un grupo de cristianos en la iglesia o en cualquier otro lugar, o tú solo. A medida que lo practicas diariamente, se convertirá en parte de tu naturaleza y te dará gran bendición en tu meditación y oración.

Bosquejo de la salvación

Los siguientes siete puntos resumen información básica sobre la condición humana y la gracia salvadora de Dios. Puedes memorizar estos puntos para poder compartirlos con alguien que todavía no cree que Jesús es su Salvador.

1. *¡Dios te ama!* "Porque de tal manera amó Dios al mundo, que ha dado a su Hijo unigénito, para que todo aquel que en él cree no se pierda, sino que tenga vida eterna" (**Juan 3:16**).

2. *Eres pecador.* "Por cuanto todos pecaron y están destituidos de la gloria de Dios" (**Romanos 3:23**).

3. *Dios castiga el pecado.* "Porque la paga del pecado es muerte, pero la dádiva de Dios es vida eterna en Cristo Jesús, nuestro Señor" (**Romanos 6:23**).

4. *Jesús asumió nuestro castigo.* "Pero Dios muestra su amor por nosotros en que, cuando aún éramos pecadores, Cristo murió por nosotros" (**Romanos 5:8**).

5. *Jesús resucitó de la muerte.* "En primer lugar, les he enseñado lo mismo que yo recibí: Que, conforme a las Escrituras, Cristo murió por nuestros pecados; que también, conforme a las Escrituras, fue sepultado y resucitó al tercer día" (**1 Corintios 15:3–4**).

6. *Jesús les da perdón de los pecados y vida eterna a quienes creen en él.* "Luego los sacó y les preguntó: 'Señores, ¿qué debo hacer para salvarme?' Ellos le dijeron: 'Cree en el Señor Jesucristo, y se salvarán tú y tu familia'" (**Hechos 16:30–31**).

7. *La salvación es gratuita: un don de Dios.* "Ciertamente la gracia de Dios los ha salvado por medio de la fe. Ésta no nació de ustedes, sino que es un don de Dios; ni es resultado de las obras, para que nadie se vanaglorie" (**Efesios 2:8–9**).

Prefacio de Lutero[**]

[Lutero presentó el Catecismo Menor con este prefacio, que se centra en temas concretos de su época].

Martín Lutero, a todos los pastores y predicadores fieles y piadosos. ¡Que la gracia, la misericordia y la paz les sean dadas en Jesucristo, nuestro Señor!

Me ha obligado e impulsado a presentar este catecismo o doctrina cristiana en esta forma breve, sencilla y simple, el hecho de que haya experimentado la lamentable y miserable necesidad recientemente en mi cargo de visitador. ¡Dios mío! ¡Cuántas miserias no he visto! El hombre común no sabe absolutamente nada de la doctrina cristiana, especialmente en las aldeas, y desgraciadamente muchos pastores carecen de habilidad y son incapaces de enseñar. No obstante, todos quieren llamarse cristianos, están bautizados y gozan de los santos sacramentos, pero no saben el Padrenuestro, ni el Credo o los Diez Mandamientos, viven como las bestias y los puercos irracionales. Ahora que el evangelio ha llegado, lo único que han aprendido bien es abusar magistralmente de todas las libertades. ¡O, vosotros obispos, cómo asumiréis la responsabilidad ante Cristo de haber abandonado tan vergonzosamente al pueblo y de no haber cumplido siquiera un momento las funciones de vuestro cargo! [**Santiago 3:1**]

¡Que la desgracia no os alcance! Prohibís una de las especies e imponéis vuestras leyes humanas, pero no preguntáis si se sabe el Padrenuestro, el Credo, los Diez Mandamientos o alguna palabra de Dios. ¡Ay de vosotros eternamente! [Ver **Mateo 23**]

Por ello os suplico, por el amor de Dios, mis queridos señores y hermanos, párrocos o predicadores, que toméis de corazón vuestras funciones [**1 Timoteo 4:13**], que os apiadéis de vuestro pueblo que os ha sido encomendado [**Hechos 20:28**] y que nos ayudéis a llevar el catecismo a la gente, especialmente a los jóvenes. Quienes no puedan hacerlo mejor, recurran a estas tablas y fórmulas y las enseñen al pueblo palabra por palabra, de la manera siguiente [**Deuteronomio 6:7**]:

** Libro de Concordia, © 1989 Editorial Concordia, pp 352-356.

En primer término, que el predicador cuide y evite ante todo [usar] redacciones de textos diversos o distintos de los Diez Mandamientos, el Padrenuestro, el Credo, los Sacramentos, etcétera, sino que adopte una forma única, a la cual se atenga y la practique siempre, tanto un año como el siguiente. Pues a la gente joven y sencilla se le debe enseñar con textos y fórmulas uniformes y establecidos porque de lo contrario pueden confundirse fácilmente. En efecto, si hoy se enseña de esta manera y el próximo año de otra, como si se quisiera mejorar los textos, se pierde con ello todo esfuerzo y trabajo. Esto fue visto también por los queridos Padres que emplearon todos de una misma manera el Padrenuestro, el Credo y los Diez Mandamientos. Por eso, también debemos enseñar a la gente joven y sencilla tales partes, de manera que no desplacemos una sola sílaba o enseñemos o presentemos de modo distinto de un año a otro. Por ello elige la forma que quieras y consérvala siempre. Pero, cuando prediques ante los doctos e instruidos, entonces puedes mostrar tu ciencia y presentar entonces tales partes en forma polifacética y tratarlos tan magistralmente como puedas. Pero, con la gente joven atente a una fórmula y manera determinadas y siempre iguales y enséñales primeramente estos puntos, a saber, los Diez Mandamientos, el Credo, el Padrenuestro, etcétera, palabra por palabra según el texto, hasta que lo puedan repetir y aprender de memoria.

En cuanto a los que no quieren aprender estas partes, hay que decirles que reniegan de Cristo y que no son cristianos; no deben ser aceptados para recibir el sacramento o ser padrinos en el bautismo de un niño, ni usar ninguno de los derechos de la libertad cristiana, sino que deben ser entregados simplemente al papa y sus oficiales y también al diablo mismo [**1 Corintios 5:5**]. Además, los padres y los amos deben negarles la comida y la bebida e indicarles que el príncipe expulsará a semejante gente mala, etcétera.

Pues, aunque no se puede ni se debe obligar a nadie a creer, no obstante, se tiene que mantener y dirigir a la gente común para que sepa qué es justo e injusto entre aquellos con los que habitan, se alimentan y viven. Quien quisiera habitar en una ciudad debe conocer y observar sus leyes, de las cuales quiere gozar, independientemente de que crea o que sea en su corazón un malvado o un perverso.

En segundo lugar, cuando ya conocen el texto, hay que enseñarles también el sentido, de modo que sepan lo que significa; y recurre entonces a la explicación colocada en las tablas o cualquier otra explicación breve que tú escojas; permanece en ello y no cambies ni siquiera una sílaba, tal como te acaba de decir el texto. Tómate el tiempo necesario para ello, pues no es preciso que expliques todos los puntos a la vez, sino que uno después del otro. Cuando hayan entendido bien el primer mandamiento, toma después el segundo y así de seguido; de lo contrario, serán abrumados, de modo que no podrán retener bien ninguno.

En tercer lugar, cuando les hubieras enseñado este breve catecismo, entonces recurre al Catecismo Mayor, exponiéndolo de una manera más rica y extensa. De la misma manera expón cada mandamiento, cada petición, cada parte con sus diversas otras utilidades, ventajas, peligros y daños, tal como lo encontrarás en tantos pequeños tratados sobre el tema. En especial debes tratar más intensamente el mandamiento y las partes de las cuales tiene más necesidad tu pueblo. Por ejemplo, el séptimo mandamiento sobre el hurto debes tratarlo con insistencia entre los artesanos, los comerciantes y también entre los campesinos y sirvientes en general, porque entre tales gentes hay toda clase de infidelidades y hurtos en gran cantidad. Del mismo modo, el cuarto mandamiento (lo debes tratar) entre los niños y el hombre común, de tal forma que sean tranquilos, fieles, obedientes, pacientes, citando siempre muchos ejemplos de la Escritura (donde se vea) que Dios castiga o bendice a tales personas [**Deuteronomio 28**].

Ante todo insiste también en lo mismo con las autoridades y padres, de manera que gobiernen bien, envíen a los niños a la escuela, indicando que están obligados a hacerlo, cometiendo de lo contrario un pecado maldito, puesto que derriban y asolan con ello (es decir, al no hacerlo) tanto el reino de Dios como el del mundo, como los peores enemigos tanto de Dios como de los hombres. Expón bien qué espantosos daños ocasionan cuando no cooperan a educar a los hijos para llegar a ser pastores, predicadores, escribientes, etc., de modo que Dios los castigará por ello horriblemente. Porque aquí es necesario predicar, ya que los padres y las autoridades pecan ahora en este punto de un modo indecible; el diablo persigue aquí un fin cruel.

Finalmente, ya que la tiranía del papa está abolida (la gente) no quiere ir más al sacramento y lo desprecian. Aquí es necesario insistir, pero de tal manera que (se entienda que) nosotros no debemos obligar a nadie a la fe o al sacramento, ni determinar tampoco leyes, tiempos o lugares. Pero debemos predicar, de un modo tal que ellos mismos se vean impulsados sin nuestra ley y que sean ellos mismos precisamente los que nos obliguen a nosotros, pastores, a administrar el sacramento. Lo cual se logra al decirles: quien no busca o anhela el sacramento unas cuatro veces como mínimo al año, debe temerse que desprecie el sacramento y no sea cristiano, de la misma forma que no es cristiano el que no cree o escucha el evangelio, pues Cristo no dijo "dejad esto" o "despreciado esto", sino "haced esto todas las veces que bebiereis" [1 Corintios 11:25], etcétera.

Él quiere verdaderamente que se haga y que no se abandone y se desprecie del todo. "HACED esto", dice él.

Quien no estima altamente el sacramento, esto es un signo de que [para él] no existe pecado, carne, demonio, mundo, muerte, peligro, infierno, esto es, no cree en ninguna de estas cosas, aunque esté hundido en ellas hasta las orejas y sea doblemente del diablo. Inversamente no tiene necesidad de la gracia, de la vida, del paraíso, del reino del cielo, de Cristo, de Dios, ni de bien alguno. En efecto, si creyese que tendría tanto mal en él y que necesitase tantos bienes, entonces no dejaría así el sacramento, en el que se remedia tanto mal y se dan tantos bienes. No habría necesidad tampoco de obligarlo a acudir al sacramento con ninguna ley, sino que él mismo se apresuraría y correría obligándose a sí mismo y compeliéndote a que debas administrarle el sacramento.

Por eso no debes establecer aquí las leyes como el papa; explica solamente la utilidad y el perjuicio, la necesidad y las ventajas, los peligros y lo saludable que hay en este sacramento, y así vendrán por sí mismos sin que los obliguen. Pero, si no vienen, abandónalos a su suerte y diles que pertenecen al diablo, puesto que no sienten ni estiman su gran necesidad y la asistencia bondadosa de Dios. Si no actúas así o estableces una ley y un veneno, es tu culpa que desprecien el sacramento. ¿Cómo no han de ser negligentes, cuando tú duermes o callas? ¡Reparad bien en esto, pastores y predicadores!

Nuestra función ha llegado a ser una cosa distinta de lo que fue bajo el papado; es ahora algo serio y saludable. Por eso implica muchas fatigas y trabajo, peligros y tentaciones y, además, poca retribución y agradecimiento en el mundo. Sin embargo, Cristo mismo quiere ser nuestra retribución, siempre que trabajemos fielmente [ver **Génesis 15:1**]. ¡Que el Padre de todas las gracias nos socorra! ¡Que sea alabado y glorificado por los siglos de los siglos, por Cristo, nuestro Señor! Amén.

——————— **Explicación del sello de Lutero** ———————

**Martín Lutero diseñó este sello
para resumir su fe cristiana.**

La cruz negra en el centro nos recuerda que Jesús murió para
llevar el castigo por nuestros pecados. El corazón rojo nos recuerda el amor que Dios tiene por nosotros al enviar a Jesús para que
sea nuestro Salvador. El rojo del corazón es el color de la sangre
de Cristo, derramada por nosotros y por nuestra salvación. La
rosa blanca nos ayuda a recordar la obra del Espíritu Santo, que
nos hace puros y santos a los ojos de Dios, trayéndonos a la fe en
Jesús y ayudándonos a vivir para él. El fondo celeste representa
la alegría de la nueva vida que Dios da a todos los que creen y
confían en él. Finalmente, el anillo dorado que delinea el sello
nos recuerda nuestra herencia eterna: un hogar en el cielo donde
disfrutaremos de alegría y felicidad completas en la presencia de
nuestro Salvador.

Libros de la Biblia

La Biblia está dividida en dos partes, el Antiguo Testamento y el Nuevo Testamento. Hay sesenta y seis libros en la Biblia: treinta y nueve en el Antiguo Testamento y veintisiete en el Nuevo Testamento.

Libros del Antiguo Testamento

Libros históricos

El Pentateuco
(Los cinco libros de Moisés)
Génesis
Éxodo
Levítico
Números
Deuteronomio

Otros libros históricos
Josué
Jueces
Rut
1 Samuel
2 Samuel
1 Reyes
2 Reyes
1 Crónicas
2 Crónicas
Esdras
Nehemías
Ester

Libros poéticos
Job
Salmos
Proverbios
Eclesiastés
Cantar de los Cantares

Libros proféticos
Profetas mayores
Isaías
Jeremías
Lamentaciones
Ezequiel
Daniel

Profetas menores
Oseas
Joel
Amós
Abdías
Jonás
Miqueas
Nahúm
Habacuc
Sofonías
Hageo
Zacarías
Malaquías

Libros del Nuevo Testamento

Libros históricos

Mateo
Marcos
Lucas
Juan
Hechos

Epístolas

Romanos
1 Corintios
2 Corintios
Gálatas
Efesios
Filipenses
Colosenses
1 Tesalonicenses
2 Tesalonicenses
1 Timoteo
2 Timoteo
Tito
Filemón
Hebreos
Santiago
1 Pedro
2 Pedro
1 Juan
2 Juan
3 Juan
Judas

Libro profético

Apocalipsis

El tiempo entre los testamentos
(432–5 aC)

Durante los años que transcurrieron entre el final de los acontecimientos del Antiguo Testamento y el comienzo del Nuevo Testamento, Dios preparó al mundo y, concretamente, a su pueblo para la venida del Salvador. Y entonces, "cuando se cumplió el tiempo señalado, Dios envió a su Hijo, que nació de una mujer y sujeto a la ley, para que redimiera a los que estaban sujetos a la ley, a fin de que recibiéramos la adopción de hijos." (**Gálatas 4:4–5**).

¿Qué fuerzas políticas sirvieron de puente entre los testamentos a medida que Dios preparaba el escenario mundial para la venida de Jesús?

- La diáspora (dispersión): El pueblo judío se dispersó por todo el mundo como resultado del cautiverio en Babilonia. Los judíos reunidos en Jerusalén para escuchar el sermón de Pentecostés de Pedro habían llegado de todo el mundo. Los primeros cristianos comenzaron sus esfuerzos misioneros en medio de estos judíos trasplantados que estaban familiarizados con la traducción griega del Antiguo Testamento.

- Período persa (430–332 aC): A partir del decreto del rey Ciro en 538 aC, muchos miembros del pueblo de Dios comenzaron a regresar a la Tierra Prometida. Pero su patria siguió siendo una entidad secundaria controlada por varios poderes políticos significativos, lo cual comenzó con los persas. La vida bajo el control de los persas fue, en su mayor parte, tolerante (Ester había sido reina de Persia).

- Período griego (332–167 aC): La conquista de Palestina por parte del joven Alejandro Magno en 332 aC inició un período de influencia cultural griega. El griego se escuchaba en todo el mundo. Durante ese período, el Antiguo Testamento fue traducido al griego (llamado la Septuaginta). Después de la muerte de Alejandro, el imperio fue dividido entre sus generales. Palestina fue pasada de un lado para otro entre el gobierno de los seléucidas y los tolomeos. Los judíos fueron bien tratados por los tolomeos, pero las cosas fueron diferentes bajo el control del seléucida Antíoco IV Epífanes, quien gobernó de 175 a 164 aC. Él odiaba a los judíos y buscó exterminarlos a ellos y a su religión. Atacó Jerusalén, profanó el templo, puso una cerda sobre el altar judío, erigió una estatua de Júpiter, prohibió la adoración y la circuncisión, vendió a familias judías como esclavas y destruyó todas las copias de la Escritura que pudo encontrar.

- Período asmoneo (167–63 aC): En oposición a las atrocidades de Antíoco, el jefe de una familia sacerdotal, Matatías, y sus cinco hijos lideraron una exitosa revolución y fundaron una dinastía que, infortunadamente, muy pronto terminó pareciéndose a la de los seléucidas.

- Período romano (63 aC a la época de Cristo): En 63 aC, los romanos conquistaron Jerusalén. Mataron al sacerdote que servía en el templo y profanaron el lugar santísimo. Antípater (un descendiente de Esaú) fue nombrado gobernador de Judea. Su hijo, Herodes el Grande, reconstruyó el templo en un intento por ganarse el favor de los judíos. Pero Herodes era cruel e inseguro. Él era el gobernador cuando Jesús nació, y ordenó la matanza de los niños de Belén.

¿Qué Santas Escrituras y otros escritos leía el pueblo de Dios durante este período?

- La Septuaginta: De acuerdo con la tradición, esta traducción de los libros del Antiguo Testamento del hebreo al griego se hizo en Alejandría, Egipto, por solicitud de Tolomeo Filadelfo (285–247 aC). La palabra *Septuaginta* viene de la palabra latina que significa "setenta". De acuerdo con la tradición judía, setenta y dos eruditos hicieron el trabajo en setenta y dos días, traduciendo la totalidad del canon del Antiguo Testamento. La Septuaginta se usaba comúnmente durante la época de Cristo y en la iglesia cristiana primitiva porque estaba escrita en griego, un idioma que entendían tanto judíos como gentiles. Jesús y los apóstoles citan frecuentemente la Septuaginta en el Nuevo Testamento.

- Los apócrifos: Libros ubicados entre el Antiguo y el Nuevo Testamento de algunas Biblias. Escritos entre los siglos I y III aC, estos libros no se encuentran en el Antiguo Testamento hebreo y nunca fueron citados por Jesús. El nombre "apócrifos" se deriva de una palabra griega que significa "oculto". Entre los apócrifos están Judit, la Sabiduría de Salomón, Tobías, Eclesiástico, Baruc, la Carta de Jeremías, 1 Macabeos, 2 Macabeos, Ester versión griega, Susana, Bel y el Dragón, la Oración de Azarías, el Cántico de los Tres Jóvenes, la Oración de Manasés. A veces se incluyen 1 Esdras, 2 Esdras, 3 Macabeos, 4 Macabeos y el Salmo 151.

¿Qué idioma hablaba la gente en la Tierra Santa cuando nació Jesús?

- Arameo: Después del regreso del pueblo de Dios del cautiverio babilónico, el arameo remplazó gradualmente al hebreo como idioma comúnmente hablado en Palestina. El arameo era el antiguo idioma de Siria y es similar al hebreo. Jesús hablaba y enseñaba en arameo, pero, sin duda, también estaba familiarizado con el hebreo, el griego, y quizás el latín.

¿Cuáles eran los grupos religiosos que figuraban visiblemente en el Nuevo Testamento?

- El Sanedrín (Concejo): Se cree que este grupo de setenta miembros que lideraba al pueblo judío en la época de Cristo surgió en el siglo III aC. Entre los setenta miembros había sacerdotes, saduceos, fariseos, escribas y ancianos. El sumo sacerdote dirigía el grupo.
- Fariseos: Secta que surgió como reacción a quienes, en el pueblo de Dios, deseaban adoptar la cultura griega con sus religiones paganas. Interpretaban la ley de Dios de tal manera que la gente pudiera vivir justamente ante Dios de acuerdo con ella. Eran muy influyentes entre la gente, y fue el único grupo religioso judío que sobrevivió a la destrucción del templo en 70 dC. El judaísmo moderno puede ser rastreado hasta ellos.

- Saduceos: Como secta aristócrata fuertemente influenciada por el pensamiento secular y las costumbres griegas, los saduceos eran liberales y librepensadores. Aunque controlaban el Concejo, eran apropiadamente caracterizados como irreligiosos por naturaleza. A diferencia de los fariseos, los saduceos no creían en la resurrección (**Marcos 12:18**).

- Escribas: Copiaban, estudiaban e interpretaban la Escritura. Debido a su vasto conocimiento, eran considerados expertos en la ley y a veces servían como abogados. Su rol fue especialmente importante antes de los días de la imprenta.

¿Dónde adoraba el pueblo en el mundo del Nuevo Testamento?

- El templo: Esta estructura física fue construida como lugar de morada de Dios entre su pueblo. Ubicado en Jerusalén, el templo siguió siendo el centro de la adoración judía. El pueblo llegaba allí para ofrecer sacrificios de sangre por los pecados del pueblo y para orar. Jesús, la morada suprema de Dios entre su pueblo, se refirió a sí mismo como templo (**Juan 2:19–21**). Él vino a llevarse los pecados de todo el mundo una vez y para siempre (**Hebreos 9:24–26**).

- Sinagogas: Casas para la enseñanza religiosa y la adoración, las sinagogas nacieron durante la época del exilio, cuando el pueblo fue apartado del templo. Los primeros cristianos basaron su vida eclesial y sus elementos del culto en los de la sinagoga.

- Hogares: La Pascua era un acontecimiento familiar desde la época que se observó por primera vez (**Éxodo 12**). En la tradición judía, el jefe del hogar era responsable de la educación en la fe y la vida devocional de la familia. De forma similar, esta responsabilidad existe entre las familias cristianas (**Efesios 6:4**). Lutero mencionó eso con frecuencia en el catecismo, al resumir la doctrina cristiana de la manera "cómo el jefe de familia debe enseñarlo en forma muy sencilla a los de su casa". Los primeros cristianos, especialmente durante épocas de persecución, se reunían en grupos pequeños en los hogares del pueblo para adorar, apoyarse y animarse mutuamente, y para disfrutar un rato de compañerismo.

¿Qué características hicieron que el mundo en el que Cristo nació estuviera listo para recibir al Salvador del mundo?

- El idioma griego le dio al mundo una voz común. El Antiguo Testamento y, finalmente, el Nuevo Testamento estaban disponibles en el idioma universal de la época.
- El transporte y la comunicación romanos facilitaron la difusión eficiente del evangelio.
- La dispersión del pueblo de Dios en todo el mundo proporcionó contactos misioneros estratégicos para que el mensaje de salvación pudiera ser transmitido primero a los judíos y luego a los gentiles.
- Las promesas del Antiguo Testamento estaban listas para ser cumplidas de tal manera que, justo en el momento y lugar correctos, Jesús, la piedra que los constructores rechazaron, dio su vida para salvar a todo el mundo y, al hacerlo, construyó una nueva religión a partir de la antigua, edificada "sobre el fundamento de los apóstoles y profetas, cuya principal piedra angular es Jesucristo mismo" (**Efesios 2:20**).

El calendario cristiano

El pueblo de Dios usa el calendario cristiano para ayudarse en su vida de adoración. El calendario cristiano tiene dos mitades. La mitad festiva, que se extiende desde Adviento hasta el Día de Pentecostés, se centra en la vida de Cristo, recordándonos lo que Dios ha hecho y continúa haciendo por nosotros a través de su Hijo. La mitad no festiva, que se extiende desde el domingo de la Trinidad hasta el último domingo del calendario cristiano, se centra en la vida de la iglesia, que se fortalece a diario mediante la palabra de Dios.

En total, hay seis estaciones del calendario cristiano: Adviento, Navidad, Epifanía, Cuaresma, Pascua y la estación después de Pentecostés. Los siguientes colores están asociados con estas estaciones:

Negro: (*Miércoles de Ceniza, Viernes Santo, y Sábado de Gloria*) nos recuerda nuestro pesar por el sufrimiento de nuestro Salvador.

Azul: (*Adviento*) nos recuerda la bendita esperanza eterna que es nuestra en Cristo.

Verde: (*estación de Epifanía y los domingos después de Pentecostés / Trinidad*) representa la vida cristiana y el crecimiento en la fe.

Rojo: (*Pentecostés*) el color del fuego, que representa la venida del Espíritu Santo; también se usa en ciertos días de los santos para representar la sangre de los mártires.

Escarlata: (*Domingo de Ramos, Semana Santa*) representa la sangre de Cristo derramada por nuestro perdón.

Blanco: (*Navidad, Epifanía, Pascua, y Trinidad*) es el color de la pureza, la santidad, la gloria, y la alegría.

Violeta: (*Cuaresma, Adviento*) nos recuerda nuestra necesidad de arrepentimiento y preparación para la celebración de la Pascua o la Navidad.

Contenidos dentro del calendario cristiano están los días festivos de Navidad, Epifanía, Pascua, Ascensión, y Pentecostés. Estos días celebran eventos importantes en la vida de Cristo y lo que significan para nosotros hoy. Otras festividades están incluidas en la tabla de Fiestas y Festividades.

El calendario cristiano y sus festividades

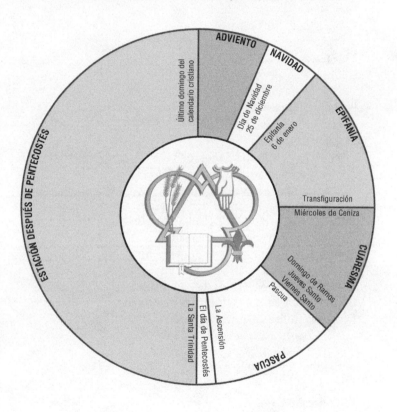

Domingos y estaciones

El tiempo de Navidad

Estación de Adviento

Primer domingo de Adviento A/Vi

Segundo domingo de Adviento A/Vi

Tercer domingo de Adviento A/Vi

Cuarto domingo de Adviento A/Vi

Estación de Navidad

La Natividad de Nuestro Señor B

　　Nochebuena

　　Medianoche de Navidad

　　Amanecer de Navidad

　　Día de Navidad

Primer domingo después de Navidad B

Segundo domingo después de Navidad B

Estación de Epifanía

La Epifanía de Nuestro Señor B

Primer domingo después de Epifanía B

　　El Bautismo de Nuestro Señor

Segundo domingo después de Epifanía V

Tercer domingo después de Epifanía V

Cuarto domingo después de Epifanía V

Quinto domingo después de Epifanía V

Sexto domingo después de Epifanía V

Séptimo domingo después de Epifanía V ⎤ *Leccionario*

Octavo domingo después de Epifanía V ⎦ *de tres años*

Último domingo después de Epifanía B

　　La Transfiguración de Nuestro Señor

El tiempo de Pascua

Estación precuaresmal

Septuagesima V ⎤

Sexagesima V ⎥ *Leccionario de un año*

Quinquagesima V ⎦

Las letras indican los colores que se sugieren: A = *azul,* B = *blanco,* D = *dorado,*
E = *escarlata,* N = *negro,* R = *rojo,* V = *verde,* Vi = *violeta.*

Estación de Cuaresma
Miércoles de Ceniza N/Vi
Primer domingo de Cuaresma Vi
Segundo domingo de Cuaresma Vi
Tercer domingo de Cuaresma Vi
Cuarto domingo de Cuaresma Vi
Quinto domingo de Cuaresma Vi

Semana Santa
Domingo de Ramos E/Vi
   Domingo de Pasión
Lunes de Semana Santa E/Vi
Martes de Semana Santa E/Vi
Miércoles de Semana Santa E/Vi
Jueves Santo B/E/Vi
Viernes Santo N
Sábado de Gloria N

Estación de Pascua
La Resurrección de Nuestro Señor B/D
   Vigilia pascual   *Noche pascual/Lunes*
   Amanecer pascual   *Martes de Pascua*
   Día de Pascua   *Miércoles de Pascua*
Segundo domingo de Pascua B
Tercer domingo de Pascua B
Cuarto domingo de Pascua B
Quinto domingo de Pascua B
Sexto domingo de Pascua B
La Ascensión de Nuestro Señor B
Séptimo domingo de Pascua B
Pentecostés R
   Víspera de Pentecostés Noche de Pentecostés/Lunes
   Día de Pentecostés   *Martes de Pentecostés*

El tiempo de la iglesia
La estación después de Pentecostés
La Santa Trinidad B
Del segundo al vigésimo séptimo domingo
   después de Pentecostés (*Leccionario trienal*) V
Del primero al vigésimo sexto domingo después de
   Trinidad (*Leccionario anual*) V
Último domingo del calendario cristiano V

Fiestas y Festividades

Noviembre

30 San Andrés, Apóstol* ʀ

*El día de San Andrés determina el primer domingo de Adviento y por lo tanto comienza la enumeración de las festividades menores.

Diciembre

21 Santo Tomás, Apóstol ʀ

26 San Esteban, Mártir ʀ

27 San Juan, Apóstol y Evangelista ʙ

28 Los Santos Inocentes, Mártires ʀ

31 **Víspera de la Circuncisión y el Nombre de Jesús** ʙ

Enero

1 **La Circuncisión y el Nombre de Jesús** ʙ

18 La Confesión de San Pedro ʙ

24 San Timoteo, Pastor y Confesor ʙ

25 La Conversión de San Pablo ʙ

26 San Tito, Pastor y Confesor ʙ

Febrero

2 **La Purificación de María y la Presentación de Nuestro Señor** ʙ

24 San Mateo, Apóstol ʀ

Marzo

19 San José, Guardián de Jesús ʙ

25 **La Anunciación de Nuestro Señor** ʙ

Abril

25 San Marcos, Evangelista ʀ

Mayo

1 San Felipe y Santiago, Apóstoles ʀ

31 **La Visitación** (*Leccionario de tres años*) ʙ

Junio

11 San Bernabé, Apóstol ʀ

24 **La Natividad de San Juan el Bautista** ʙ

29 San Pedro y San Pablo, Apóstoles ʀ

Las observancias listadas en **negrita** *son las fiestas principales de Cristo y se observan normalmente cuando caen en domingo. Las otras fiestas se pueden observar de acuerdo a las preferencias y costumbres locales.*

Julio

2 **La Visitación** (*Leccionario de un año*) B

22 Santa María Magdalena B

25 Santiago el Mayor, Apóstol R

Agosto

15 Santa María, Madre de Nuestro Señor B

24 San Bartolomé, Apóstol R

29 El Martirio de San Juan el Bautista R

Septiembre

14 Día de la Santa Cruz R

21 San Mateo, Apóstol y Evangelista R

29 **San Miguel y Todos los Ángeles** B

Octubre

18 San Lucas, Evangelista R

23 Santiago de Jerusalén, Hermano de Jesús y Mártir R

28 San Simón y San Judas, Apóstoles R

31 Día de la Reforma R

Noviembre

1 **El Día de Todos los Santos** B

Términos relativos
a la adoración y a la casa de Dios

acólito La persona que enciende y apaga las velas durante los servicios de la iglesia.

Agnus Dei "Cordero de Dios" en latín. Ver **Juan 1:29**.

aleluia Palabra hebrea que significa "alaba al Señor".

altar Una estructura de piedra o madera en el centro del presbiterio desde el cual se celebra la Cena del Señor. El altar nos recuerda del sacrificio de Cristo por nosotros.

antífona Un versículo de la Escritura que se repite al comienzo y al final de un salmo o el Introito.

atril Lugar desde donde se lee la Escritura.

Bendición Una bendición del Señor, dicha por el pastor al concluir el servicio.

Benedictus "Bendito" en latín." Cántico de Zacarías (**Lucas 1:68–79**) que se canta en los Maitines.

Cántico Un texto litúrgico cantado, usualmente tomado de la Biblia (por ejemplo, el Magnificat y el Benedictus).

celebrante El pastor que preside en la celebración de la Cena del Señor.

Colecta Una oración breve y estructurada.

Completas Un servicio de oración al final del día.

crucifijo Una cruz que tiene la imagen del Salvador crucificado. El crucifijo nos recuerda del sacrificio de Cristo por nosotros.

Doxología Palabras de alabanza dirigidas al Dios trino.

Epístola De la palabra griega "carta". En el Servicio Divino, la epístola es la segunda lectura, usualmente tomada de una epístola del Nuevo Testamento (ver pregunta 53 y ¿Qué es la adoración?).

estrofa Una división numerada en un himno.

Gloria in Excelsis En latín significa "gloria en las alturas". Un himno de alabanza en el Servicio Divino.

Gloria Patri "Gloria al Padre" en latín. Un texto litúrgico que se usa para concluir un salmo o Introito.

Gradual Una respuesta litúrgica, tomada de la Biblia, que sigue a la lectura del Antiguo Testamento.

himno Una canción de oración o alabanza en forma de verso.

hosanna Palabra hebrea de alabanza que significa "sálvanos ahora". Está incluida en el Sanctus.

Introito "entrada" en latín. Versículos de salmos cantados o hablados al comienzo del Servicio Divino.

Invocación En latín significa "llamar a". Las palabras "En el nombre del Padre y del Hijo y del Espíritu Santo" dichas al comienzo del servicio.

Jueves Santo El día cuando Jesús instituyó la Cena del Señor.

Kyrie Eleison "Señor, ten piedad" en griego.

leccionario Un libro o lista de lecturas bíblicas asignadas para los domingos y las festividades del calendario cristiano.

letanía Una forma estructurada de oración que consiste en una serie de peticiones y respuestas.

liturgia Palabra griega que significa "servicio público". Ver también *Servicio Divino*.

Magníficat "Magnifica, alaba" en latín. Del cántico de María (**Lucas 1:46–55**).

Maitines Servicio matinal de salmos, lecturas, y oraciones.

nártex Vestíbulo o atrio cituado a la entrada de la iglesia.

nave La parte mayor de la iglesia donde la congregación se reúne para adorar.

Nunc Dimittis "Despides a tu siervo" en latín. Del cántico de Simeón (**Lucas 2:29–32**).

Ofertorio Texto bíblico que usualmente se canta mientras la ofrenda es recibida en el altar.

Ordinario Partes del servicio que permanecen iguales de semana en semana, por ejemplo el Kyrie y el Sanctus.

Palabras de Nuestro Señor Las palabras de Jesús dichas por el pastor sobre el pan y el vino en el Servicio del Sacramento. También se conoce como Las Palabras de la Institución.

paño mortuorio Mantel grande blanco que cubre el féretro en un funeral como recuerdo de que nosotros estamos revestidos en la justicia de Cristo mediante el Bautismo (**Gálatas 3:27**).

paramentos Manteles sobre el altar, el púlpito, y el atril en el color de la estación del calendario cristiano.

Pax Domini "La paz del Señor" en latín.

perícopa Porciones de la Sagrada Escritura que se leen en un domingo dado.

Prefacio Respuestas al comienzo del servicio del Sacramento, seguido por el Prefacio propio, que cambia en cada estación.

presbiterio El frente de la iglesia que contiene el altar y el púlpito desde donde se dirige el servicio.

Propios Partes del servicio que cambian de semana en semana, por ejemplo el Introito y las lecturas bíblicas.

púlpito Una plataforma elevada desde el cual el pastor predica el sermón.

Responsorio Versículos bíblicos que se cantan o se dicen después de la lectura de la Escritura en los Maitines, las Vísperas, y las Completas.

Salutación "El Señor sea con ustedes", seguido de la respuesta "Y también contigo" o "Y con tu espíritu".

Sanctus "Santo" en latín. Sigue al prefacio en el servicio del Sacramento. Basado en **Isaías 6:3** y **Mateo 21:9**.

Semana Santa La semana antes de la Pascua; incluye el Domingo de Ramos, Jueves Santo, y Viernes Santo.

Servicio Divino Nombre del servicio regular semanal que incluye la celebración de la Cena del Señor.

Te Deum "[Te alabamos] a ti o Dios" en latín. Himno antiguo de alabanza cantado en los Maitines.

Venite "Ven" en latín. Palabras iniciales del **Salmo 95** cantado como el primer salmo en los Maitines.

Versículo Porciones de las Escrituras cantadas o habladas inmediatamente antes del Santo Evangelio en el Servicio Divino.

vestiduras Prendas litúrgicas que usan el pastor, los acólitos, el coro, y otros asistentes en la adoración.

Vísperas Servicio vespertino de salmos, lecturas, y oraciones.

————Los símbolos y sus significados————

 Alfa y Omega, la primera y última letras del alfabeto griego, nos recuerdan las palabras de Jesús: "Yo soy el Alfa y la Omega… el que es, el que era, y el que ha de venir. Soy el Todopoderoso" (**Apocalipsis 1:8**).

 Así como un ancla mantiene a un barco seguro en su posición, la esperanza en Cristo mantiene seguros y a salvo a los creyentes (**Hebreos 6:19**).

 Por medio del Sacramento del Bautismo, el Espíritu Santo nos da los dones divinos de la fe, el perdón, y la salvación.

 Por medio de la palabra de Dios, el Espíritu Santo obra la fe, y por medio de la fe, la vida eterna (**Juan 20:31**).

 Una oruga emerge de su capullo como una criatura hermosa y cambiada. Esto es un símbolo de la resurrección de los muertos (**1 Corintios 15:51–54**).

 Jesús es la luz del mundo (**Juan 8:12**).

 Nuestro Dios es eterno, sin principio ni fin (**1 Timoteo 1:17**).

 Nuestro Dios trino es eterno, sin principio ni fin (**Génesis 21:33; Hechos 7:55**).

Este símbolo está formado con dos letras griegas, ji y ro, que constituyen las dos primeras letras de *Cristo* en griego, que significa "Mesías" o "el Ungido" (**Juan 17:3**).

Nuestro Dios es trino, tres personas en una deidad: Padre, Hijo, y Espíritu Santo (**Mateo 3:16–17**).

Jesús ganó para nosotros la victoria sobre la muerte y un hogar eterno en el cielo (**Apocalipsis 2:10**).

Los que participan del Sacramento de la Cena del Señor reciben pan y vino junto con el cuerpo y la sangre de Cristo Jesús para el perdón de los pecados, nueva vida, y salvación eterna (**Mateo 26:26–29; Marcos 14:22–25; Lucas 22:17–20; 1 Corintios 11:23–25**).

Dios ve y sabe todas las cosas (**Hebreos 4:13**).

Mateo es representado por un hombre alado. Su Evangelio comienza con una lista de los ancestros de Jesús.

A Marcos se lo conoce como un león alado. El Evangelio de Marcos comienza describiendo la voz de uno que clama en el desierto.

Lucas es simbolizado por un buey alado. Lucas provee la descripción más detallada del sufrimiento y la muerte sacrificial de Cristo.

Juan es representado por un águila. El Evangelio de Juan "vuela" con el amor y el poder de Cristo.

Los siete dones del Espíritu Santo (**Isaías 11:2–3**), quien nos da sus dones mediante los medios de gracia: la palabra de Dios y los sacramentos.

Símbolo de la Santa Trinidad (**Mateo 28:19**).

La cruz griega tiene brazos del mismo tamaño. A veces se ven en los manteles del altar cinco cruces griegas (**Juan 20:19–20**), por las cinco heridas de Cristo.

Dios el Padre es representado como la mano de creación y bendición (**Salmo 145:13–16**).

La cruz latina es la favorita y más reconocida de todas las cruces. Representa la cruz sobre la cual Jesús dio su vida por los pecados del mundo (**Hechos 2:23**).

Cada punto de la cruz de Malta representa una de las ocho beatitudes del sermón del monte de Cristo (**Mateo 5:3–10**).

La cruz tau (llamada también la cruz de la profecía, con forma de la cruz que Moisés levantó en el desierto) conecta las profecías del Antiguo Testamento con el cumplimiento de la promesa de salvación en Cristo Jesús (**Juan 3:14–15**).

El humo que se eleva nos recuerda de las oraciones del pueblo de Dios ascendiendo a él (**Apocalipsis 8:4**; **Salmo 141:2**).

Por nosotros y por nuestra salvación, Cristo Jesús sufrió bajo Poncio Pilatos (**Juan 19:1–3**).

El Espíritu Santo de Dios desciende como paloma sobre Jesús en su bautismo (**Mateo 3:16**).

De estos simples productos de la cosecha se hace pan y vino. En la Cena del Señor los participantes reciben el verdadero cuerpo y la verdadera sangre de Cristo junto con el pan y el vino para el perdón de los pecados, vida nueva, y salvación eterna (**Mateo 26:26–29**; **Marcos 14:22–25**; **Lucas 22:17–20**; **1 Corintios 11:23–25**).

Este símbolo está formado por las tres primeras letras de Jesús en griego, que significa: "el Señor salva" (**Mateo 1:21**).

Esta es la abreviatura de la inscripción que Pilato había sujetado a la cruz de Jesús, que decía: "Jesús Nazareno, Rey de los judíos" (**Juan 19:19**).

Ijzus es la palabra griega para pez. Cada letra de esa palabra forma un acrónimo para las palabras "Jesús Cristo, Hijo de Dios, Salvador (**1 Juan 1:7**). La palabra pez y el pez mismo llegaron a ser símbolos de los primeros cristianos.

El don de nuestro Señor de las llaves del reino es el poder de la iglesia para perdonar y retener pecados (**Mateo 16:18–19**).

Jesús es el Agnus Dei, el Cordero de Dios, que quita el pecado del mundo (**Isaías 53:7**; **Juan 1:29**; **Apocalipsis 5:12**).

Dios dirige e ilumina a su pueblo por medio de su Palabra (**Salmo 119:105**).

El plan de Dios es que los esposos se amen mutuamente y vivan para él en el matrimonio, así como Cristo amó a la iglesia y se dio a sí mismo para hacerla santa (**Efesios 5:25–31**).

Jesús fue clavado a la cruz para sufrir y morir por nuestros pecados (**Juan 20:25**).

Así como un pescador junta pescados en una red y luego los clasifica, así al fin de los tiempos los ángeles separarán a los creyentes de los incrédulos (**Mateo 13:47–49**). La red representa a la iglesia y al reino de los cielos.

Las palmas nos recuerdan de la victoria de Jesús por nosotros (**Apocalipsis 7:9–10**).

Dios ordena e invita a los creyentes en Cristo Jesús a orar, y promete oírnos y contestarnos (**1 Tesalonicenses 5:16–18**).

Cristo es nuestra roca, el fundamento sobre el cual edificamos nuestras vidas (**1 Corintios 10:4**).

La rosa de Navidad es un símbolo del cumplimiento de la profecía mesiánica (**Cantares 2:1**).

Tres gotas de agua nos recuerdan del Dios trino en cuyo nombre somos bautizados (**Mateo 28:19**).

Así como Dios salvó a Noé y a su familia en el arca, Dios salva a su pueblo por medio de la fe que imparte mediante los medios de gracia, sus dones para la iglesia (**1 Pedro 3:18–21**).

Estrella que representa los seis días de la creación (**Génesis 1:16**). Se conoce entre los judíos como la estrella de David.

Spiritus Gladius, La espada del Espíritu es la palabra de Dios (**Efesios 6:17**). *Spiritus Gladius* significa "espada espíritu" en latín.

"Yo soy el buen pastor", dijo Jesús (**Juan 10:11**). Jesús se preocupa por nosotros y nos provee. Él entregó su vida para salvarnos.

La ley de Dios nos dice lo que debemos y no debemos hacer y cómo obrar. Nadie puede cumplir perfectamente la ley de Dios. Jesús cumplió la ley en nuestro lugar y sin pecado (**Hebreos 4:15**).

Los cristianos dejan que su luz brille cuando comparten las buenas nuevas de salvación a través de Jesús (**Mateo 5:16**).

El triángulo tiene tres lados. Nos recuerda del Dios uno: Padre, Hijo, y Espíritu Santo (**Mateo 28:19**).

"Yo soy la vid verdadera", dijo Jesús (**Juan 15:1**). Jesús alimenta y sostiene a su pueblo mediante los medios de gracia.

Glosario del catecismo

Absolución El anuncio del pastor del perdón de los pecados.

absolver Perdonar pecados.

agnosticismo Una filosofía o cosmovisión que expresa incertidumbre sobre la existencia de Dios. Los agnósticos creen que no podemos saber nada acerca de Dios o de su presencia o actividad en el mundo.

arrepentimiento Alejarse del pecado a la fe en Jesús y su perdón.

ateísmo Una filosofía o cosmovisión que niega la existencia de Dios y su presencia y actividad en el mundo.

atributo Un rasgo o característica.

casto Ser sexualmente puro en pensamientos, palabras, y acciones.

catecismo Un libro que explica las enseñanzas básicas de la fe cristiana.

comunicación de atributos La comunicación de los atributos entre la naturaleza divina y humana de Cristo.

comunión de altar y púlpito Un acuerdo entre los cuerpos eclesiásticos que permite a los miembros asistir a la Santa Comunión y a los pastores predicar en las iglesias de los demás.

confesar Decir que lo sientes por tus pecados; declarar lo que crees.

confesión A personal statement of one's sins; a statement of faith.

contrición Sentimiento y expresión de tristeza acerca de los pecados propios.

credo Un resumen de creencias.

criatura Cualquier ser viviente creado por Dios.

Cristo Un título griego para Jesús que significa "el Ungido".

deidad Un dios o dioses.

deísmo Una filosofía o cosmovisión que niega la actividad diaria de Dios en el mundo. Los deístas creen que Dios creó el universo, pero luego lo dejó solo para funcionar como si fuera una máquina.

deísmo moralista terapéutico Una cosmovisión o filosofía en la que las personas piensan que Dios existe simplemente para hacer que se sientan bien y satisfacer sus necesidades.

despreciar Ser irrespetuoso hacia algo o alguien o verlo como sin importancia

doctrina Enseñanza.

encarnación El evento en el cual el Hijo de Dios se hizo hombre.

engendrado Creado por un padre.

estado de exaltación El descenso de Jesús al infierno, la resurrección, la ascensión, el reinado a la diestra de Dios y el regreso en el último día.

estado de humillación La concepción, el nacimiento, la vida, la muerte, y el entierro de Jesús.

expiación Un acto que reúne, o hace "uno", dos personas o grupos que han sido enemigos.

expiación universal La muerte de Jesús por los pecados de toda la gente.

expiar Compensar un error que se ha hecho.

fe Confianza o creencia en Dios y sus promesas, especialmente la promesa de perdón por el amor de Cristo (también llamada fe subjetiva o personal); el contenido de la palabra de Dios y sus promesas, aquello que se cree (también llamado fe objetiva o la fe cristiana).

gracia El favor inmerecido de Dios hacia los pecadores.

humanismo Una cosmovisión o filosofía en la que las personas piensan que no necesitan creencias religiosas para comportarse de manera correcta, moral, y ética.

iglesia militante La iglesia como está en la tierra, todavía luchando contra el pecado y Satanás.

iglesia triunfante La iglesia como está en el cielo, glorificada y viviendo para siempre en la presencia de Cristo.

imagen de Dios La semejanza espiritual de Dios en la que el hombre y la mujer fueron creados y en los que vivieron, antes de la caída en el pecado, en perfecta justicia y santidad de vida y en una relación perfecta con Dios, entre ellos y con la creación. Esta imagen, perdida en la caída, es restaurada a través de la fe en Jesucristo.

iniquidad Pecado.

inmutable Que no cambia.

instituir Comenzar o establecer.

interceder Orar por alguien; trabajar para resolver un desacuerdo entre individuos o grupos.

intercesión Una oración ofrecida en nombre de otra persona.

justicia original La capacidad de vivir, antes de la caída en pecado, en una relación perfecta con Dios, con los demás, y con la creación.

justificación El acto de Dios en el que declara a las personas justas por su gracia a través de la fe en Jesús.

lamento/lamentación Oración que comparte las penas de uno.

liturgia Orden de adoración.

Magníficat Cántico de alabanza de María en **Lucas 1:46–55**; el título viene de las primeras palabras en latín: "Mi alma glorifica".

mayordomía El deber y la responsabilidad de administrar la riqueza o propiedad de alguien.

mayordomo Una persona que administra o se ocupa de la riqueza o propiedad de otra persona.

medios de gracia La palabra del evangelio escrita y hablada y los sacramentos del Bautismo y la Santa Comunión. Éstas son las maneras o los medios por los cuales Dios nos da el perdón, la vida, y la salvación que Jesucristo ganó por su muerte y resurrección.

Mesías Un título hebreo para Jesús que significa "el Ungido".

milenialismo La falsa enseñanza que dice que Jesús reinará visiblemente en la tierra por mil años antes del juicio final.

obediencia activa Jesús cumple la ley en lugar nuestro.

obediencia pasiva El sufrimiento y la muerte de Jesús para pagar la pena por nuestros pecados.

omnipotente Todopoderoso.

omnipresente Presente en todas partes.

omnisciente Que todo lo sabe.

pacto Un acuerdo formal entre individuos o grupos en el cual una o ambas partes acuerdan cumplir una promesa. Todos los pactos que involucran a Dios son iniciados por él.

padrinos Individuos (generalmente elegidos por los padres del niño bautizado) que sirven como testigos del Bautismo, oran por el niño bautizado y ayudan a criar al niño en la fe cristiana.

panteísmo Una filosofía o cosmovisión en la que todo es Dios. El Creador no está separado o es diferente de su creación.

penitente Sentir pena por los pecados de uno; una persona que se arrepiente de sus pecados.

petición Una oración o pedido específico.

politeísmo La creencia y la adoración de más de un dios.

predestinación La enseñanza de que antes de que el mundo fuera creado, Dios nos escogió por su gracia para creer en Jesús.

primeros frutos Los primeros frutos de la cosecha que se dan a Dios como ofrenda.

procedente Salir o salir de.

procreación La producción de niños.

profanar Mostrar deshonor o falta de respeto al nombre de Dios o a la enseñanza religiosa.

propiciación Satisfacer o quitar la ira de Dios contra el pecado.

prosperar Estar bien; crecer y estar saludable.

rapto La falsa enseñanza que dice que Jesús regresará en secreto para expulsar a los cristianos de la tierra antes de un tiempo de persecución o "tribulación".

redimir Salvar o recomprar.

reencarnación Una enseñanza según la cual las personas renacen en un cuerpo diferente después de su muerte, posiblemente en un ciclo interminable de muerte y renacimiento.

regeneración Renacimiento o renovación por obra del Espíritu Santo a través de los medios de gracia.

religiones populares Tradiciones religiosas transmitidas por diversos grupos de personas, incluidas las creencias de que las plantas, los animales y los objetos tienen espíritus que deben ser adorados.

sábado El séptimo día de la semana; el día reservado para el descanso y la adoración.

sagrado Santo o apartado para un propósito especial.

santificación Toda la obra del Espíritu Santo en la vida de los creyentes, desde llamarlos por el evangelio hasta levantarlos a la vida en el último día; crecimiento espiritual a lo largo de la vida de un cristiano, logrado a través de la obra del Espíritu Santo

santificado Hecho santo y apartado para servir a Dios.

sincretismo La mezcla o combinación de creencias y prácticas de diferentes religiones.

temporal Relacionado al tiempo y a la vida terrenal.

teología de la cruz La verdad bíblica de que Dios se revela más profundamente en la debilidad y el sufrimiento, especialmente en la encarnación, el sufrimiento, y la muerte de Cristo y las humildes realidades de los medios de gracia

teología de la gloria El deseo humano de conocer a Dios solo en triunfos externos, que desprecia su revelación más profunda en la cruz.

testamento Un testamento, por lo general como un documento escrito, que explica cómo la riqueza y las posesiones de una persona se distribuirán en el momento de la muerte.

traspasar Cruzar un límite o línea de propiedad sin permiso; pecado.

viejo hombre nuestro yo pecaminoso.

vocación El llamado de una persona o su posición en la vida; nuestras muchas vocaciones incluyen nuestro trabajo o carreras, así como nuestras relaciones con Dios y otros (hijos redimidos de Dios, hijo, hija, padre, esposo, esposa, etc.).

——————— Índice de la Escritura ———————

Índice de temas

Las referencias se hacen a los números de preguntas en la Explicación del Catecismo Menor y a los artículos en el Apéndice.

O

En situaciones urgentes, en ausencia del pastor, cualquier cristiano puede administrar el Santo Bautismo.

Si el tiempo lo permite, lo siguiente puede preceder al Bautismo.

> Jesús dijo: "De cierto les digo que el que no reciba el reino de Dios como un niño, no entrará en él. Entonces Jesús tomó a los niños en sus brazos, puso sus manos sobre ellos, y los bendijo."
>
> *Marcos 10:15–16*

> Dios eterno, Padre de nuestro Señor Jesucristo, da a _nombre (s)_ tu gracia a través del renacimiento por el Espíritu Santo. Recíbelo de acuerdo con tu promesa: "Pidan, y se les dará, busquen, y encontrarán, llamen, y se les abrirá", para que a través de este lavamiento celestial _él / ella / ellos_ puedan recibir el don del Espíritu Santo y el perdón de todos sus pecados y vengan al reino eterno que tú has preparado para _él / ella / ellos_ ; través de Jesucristo nuestro Señor. Amén.
>
> *Mateo 7:7*

El Padrenuestro

El Credo Apostólico

Tome agua, llame al niño o al adulto por su nombre, y vierta o rocíe el agua sobre la cabeza del candidato mientras dice:

> _Nombre_ , yo te bautizo en el nombre del Padre y del Hijo y del Espíritu Santo. Amén.

El Santo Bautismo administrado por un laico se informará inmediatamente al pastor para que la congregación lo reconozca.